# À la recherche d'un nouvel ordre monétaire mondial

*Actes du colloque du centenaire de Robert Triffin (1911-1993)*

# In Search of a New World Monetary Order

*Proceedings of a conference to celebrate the 100th anniversary of Robert Triffin (1911-1993)*

P.I.E. Peter Lang

Bruxelles · Bern · Berlin · Frankfurt am Main · New York · Oxford · Wien

# À la recherche d'un nouvel ordre monétaire mondial

*Actes du colloque du centenaire de Robert Triffin (1911-1993)*

# In Search of a New World Monetary Order

*Proceedings of a conference to celebrate the 100th anniversary of Robert Triffin (1911-1993)*

**Jean-Claude Koeune & Alexandre Lamfalussy**
**(dir./eds.)**

« Relations financières internationales »
« International financial relations »
n° 5

Éditions scientifiques internationales
Bruxelles/Brussels, 2012
1 avenue Maurice, B-1050 Bruxelles/Brussels, Belgique/Belgium
info@peterlang.com; www.peterlang.com

Imprimé en Allemagne / Printed in Germany

ISSN 1377-5669
ISBN 978-90-5201-895-9

D/2012/5678/81

Library of Congress Cataloging-in-Publication Data

À la recherche d'un nouvel ordre monétaire mondial : actes du colloque du centenaire de Robert Triffin (1911-1993) = In search of a new world monetary order : proceedings of a conference to celebrate the 100th anniversary of Robert Triffin (1911-1993).
p. cm. — (International financial relations, ISSN 1377-5669 ; 5)
Includes bibliographical references and index.
ISBN 978-90-5201-895-9 (alk. paper)
1. Triffin, Robert. 2. Economists—Belgium. 3. International finance—Congresses. 4. Monetary policy—Congresses. I. Title: In search of a new world monetary order: proceedings of a conference to celebrate the 100th anniversary of Robert Triffin (1911-1993).
HB112.T75A22 2012 332'.042—dc23 2012036446

*CIP available from the British Library, GB.*

« Die Deutsche Nationalbibliothek » répertorie cette publication dans la « Deutsche Nationalbibliografie » ; les données bibliographiques détaillées sont disponibles sur le site <http://dnb.d-nb.de>.

"Die Deutsche Nationalbibliothek" lists this publication in the "Deutsche Nationalbibliografie"; detailed bibliographic data is available on Internet at <http://dnb.d-nb.de>.

# Table des matières / Table of Contents

**Deuxième séance**
**Table ronde sur l'héritage intellectuel de Triffin : témoignages et perspectives d'action future**

**Second Session**
**Round Table on Triffin's Intellectual Heritage: Testimonies and Perspectives for Future Action**

*Présidence / Chair: Bernard Snoy*

## SECONDE PARTIE. ROBERT TRIFFIN : UNE INSPIRATION POUR LES DÉFIS DU 21$^{E}$ SIÈCLE

## SECOND PART. ROBERT TRIFFIN: AN INSPIRATION FOR THE CHALLENGES OF THE 21$^{ST}$ CENTURY

**Deuxième séance**
**Où en sommes-nous dans les initiatives prises par le G-20 en vue d'un nouvel ordre monétaire international ?**

**Second Session**
**Where Do We Stand on the Initiatives Taken by the G-20 toward a New International Monetary Order?**

*Présidence / Chair: Alfonso Iozzo*



**Troisième séance**
**Le rôle de l'UE et de l'euro dans l'édification d'un système monétaire international plus durable**

**Third Session**
**The Role of the EU and of the Euro in Building a More Sustainable International Monetary System**

*Présidence / Chair: Jorge Braga de Macedo*

# Préface

Né à Flobecq en Belgique le 5 octobre 1911, Robert Triffin a passé une grande partie de sa vie active aux États-Unis, dont il devint citoyen en 1942. Après de brillantes études économiques et un début de carrière universitaire à Harvard University en 1939, il servit d'abord dans la haute administration américaine, puis au Fonds monétaire international, pour le compte duquel il effectua notamment de nombreuses missions en Amérique latine et fut l'artisan d'importantes réformes monétaires dans plusieurs pays de ce continent, avant de se retrouver à Paris au sein de l'Economic Cooperation Administration chargée de mettre en œuvre le plan Marshall.

Il reprit en 1951 son parcours académique à Yale University, sans délaisser pour autant les missions de service public, notamment comme conseiller auprès de Jean Monnet, du président Kennedy, de gouvernements et banques centrales étrangers, et de la Commission européenne. Enfin, après vingt-six années de recherche et d'enseignement à Yale, il revint au pays natal en 1977, reprit la nationalité belge, et retrouva à l'Université catholique de Louvain, où il avait étudié le droit, la philosophie et l'économie dans les années 1930, un lieu propice à la poursuite de sa réflexion et de son action. Il put ainsi, durant cette dernière étape de sa vie, accompagner la mise en place du système monétaire européen et aiguillonner le processus de l'intégration monétaire et financière européenne. Il mourut à Ostende le 23 février 1993.

On l'aura compris par ce bref résumé de la vie de Robert Triffin, celle-ci est difficilement séparable de son œuvre, laquelle ne se réduit pas à son enseignement ni à ses nombreux articles scientifiques et à ses livres, même si certains sont devenus des classiques de la littérature économique[1], de lecture obligatoire pour les étudiants des grandes universités américaines. Car Triffin – tout comme Keynes avant lui – a été un économiste en action, perpétuellement soucieux de convaincre les décideurs politiques et l'opinion publique de la justesse de ses analyses et de la pertinence de ses recommandations en les bombardant d'innombrables notes, avis, rapports, lettres, conférences et articles de presse.

1 On songe notamment à sa thèse de doctorat *Monopolistic competition and general equilibrium theory*, Harvard University Press, 1941, et à son justement célèbre *Gold and the dollar crisis. The future of convertibility*, Yale University Press, 1960.

La science économique ne fut pas pour lui un pur objet de contemplation et de spéculation intellectuelle. À l'origine de sa vocation, il mettait résolument, dans une longue interview[2] donnée en 1989, sa « fibre pacifiste. Devant faire face au choix d'une carrière, je me demandai comment je pourrais contribuer le mieux à promouvoir l'entente et la paix entre les hommes ». Et dans la même interview, au terme de cette longue carrière, il ne pouvait s'empêcher d'exprimer une certaine désillusion dans un propos teinté d'amertume qui reste, hélas, très actuel :

> Je suis aussi découragé par la situation la plus paradoxale que l'on puisse concevoir à propos de l'action gouvernementale actuelle quant à la politique monétaire internationale. Jamais dans l'histoire du monde, les gouvernements n'ont recruté à leur service autant d'économistes aussi qualifiés ; jamais n'ont-ils tenu, avec de tels économistes à leur côté, autant de réunions internationales visant à harmoniser leurs politiques ; et jamais n'ont-ils connu des échecs aussi cuisants qu'au cours des vingt dernières années[3].

Le souci de préserver pour la postérité l'héritage intellectuel de Robert Triffin et les multiples témoignages écrits de son action a été à l'origine de la création en 2002, par des économistes et des historiens, de la Fondation Internationale Triffin (FIT), sous la présidence d'Alexandre Lamfalussy et avec la Compagnia di San Paolo comme cofondatrice. La FIT s'est attachée dans un premier temps à rassembler et archiver les très nombreux écrits de Robert Triffin, en ce compris les papiers non publiés, les articles de presse et la correspondance. Mais désireuse aussi d'exploiter cet héritage et de prolonger cette action – car tous deux issus d'une pensée restée vivace – dans le 21e siècle, elle a lancé en 2009, avec la Compagnia di San Paolo et sous la responsabilité conjointe d'Alexandre Lamfalussy et du regretté Tommaso Padoa-Schioppa, l'« Initiative Triffin 21 sur la réforme du système monétaire international ».

Celle-ci fut inaugurée par une conférence de Tommaso Padoa-Schioppa « L'ombre de Bancor : la crise et le désordre monétaire mondial » donnée à Louvain-la-Neuve le 25 février 2010[4] et s'est poursuivie avec le colloque « Towards a world reserve currency » organisé à Turin les 14 et 15 mai 2010[5]. En outre, la FIT a pleinement appuyé l'*Initiative du Palais Royal*, issue d'une démarche de Michel Camdessus,

---

2 « Interview de Robert Triffin par Catherine Ferrant et Jean Sloover », in Ferrant C., Sloover J., Dumoulin, M., Lefebvre, O. (dir.), *Robert Triffin, conseiller des princes. Souvenirs et documents*, Bruxelles, P.I.E. Peter Lang, 2010, p. 14.

3 *Ibid.*, pp. 53-54.

4 http://www.uclouvain.be/cps/ucl/doc/triffin/documents/TPS_FR_finale_clean.pdf.

5 http://www.federalist-debate.org/index.php/component/k2/item/40-an-international-colloquium-on-the-initiative-triffin-21.

Alexandre Lamfalussy et Tommaso Padoa-Schioppa et se fondant sur le travail de ce dernier : un groupe de 18 experts (anciens ministres, gouverneurs de banques centrales et responsables d'institutions nationales ou internationales) provenant de 13 pays s'est réuni à plusieurs reprises à l'automne 2010 et au début de 2011. De ses réflexions et discussions est issu le rapport « La réforme du système monétaire international : une approche coopérative pour le vingt-et-unième siècle », dont une version abrégée fut remise à la présidence française du G-20 le 18 janvier 2011[6].

Le colloque dont le présent volume contient les Actes fut organisé par la FIT, en collaboration avec l'Institut d'études européennes de l'Université catholique de Louvain, à l'occasion du centenaire de la naissance de Robert Triffin. Placé sous le haut patronage de Sa Majesté le Roi Albert II, il s'est tenu à Bruxelles les 3 et 4 octobre 2011.

Durant sa première partie, il s'est penché sur la vie et l'œuvre de Robert Triffin. Celles-ci furent éclairées tout d'abord par des travaux d'historiens, qui ont particulièrement situé la place éminente de Triffin dans les grands débats monétaires internationaux de son temps et dans la construction d'une Europe monétaire, et ensuite par des témoignages de personnalités qui l'ont bien connu et pour qui il fut un maître, un ami, et souvent les deux à la fois.

Davantage centrée sur le présent et tournée vers l'avenir, la seconde partie du colloque a occupé en trois séances la journée du mardi 4 octobre 2011. La première séance fut consacrée à l'analyse des vices de construction et de fonctionnement du présent (non-)système monétaire international et à la discussion de sa responsabilité dans la récente crise économique et financière mondiale. La deuxième séance a examiné d'un œil critique différentes pistes qui ont été suggérées dans la recherche actuelle d'un nouveau système monétaire international et plus particulièrement les propositions issues de l'*Initiative du Palais Royal.* La dernière séance s'est enfin penchée sur la pierre que l'expérience de l'intégration monétaire européenne pourrait apporter à l'édification d'un nouvel ordre monétaire mondial, thème auquel Robert Triffin a porté une attention soutenue, en particulier durant la dernière étape de son existence, ainsi que sur le rôle potentiel de l'euro comme monnaie de réserve internationale aux côtés du dollar et peut-être du yuan dans un éventuel futur système bi- ou tripolaire. Étant donné les graves difficultés apparues dans le fonctionnement de la zone euro au cours des der-

[6] On trouvera la version complète de ce rapport ainsi que les documents préparatoires et textes annexes dans l'ouvrage *Reform of the International Monetary System. The Palais Royal Initiative*, Jack T. Boorman and André Icard (eds.), New Delhi, Sage Publications, 2011.

nières années, on ne s'étonnera pas de les voir largement reflétées dans les interventions et le débat de cette dernière séance.

Ce n'est pas ici le lieu de tenter de résumer les principaux enseignements de ce colloque. On en trouvera en fin de volume une synthèse très complète, due à Bernard Snoy : elle ne vise évidemment pas à se substituer aux contributions originales mais peut à tout le moins orienter vers l'une ou l'autre le lecteur désireux d'opérer un choix sans perdre la vue d'ensemble. Ces contributions sont ici reprises dans leur langue d'origine – français ou anglais – de même que les interventions faites au cours des débats, lesquels ont été retranscrits intégralement.

Ce « colloque du centenaire » n'aurait pu se tenir sans le concours financier de plusieurs institutions auxquelles je suis heureux, au nom de la Fondation Internationale Triffin, d'exprimer ma gratitude : la Compagnia di San Paolo, la Banca d'Italia, le Fonds Gutt, la Banque ING Belgique, la Banque européenne d'investissement, le Fonds national de la recherche scientifique, et la Banque nationale de Belgique. Je remercie aussi le professeur Hervé Hasquin, secrétaire perpétuel de l'Académie royale des sciences, des lettres et des beaux-arts de Belgique, d'avoir permis que le colloque se déroule dans le cadre prestigieux du Palais des Académies.

Dans la préparation du colloque, j'ai bénéficié de l'aide très précieuse et compétente de Pierre-Luc Plasman, et dans sa réalisation puis dans l'édition de ces Actes de celle de Sander Van de Gaer. Qu'ils soient tous les deux remerciés très chaleureusement.

Jean-Claude Koeune
Secrétaire général de la Fondation internationale Triffin
Professeur émérite de l'Université catholique de Louvain

# Foreword

Born in Flobecq (Belgium) on 5 October 1911, Robert Triffin spent a good part of his working life in the United States, where he became a citizen in 1942. After brilliant economic studies and the start of an academic career at Harvard in 1939, he joined the US high civil service and served next in the International Monetary Fund, on whose behalf he carried out numerous missions and achieved important monetary reforms in several countries of Latin America, before landing in Paris at the Economic Cooperation Administration, which was charged with bringing the Marshall Plan into play.

In 1951 he returned to academic life at Yale, without however forsaking public service assignments as advisor to, among others, Jean Monnet, President Kennedy, many foreign governments and central banks, and the European Commission. Lastly, after 26 years of teaching and research at Yale, he returned to his native country in 1977, resumed his Belgian citizenship, and found at the Université catholique de Louvain, where he had read law, philosophy, and economics in the 1930s, an environment suited to pursuing his reflection and action. Thus he was able, during this last stage of his journey, to attend to the implementation of the European monetary system and to minister to the process of Europe's monetary and financial integration. He died in Ostend on 23 February 1993.

As this short summary has tried to impart, Robert Triffin's life cannot be separated from his works, which are not limited to his teaching and numerous academic papers and books, even though some of the latter have become classics in economic literature[1] assigned for reading to students in the great American universities. For Triffin – not unlike Keynes before him – was an economist-in-action, always anxious to convince political decision-makers and public opinion of the accuracy of his analysis and of the pertinence of his advice by showering them with countless memos, statements, reports, letters, speeches and press articles.

For him economics never was a pure object of contemplation and intellectual speculation. The source of his calling, according to a long

1 Especially his doctoral dissertation *Monopolistic competition and general equilibrium theory*, Harvard University Press, 1941, and his justly famous *Gold and the dollar crisis. The future of convertibility*, Yale University Press, 1960.

interview he gave in 1989, was to be found in his "being a pacifist. When faced with the choice of a career, I asked myself how best I could contribute to foster understanding and peace among my fellow-men"[2]. And in the same interview, nearing the end of this long career, he could not refrain – in a somewhat bitter remark which he could equally make, alas, today – from voicing his disillusion:

> I am also discouraged by the most paradoxical situation one can think of concerning present governmental action with respect to international monetary policy. Never in world history did governments have recourse to so many well-qualified economists; never did they hold, with such economists by their sides, so many international meetings aimed at harmonizing their policies; and never did they meet with such dismal failures as in the past twenty years[3].

The wish to preserve for posterity Robert Triffin's intellectual heritage and the manifold written testimonies of his activities inspired the creation in 2002, by economists and historians, of the Triffin International Foundation (TIF), under the chairmanship of Alexandre Lamfalussy and with the Compagnia di San Paolo as co-founder. The TIF applied itself first to the task of collecting and classifying Triffin's considerable written output, including his unpublished papers, press articles and letters. But it wanted in addition to exploit this heritage and to prolong this action into the 21st century, for both were born of a reflection that has remained very much alive. This led to the launching in 2009, with the Compagnia di San Paolo and under the joint responsibility of Alexandre Lamfalussy and the late Tommaso Padoa-Schioppa, of the "Triffin 21 Initiative on the reform of the international monetary system".

This has given rise so far to the inaugural – and seminal – lecture by Tommaso Padoa-Schioppa on "The ghost of Bancor: the economic crisis and global monetary disorder" delivered in Louvain-la-Neuve on 25 February 2010[4], to the symposium "Towards a world reserve currency" held in Turin on 14-15 May 2010[5], and to this "conference of the centenary". Moreover the TIF gave its full moral support to the Palais Royal Initiative, led by Michel Camdessus, Alexandre Lamfalussy and Tommaso Padoa-Schioppa and based on the latter's groundwork: a group of 18 experts (who formerly held high offices in governments,

2 "Interview de Robert Triffin par Catherine Ferrant et Jean Sloover", in Ferrant C., Sloover J., Dumoulin, M., Lefebvre, O. (dir.), *Robert Triffin, conseiller des princes. Souvenirs et documents*, Bruxelles, P.I.E. Peter Lang, 2010, p. 14 (my translation).

3 *Ibid.*, pp. 53-54 (my translation).

4 http://www.uclouvain.be/cps/ucl/doc/triffin/documents/TPS_EN_finale_clean.pdf.

5 http://www.federalist-debate.org/index.php/component/k2/item/40-an-international-colloquium-on-the-initiative-triffin-21.

central banks and national or international institutions) coming from 13 countries convened several times in the fall of 2010 and early 2011. From their reflections and discussions issued the report "Reform of the international monetary system: a cooperative approach for the twenty-first century", a shortened version of which was delivered to the French presidency of the G-20 on 18 January 2011[6].

The conference whose proceedings are contained in this volume was organized by the TIF, in collaboration with the Institut d'Études européennes of the Université catholique de Louvain, on the occasion of the centennial of Robert Triffin's birth. Placed under the high patronage of His Majesty King Albert II, it was held in Brussels on 3-4 October 2011.

The first part of the conference was devoted Robert Triffin's life and works. They were enlightened first by historians, who in particular stressed Triffin's prominent role in the great international monetary debates in his times, and then through the testimonies of personalities who knew him well and to whom he generously gave intellectual guidance, or his friendship, and often both.

More focused on the present and turned toward the future, the second part of the conference was divided in three sessions. The first one analyzed the defects in the construction and operation of the present international monetary (non-)system and discussed their responsibility in the recent world economic and financial crisis. The second session cast a critical eye on several avenues that are explored in the current search for a new international monetary system, and more especially on the proposals issued from the Palais Royal Initiative. The last session examined the possible contribution which the experience of European monetary integration could make to the building of a new world monetary order – a theme which attracted Robert Triffin's constant attention, in particular during the last part of his life – as well as the euro's potential role as an international reserve currency side by side with the dollar and perhaps the yuan in a possible future bi- or tripolar system. In view of the serious problems of malfunctioning having occurred in the Eurozone in recent years, they were unsurprisingly referred to and discussed in this last session.

This is not the place to try to summarize the main teachings of this conference. One will find at the end of this volume a rather complete synthesis penned by Bernard Snoy: naturally it cannot substitute for all

6 The complete version of this report along with introductory documents and working papers can be found in *Reform of the International Monetary System. The Palais Royal Initiative*, Jack T. Boorman and André Icard (eds.), New Delhi, Sage Publications, 2011.

the original contributions, but it will at least allow the hurried readers to select one or two without losing the benefit of the overall perspective. All the contributions are here reproduced in their original language – French or English – and the same goes for the interventions in the debates, which have been transcribed in full.

This conference could not have taken place without the financial support of several institutions, to which it is my pleasure to express the Triffin International Foundation's gratitude: the Compagnia di San Paolo, the Banca d'Italia, the Fonds Gutt, ING Bank in Belgium, the European Investment Bank, the Fonds National de la Recherche Scientifique, and the National Bank of Belgium. I also wish to thank Professor Hervé Hasquin, Secrétaire Perpétuel of the Royal Academy of Sciences, Letters and Fine Arts in Belgium, for allowing the conference to be held in the prestigious Palais des Académies.

Pierre-Luc Plasman gave me valuable and competent help in the preparation of this conference, and Sander Van de Gaer did likewise in the logistics of its realization and in the editing of these proceedings. I want to thank both of them warmly.

Jean-Claude Koeune

Secretary General, Triffin International Foundation

Professor Emeritus, Université catholique de Louvain

# Première partie

## Robert Triffin (1911-1993)
## et les grands débats monétaires de son temps

# First Part

## Robert Triffin (1911-1993)
## and the Great Monetary Debates in his Time

# La place de Robert Triffin dans l'histoire du 20e siècle

Michel DUMOULIN

*Université catholique de Louvain*

Le titre donné à cette brève introduction par les responsables de la Fondation Internationale Triffin constitue un piège, certes amical mais néanmoins redoutable.

Robert Triffin, le premier, se serait récrié que, décidément, il devait y avoir erreur sur la personne inspirant un pareil questionnement. Mais avec son air de faux candide, il aurait cependant secrètement jubilé d'entendre évoquer la question de la place qu'il occupa et occupe dans l'histoire du 20e siècle.

Homme d'un siècle, homme dans son siècle, Robert Triffin est né à Flobecq (Vloesberg en néerlandais) le 5 octobre 1911. Il est décédé à Ostende le 23 février 1993. Il appartient pleinement à ce qu'il est convenu d'appeler le « court 20e siècle ». Né à la veille du premier conflit mondial qui clôt le « long 19e siècle » et ouvre la période de « brutalisation » des sociétés contemporaines, Triffin disparaît à un moment où le monde et l'Europe en particulier amorcent une incertaine reconstruction. Triffin s'inquiétait de cette incertitude car, comme dans d'autres circonstances, il n'oubliait pas les leçons du passé. Il n'était donc aucunement convaincu, contrairement à beaucoup d'autres experts à la mémoire courte ou tout simplement amnésiques, que la fin de l'histoire était proche. Formé au néo-thomisme à l'Institut supérieur de philosophie de Louvain, il n'adhérait pas à la vision hégélienne caractéristique des diagnostics péremptoires du début des années 1990.

Cela étant, Triffin n'a pas seulement connu les deux guerres mondiales. Il a aussi, comme tous ceux de sa génération, vécu avec la guerre froide et, en tant que citoyen américain, été confronté à la question, qui pour lui fut aussi bien politique et économique que morale, de la guerre du Vietnam.

Le parcours, c'est-à-dire la trajectoire de Robert Triffin au cœur du court 20e siècle, connaît quatre grandes périodes.

La première est celle des années de formation, à Flobecq puis au collège Notre-Dame de la Tombe à Kain près de Tournai, d'abord, à l'Université catholique de Louvain ensuite, aux États-Unis enfin.

Sans préjuger de ce qu'expose Jérôme Wilson dans ce volume, il semble indispensable de souligner d'entrée de jeu qu'en plus d'une formation juridique, philosophique et économique, Triffin a baigné, durant ses années louvanistes, soit de 1929 à 1935, dans une ambiance, au sens donné par Duroselle à ce mot, faite de débats et d'action autour de la place du Chrétien dans la Cité. Actif à *L'Avant-Garde*, un journal qui fut bien autre chose qu'une simple feuille estudiantine, Triffin y fut l'expert des questions financières qu'évoque Félicien Marceau dans *Les années courtes* :

> Notre expert financier était Robert, un garçon qui avait l'air d'en être resté à ses douze ans, petit, le visage rond et bouffi, mais le sourire en coin, toujours coiffé d'un béret basque et qui passait haut la main des examens dans des disciplines hermétiques.

De cette époque date un pacifisme qui conduira plus tard Triffin à s'engager publiquement contre la guerre au Vietnam ou encore aux côtés du Groupe de recherche et d'information sur la paix (GRIP). La devise qu'il choisit à l'occasion de son anoblissement en 1989 n'est-elle pas : « L'union fait la paix » !

Formé à une forme d'interdisciplinarité du fait même de ses études, Robert Triffin élargit les horizons de sa formation aux États-Unis. Il s'y rend grâce à une bourse offerte par la Belgian-American Educational Foundation (BAEF). Comme d'autres jeunes gens de sa génération, futurs décideurs et experts, il participe de ce maillage serré de futurs réseaux et influences qui ont permis à Jean-Charles Snoy de dire qu'au lendemain de la Seconde Guerre mondiale la Belgique était devenue le porte-avions de l'influence américaine en Europe occidentale.

Mais le parcours de Triffin est atypique en ce sens que tout en ayant été mêlé aux travaux de Dupriez et de son équipe à propos des problèmes monétaires et plus particulièrement de la dévaluation du franc belge du 29 mars 1935, c'est aux États-Unis et non pas en Belgique qu'il devint expert.

Auteur d'une thèse de Ph.D. réalisée à Harvard sous la direction d'Edward Chamberlin et intitulée *Monopolistic Competion and General Equilibrium Theory*, Triffin clôt une première étape de sa vie en s'installant aux États-Unis en 1939. Il a 28 ans.

À partir de cette date et durant près de douze années, Triffin, devenu citoyen américain en avril 1942, vit, sous différentes casquettes et dans différents statuts, une deuxième époque de son existence. Chargé d'abord d'un programme de recherches sur les problèmes monétaires en Amérique latine, il compte parmi ces « US Money Doctors » qui y pilotent alors plusieurs réformes des monnaies nationales. Puis, c'est en Europe que le « Money Doctor » poursuit son parcours. De 1949 à 1951, son rôle au sein de l'Union européenne des paiements (UEP) peut être qualifié d'essentiel, notamment parce qu'il invente le principe de l'unité de compte UEP appelée à être l'embryon d'une future monnaie européenne.

Cette deuxième époque dans la vie de Triffin s'achève en 1951 lorsque Lloyd Reynolds l'invite à occuper la chaire d'économie politique à Yale. À sa formation belgo-américaine des années 1930, Triffin a donc ajouté l'expérience du travail sur le terrain. Comme l'a fort bien écrit Sabine Péters :

> Robert Triffins's career followed the evolution of day-by-day realities and he found himself where projects were being developed and decisions made regarding the multilateralization of payments.

« US Money Doctor » durant dix ans en Amérique latine et en Europe, Triffin entame en 1951 une troisième époque de sa vie. Durant celle-ci, il forme à Yale plusieurs générations de « Triffin's Doctors » non sans continuer de jouer, sur le terrain, un important rôle de « conseiller des princes », pour reprendre le titre donné au petit volume réunissant les souvenirs de l'économiste et dont la Fondation vient d'assurer la réédition.

De cette troisième époque datent trois œuvres importantes : *Europe and the Money Muddle* (1956) d'abord, *Gold and the Dollar Crisis* (1960) ensuite, *The World Money Maze* (1966) enfin. Faut-il même rappeler que ces trois ouvrages constituent une sévère dénonciation des contradictions internes du système monétaire international ainsi que de l'incapacité des États-Unis à résoudre le problème de son « double déficit » budgétaire et de balance des paiements courants. Nous utilisons à dessein le présent de l'indicatif car, comme le rappelait Tommaso Padoa-Schioppa – et nous saisissons l'occasion qui s'offre de rendre hommage à sa mémoire –, le « dilemme de Triffin » demeure non résolu car lorsque « la monnaie mondiale est une monnaie nationale, il y a une contradiction irrémédiable entre les exigences internes du pays qui l'émet et les exigences externes du monde qui l'utilise ».

Cassandre du système monétaire international, Triffin préconise plusieurs mesures parmi lesquelles une augmentation des crédits du FMI destinée à suppléer une pénurie en dollars et le renforcement de l'intégration monétaire européenne : il alimente ainsi, durant les premières années 1960, un débat qui se déroule aux États-Unis comme en

Europe, où il devient consultant de la Commission de la Communauté économique européenne, Robert Marjolin y étant chargé des questions monétaires. Oserions-nous dire, paraphrasant Voltaire qui écrivait à propos des banquiers genevois que si l'on en voyait un se jeter par la fenêtre il fallait le suivre car il y avait certainement de l'argent à gagner, que, durant la première moitié des années 1960, il aurait fallu suivre Triffin s'il avait emprunté une même voie car il y avait certainement une solution à trouver ?

Mais si le bouillonnement intellectuel qui caractérise la pensée et l'enseignement de Triffin durant les années 1960 est exceptionnel, la chaleur de l'accueil réservé à ses propositions décline rapidement. Comme l'évoquent Éric Bussière et Olivier Feiertag, le projet de Fonds de réserve européen passe à la trappe même si, à La Haye en 1969, l'idée est reprise grâce à la complicité de Jean Monnet et Triffin dont Willy Brandt se fait le porte-parole.

Criant dans le désert, malgré la vérification de l'oracle que constitue l'abandon de la convertibilité-or du dollar le 15 août 1971, Triffin, qui approche de l'heure de l'éméritat, change de tactique en privilégiant l'action sur le terrain bancaire privé. Fortement soutenu par la Kredietbank de Fernand Collin et l'Istituto Bancario San Paolo, Triffin préconise la piste d'une monnaie parallèle, à savoir l'ECU, dont la valeur serait constante. Écouté et suivi par des institutions financières privées, Triffin ne l'est pas, en 1989, par le comité Delors.

À cette date, il y a douze ans que Triffin et sa femme Lois Brandt sont revenus en Belgique. Ils se sont installés à Louvain-la-Neuve en 1977. L'économiste y dispense un enseignement. Il y accueille aussi, dans son bureau de l'Institut de recherche économique et sociale, de jeunes et moins jeunes chercheurs qui ne sont pas tous économistes et s'entretient avec eux de questions monétaires mais aussi de politique et d'engagement. À cet égard, il faut rappeler qu'il fut en quelque sorte le père spirituel et le parrain de la revue *De Pecunia.*

En 1981, Triffin a recouvré la nationalité belge et renoncé à celle de citoyen des États-Unis. Mal comprise et acceptée, cette décision a donné lieu à une explication qui mérite d'être citée :

> As a small country closely dependent on its international relations, Belgium is the vanguard of all the efforts to press for the world-wide and regional cooperation reforms to which I have devoted my life, and which have long been supported by the United States Congress, under Republican as well as Democratic Administrations. Belgian policies in the European Community are, for the same reasons, the least hampered by national chauvinism and the most closely identified with the drive for European political unity for which I worked so long with Jean Monnet. Belgian citizenship thus merges in this respect with European citizenship.

« Tintin de la finance » pour les uns, « conseiller des princes » pour d'autres, Robert Triffin occupe sans doute une place à part dans l'histoire de la pensée économique au 20$^{e}$ siècle. Le silence de certains ouvrages consacrés à celle-ci est troublant. En revanche, la référence, aujourd'hui, à sa pensée ou mieux à certaines de ses propositions par des autorités monétaires est symptomatique. En 2001, Alexandre Lamfalussy écrivait, quelques années après les intéressantes contributions consacrées par Paul Mandy et Bernard Snoy au parcours de Robert Triffin à la suite du décès de celui-ci :

> He had an insatiable appetite for detecting the weaknesses of our international monetary and financial system and trying to understand the underlying causes. He had the courage and intellectual honesty of defending his views – even when they looked iconoclastic in the eyes of powerful politicians and a number of economists. But, more important, he wanted to « solve » problems – and in his endeavours to find solutions he was definitely forward looking, while not neglecting the lessons of the past.

En ce mois d'octobre 2011, ce ne sont plus seulement les marchés émergents dont la fragilité financière inquiète ! Devant ce constat, une relecture de Robert Triffin s'impose, aujourd'hui comme à d'autres époques. Ce seul constat démontre la place évidente que l'œuvre de Triffin occupe dans l'histoire de la pensée et, osons le dire, de l'action en matière d'économie monétaire du second 20$^{e}$ siècle… et du début du 21$^{e}$.

## Première séance

## Triffin : une pensée pour l'action

## First Session

## Triffin : Thinking for Action

*Présidence / Chair: Youssef Cassis*
*Institut universitaire européen, Florence*
*European University Institute, Florence*

# Milieux académiques et cénacles économiques internationaux (1911-1951)

Jérôme WILSON

*Université catholique de Louvain*

Le jeudi 11 février 1965, Valéry Giscard d'Estaing s'apprête à prendre la parole à la Maison du Droit, rue d'Assas à Paris, à propos de la réforme du système monétaire international. Alors qu'il pénètre dans le grand amphithéâtre parisien, le ministre des Finances français est accueilli par un chahut « amical » de sifflets à roulettes. On lui crie de s'asseoir. Il reste debout et décide de s'adresser à son auditoire sans lire ses notes. Il cite le plan Rueff. Les « hou, hou » fusent. Quelque peu décontenancé, il harangue les 3 000 étudiants présents : « ayant beaucoup de personnes à nommer, nous allons pouvoir mesurer à vos applaudissements qui vous appréciez le plus »[1]. À l'évocation du nom de Triffin, un tonnerre d'applaudissements retentit.

Toutes choses étant égales par ailleurs, Triffin apparaît bien être un homme non seulement célèbre mais aussi populaire. Tant la presse française[2] qu'américaine (Mooney, 1965, p. 37) ne manque pas de souligner le succès, présenté comme inattendu, qu'a obtenu à Paris l'économiste né à Flobecq. Triffin a alors à son actif d'avoir été consulté par John F. Kennedy dès l'été 1959, soit avant son élection comme président des États-Unis, et d'avoir en même temps servi de conseiller à

---

1 *Le Figaro* écrit à ce propos : « Quelques "hou, hou" ayant salué le nom de Jacques Rueff, Giscard enchaîna "ayant beaucoup de personnes à nommer, nous allons pouvoir mesurer à vos applaudissements qui vous appréciez le plus". Ce fut l'expert Triffin qui gagna » (Charpy, *Le Figaro*, 13 février 1965, p. 4).

2 Outre *Le Figaro*, les autres grands journaux français relatent également l'incident. *Les Échos* insistent sur le caractère inattendu de cette reconnaissance : « Si l'évocation de M. Jacques Rueff fut saluée par des trépignements et des "hou, hou", l'évocation du professeur Triffin suscita des applaudissements pour le moins inattendus » (« M. Giscard d'Estaing… », 1965, p. 3). Quant à Paul Fabra, il souligne dans *Le Monde* l'incohérence de la réaction des étudiants (Paul Fabra, 1965, p. 19).

la toute jeune Commission des Communautés européennes. Mais personne dans les cercles du pouvoir français ne comprend comment ce petit homme d'origine belge enseignant en anglais dans une université américaine a pu faire passer auprès d'un public étudiant français un message *a priori* aussi abscons que celui portant sur la réforme du système monétaire international.

Cette renommée que connaît Triffin au milieu des années 1960, et qui ne se limite ni aux États-Unis où il exerce ni à la France où il se fait entendre, est difficile à expliquer. Il faut au premier chef comprendre comment Triffin s'est fait. C'est dans cette perspective qu'il a paru utile de décrire le plus complètement possible les quarante premières années de la vie et de l'œuvre de Robert Triffin, le *terminus ad quem* étant motivé par la fin mise par Triffin à ses fonctions officielles au sein de l'administration américaine, expérience après laquelle il s'investira dans une carrière académique qui lui offrira l'occasion d'aborder son rapport à l'autorité sous un autre angle. Il y conquerra une indépendance qui l'autorisera à clamer haut et fort ses idées sans plus devoir être soumis à une autorité hiérarchique avant toute publication, le corollaire négatif de cette liberté étant un éloignement du processus de décision.

## I. De Flobecq à Louvain (1911-1932)

Le village belge de Flobecq, au sein duquel Robert Triffin voit le jour le 5 octobre 1911, est proche de la frontière. Il s'étend sur un territoire de 2 317 hectares situé entre les Ardennes flamandes et la France. Il est caractérisé par un paysage champêtre et bucolique qui séduit à l'époque des apprentis-peintres comme René Magritte[3]. En ce début de siècle, ses habitants – ils sont un peu moins de 4 000 – ne sont économiquement pas à plaindre. L'économie locale a connu un essor assez remarquable, grâce notamment au tabac et au commerce transfrontalier[4]. Dans cette région caractérisée par le croisement de différentes cultures, langues et religions, Triffin fait ses premiers pas dans une maison où cohabitent une dizaine de personnes.

À l'âge de sept ans, Triffin est confronté à un changement d'univers. Il est contraint, par le choix de ses parents, à déménager du côté français de la frontière à Vieux-Condé. Le contact avec Flobecq s'étiole ; Triffin devient, après le départ de son frère en conflit avec ses parents, un enfant unique. Ces circonstances, combinées à une sécurité financière accrue, lui ouvrent des portes : Robert Triffin sera le seul membre de sa

---

3 Magritte peint notamment *Moulin dans la campagne* à Flobecq. Voir Marcel Nihoul, 1998, p. 16.

4 Une centenaire du village limitrophe de Wodecq se réjouit ainsi en 1919 de « la prospérité nouvelle de ses habitants qu'elle a connus si pauvres » (X., 1919, p. 3).

famille à pouvoir se consacrer aux études. C'est une chance mais aussi un handicap : à la fin de sa scolarité primaire, son isolement se renforce encore par la distance intellectuelle qui se marque par rapport à ses condisciples.

Au tournant des années 1930 à Louvain, l'ambiance est diamétralement différente. Triffin y découvre une ville dix fois plus peuplée que son village (40 000 habitants) qui subit de plein fouet la crise économique. De nombreuses fortunes familiales qui financent les études de leurs enfants s'effritent ; l'offre de bourses diverses et variées diminue et les diplômés ne sont plus aussi assurés de trouver une bonne place à la fin de leur cursus. La période louvaniste constitue quant à elle indéniablement le berceau intellectuel de Triffin, par la formation tant directe (les cours suivis) qu'indirecte (l'expérience journalistique) qu'elle lui permet d'accomplir.

Lorsqu'il arrive à Louvain en 1929, Triffin fait, naturellement, partie des « manchabals », qualificatif associé aux étudiants qui assistent assidûment et passivement aux cours. Cette discipline est dictée non seulement par l'habitude mais aussi et surtout par une obligation intérieure – celle de prouver qu'il mérite de poursuivre ses études et d'obtenir une bourse sans laquelle il serait forcé de renoncer. Il n'y a cependant dans cette exigence aucune incompatibilité avec un engagement hors de la sphère strictement académique dès lors que Triffin a prouvé et s'est prouvé qu'il était capable, sur le plan intellectuel, de tenir la dragée haute à ses condisciples. Deux ans après son entrée à l'université, un tournant s'opère ainsi à l'occasion d'un déménagement. Triffin quitte la rue de Namur pour s'établir rue Sainte-Anne. C'est là qu'il fait la connaissance de Paul Delcorde, un étudiant « candide » (X., 1932, p. 3), tout comme lui, qui est arrivé à Louvain en 1930 après avoir passé un an à l'Institut Saint-Louis. Par son entremise, il découvre Auguste Marin. Cette double rencontre bouleverse le schéma des relations sociales de Triffin. Il garde et noue des contacts avec des anciens de Kain (Pierre Piron, Jules Parfait) mais découvre, via les étudiants bruxellois, un milieu intellectuel très actif où d'autres partagent ses questions, ses révoltes. Lorsque *Jeune Europe* publie les « confessions » d'Abdelkrim affirmant avoir acheté des armes auprès d'industriels français du Creusot ou lorsque *La Cité chrétienne* salue la façon dont *L'Avant-Garde* rend compte, à l'occasion du pèlerinage de Langemarck, du vécu des troupes allemandes hébergées en Belgique pendant la Première Guerre mondiale[5], Triffin est personnellement et intimement

---

[5] *L'Avant-Garde* écrit : « Je connais certaine région du Tournaisis où vit le souvenir de ces jeunesses ardentes qui y campèrent, en marche vers l'inutile. Elles fêteraient la Noël à Londres, disaient-elles, et en janvier reprendraient leurs études ayant seulement perdu un trimestre » (Ignis, « Langemarck », 1934, p. 1).

concerné. Il a gardé un souvenir ému du soldat allemand à peine sorti de l'adolescence qu'il a côtoyé pendant la guerre à Flobecq avant qu'il ne se fasse tuer[6]. Son frère a fait partie de ces « troupes françaises et [des] volontaires étrangers [qui] vont se faire tuer au Maroc pour le "pacifier" [...] et [qui] sont mitraillés par des engins français » (X., 1935, p. 6). Il s'approprie ce côté extra-académique, intellectuel et bohème de l'université qui devient aussi un peu le sien. Si en 1932 il apparaît toujours comme un « manchabal » assistant à des cours de pandectes où il se retrouve quasiment seul, l'année suivante on le retrouve avec les « astèques » de *L'Avant-Garde* (X., 1933, p. 2). Au même moment, il quitte sa résidence fictive bruxelloise où il s'était domicilié chez des cousins pour bénéficier d'une réduction sur l'abonnement de train entre Louvain et Bruxelles. Il s'établit administrativement à Bois-de-Lessines où ses parents sont revenus s'installer après avoir mis un terme à leur exil français. Ce changement semble témoigner de deux évolutions. D'une part, Triffin n'a plus besoin de la capitale pour respirer : *L'Avant-Garde* lui offre ce service *in situ* à Louvain. D'autre part, il renoue avec ses racines.

L'université ne peut servir de référence à un enracinement profond ; la région de Flobecq par contre, avec les liens familiaux distendus mais durables qui y sont ancrés, peut remplir cette fonction. Ainsi naît sans doute une affection particulière pour une région qui devient le symbole d'un foyer stable dont Triffin, de plus en plus globe-trotter, sera longtemps privé.

Par ailleurs, l'identité générationnelle de Triffin demeure très forte durant ses années universitaires. Cette constatation est logique dès lors que la plupart des étudiants qui terminent leur cursus – et vieillissent – quittent aussitôt l'alma mater. De plus, la cohérence de cette génération est encore renforcée par la « crise » qui éclate à la fin des années 1920. D'apparence essentiellement économique, cette dernière est en réalité profondément sociétale. Mais l'identité de l'environnement intellectuel de Triffin, homogène au niveau générationnel, ne forme pas un monobloc sur le plan idéologique. Cette diversité est caractéristique de la « grande famille intransigeante » évoquée par Émile Poulat pour désigner « ceux qui rejettent le capitalisme d'en haut et le collectivisme d'en bas » et qui se sont engagés aussi bien dans le pacifisme que dans le fascisme[7]. Les proches de Triffin ont en commun de ne pas vouloir

---

6 Voir Ferrant C., Sloover J., Dumoulin, M., Lefebvre, O. (dir.), *Robert Triffin, conseiller des princes. Souvenirs et documents*, Bruxelles, P.I.E. Peter Lang, 2010, p. 10.

7 Voir l'intervention d'Émile Poulat à propos de l'exposé de Charles Juillard sur « Marc Sangnier, l'Église et la Guerre (1905-1914) », in *Bulletin de la Société d'histoire moderne*, 74e a., n° 11-12, 1975, p. 30.

assécher le monde dans une représentation politique unique. Ils se démarquent souvent des mouvements extrêmes comme le communisme, le libéralisme « anti-calotin », le sectarisme linguistique ou le rexisme qui tous cristallisent leur action dans la recherche d'un statut monopolistique au service de l'idéologie qu'ils défendent. Par contre, ils acceptent le projet de Jacques Leclercq et se reconnaissent dans cette « jeunesse intellectuelle catholique » qu'il décrit fin 1929 dans les *Cahiers de la jeunesse catholique*.

## II. Louvain (1932-1935)

La période 1932-1935 est caractérisée par une instabilité économique croissante. Les pays du Bloc de l'or, à l'instar de la Belgique, absorbent le choc qui en découle en maintenant une politique déflationniste à laquelle il n'est mis un terme qu'en 1935 avec la dévaluation du franc belge. Sur le plan social, les effets de cette politique se font durement sentir et provoquent, dès 1932, de larges mouvements de grève face auxquels le gouvernement réagit en recourant aux pouvoirs spéciaux. Parallèlement, les réflexes identitaires se renforcent. Alors qu'en 1911 l'université de Louvain s'ouvrait timidement au monde néerlandophone, vingt ans plus tard l'unilinguisme administratif est encore la règle dans les deux principales régions du pays.

Pour lutter contre les dissensions communautaires, la hiérarchie ecclésiastique a poussé à la fin des années 1920 les jeunes intellectuels catholiques à se désengager de la politique. Mais l'attrait de celle-ci est trop fort. Si les étudiants délaissent les partis politiques, ils s'investissent dans des mouvements comme le Verdinaso (créé en 1931) ou des journaux comme *L'Avant-Garde* qui n'ont d'a-politique que la description qu'ils veulent bien faire de leur action. Ils se montrent par ailleurs de plus en plus attentifs à l'évolution des régimes qui les entourent, notamment en France, en Allemagne et en Italie. La communauté transalpine immigrée participe d'ailleurs grandement à importer le débat entourant le fascisme.

De 1932 à 1935, Robert Triffin s'ouvre au monde. En 1932, il n'est plus du tout l'élève qui ne connaissait l'extérieur que par les lectures publiques du *Blé qui lève* durant ses années de collège à Kain. Après avoir réussi très brillamment sa candidature préparatoire en philosophie et lettres, il ne se contente plus de préparer la suite, à savoir la candidature en droit. Il élargit le cercle de ses connaissances aux Bruxellois avec lesquels des liens familiaux se créeront, Paul Delcorde devenant le parrain de l'un des enfants de Triffin.

Le projet journalistique de *L'Avant-Garde* transcende les clivages, notamment géographiques, en mobilisant des Bruxellois, des Namurois et des Louvanistes, au premier rang desquels les Tournaisiens avec lesquels Triffin n'entend pas rompre les ponts[8]. Parallèlement, Triffin manifeste également sa curiosité intellectuelle à l'égard tant du cadre national qu'international. Il s'inscrit en 1932 aux cours de la première année de la licence en sciences politiques et diplomatiques. C'est probablement à cette occasion qu'il est conduit à analyser et à présenter l'ouvrage de Lucien Romier comparant l'Europe et les États-Unis (Romier, 1927). Dès lors, son attrait pour le Nouveau Monde ne cesse de grandir, comme en témoigne sa fascination pour le *Voyage au bout de la nuit* publié par Louis-Ferdinand Céline en 1932.

*L'Avant-Garde* constitue un socle décisif sans lequel Triffin ne se serait pas frotté aussi intensivement aux enjeux de politique nationale et internationale. Cependant, s'il lui donne l'opportunité de nouer et de renforcer certains liens d'amitié, il ne représente pas en lui-même un groupe particulièrement soudé susceptible de fonctionner de façon structurée après les études même si certains contre-exemples – celui de Deroisy notamment qui retrouve régulièrement ses anciens compagnons d'aventure après la guerre – montrent que l'aventure de *L'Avant-Garde* a engendré des liens durables. Le « Bruxellois » Jules Chomé, le « Namurois » Pierre van Outryve d'Ydewalle ou le « Louvaniste » Robert Triffin fréquentent ensemble les bancs de la Faculté de droit au cours de leurs études doctorales et sont tous les trois des collaborateurs de *L'Avant-Garde*. Triffin n'entretiendra cependant par la suite aucun contact ni avec Chomé ni avec d'Ydewalle. En réalité, *L'Avant-Garde* agit davantage comme un moteur d'attraction pour d'autres mouvements. Robert Triffin a rejoint *L'Avant-Garde* parce qu'il fréquentait la Tournaisienne de Pierre Piron, des frères Hayoit et des frères Haustrate ou parce qu'il avait été coopté, grâce à Paul Delcorde, au sein du cercle des Bruxellois issus majoritairement du Collège Saint-Michel qui avait investi la rédaction dirigée par l'un d'entre eux (Pierre Seigneur).

Ce qu'elle ne réalise pas à l'échelle sociale (la constitution d'un réseau social fort et homogène), *L'Avant-Garde* le fait au niveau des idées, en faisant accepter par tous les jeunes intellectuels une priorité accordée aux questions socio-économiques et à la défense du pacifisme. Ce n'est d'ailleurs sans doute pas un hasard si les années durant lesquelles Robert Triffin est actif au sein du journal sont celles au cours desquelles il fréquente l'Institut des sciences économiques. Ces jeunes voient unanimement dans les leviers économiques la solution du redressement de l'Europe.

---

8 Ses archives témoignent de liens entretenus avec Carlos Haustrate, Pierre Hayoit ou Michel Coppez dans les années 1970. Voir notamment son carnet d'adresses conservé dans Archives de l'Université catholique de Louvain – Louvain-la-Neuve (AUCL), Archives Robert Triffin (ART), 30.6.

À l'été 1935, *L'Avant-Garde* connaît une période faste. Elle n'est pas encore devenue le lieu d'échanges de plus en plus âpres entre pacifistes et tenants, au nom d'une autre idée de l'indépendance belge, de l'entente avec l'Allemagne. Elle ne se déchire pas encore non plus quant à une question qui transcende l'Europe, à savoir le choix de la voie politique à adopter (démocratique ou autoritaire) pour mettre en place les réformes nécessaires[9]. Triffin, qui part pour les États-Unis à la fin de l'été 1935, avoue avoir alors nourri un « enthousiasme grandissant » pour les idées d'Henri De Man[10]. Mais il ne participera pas à ces débats. Pour lui, la page est déjà tournée lorsque chacun se voit obligé de choisir l'un ou l'autre camp, le pacifisme absolu ou le militarisme par défaut ; le dirigisme social ou le libéralisme économique. Même si en avril 1937 il se prononce résolument contre le rexisme, il ne sera pas le témoin direct de ces combats qui, dans une ambiance morose de réarmement et d'avant-guerre, déchireront ses professeurs, ses ex-collègues et ses anciens camarades de classe. Il a alors retrouvé une tour d'ivoire semblable à celle de Kain – la bibliothèque de Harvard – où, sans pour autant s'isoler socialement, il privilégie l'apprentissage des nouveaux outils théoriques de l'économie, science dont il entend faire son métier.

## III. L'Institut des sciences économiques (1934-1939)

Sur le plan économique, la crise monétaire de 1931 révèle l'incapacité des décideurs à concevoir unanimement un nouveau système monétaire international, échec qui apparaîtra au grand jour à Londres lorsqu'une conférence internationale sur les problèmes économiques et monétaires ne débouchera sur aucun résultat concret. Cette carence marquera les esprits d'une génération qui demeurera obnubilée par le problème monétaire apparu dans l'entre-deux-guerres et sera à la base du volontarisme affiché à Bretton Woods[11]. L'Institut des sciences

---

9 Au sujet des économistes « de gauche » confrontés à ce dilemme, voir l'ouvrage de Dan S. White, 1992.

10 Ferrant C., Sloover J., Dumoulin, M., Lefebvre, O. (dir.), *Robert Triffin, conseiller des princes. Souvenirs et documents*, Bruxelles, P.I.E. Peter Lang, 2010, p. 23.

11 Faisant référence à la conférence internationale de Londres de 1933, Camille Gutt commence en février 1943 un discours d'introduction de la réunion des ministres alliés des Finances à Londres avec ces mots : « We all remember of course the most resounding of those failures because it took place just ten years ago in this very town, happily not in this building, but funnily enough in a Museum of Antiques. I hope today we are going to open a new age and turn our back on antiques » (Crombois, 2000, p. 369). Harold James lui embraiera le pas en comparant les atmosphères respectives de Londres en 1933 et de Bretton Woods en 1944 : « There was doubtless something symbolic in the progression of international economic conferences from a Geological Museum (in London in 1933) to a contemplative wooded retreat in Bretton Woods in 1944 » (James, 1996, p. 48).

économiques (ISE) aura à cœur d'accompagner ce processus pour défendre une vision économique à la fois judicieuse sur le plan scientifique et réaliste sur le plan politique. Pour ce faire, il utilisera principalement deux outils plébiscités aux États-Unis et que l'ISE affine et adapte au contexte belge et européen grâce au concours financier de la Fondation Rockefeller : l'analyse de la conjoncture et la théorisation des cycles conjoncturels. Ces deux instruments lui permettront d'établir des prévisions relativement fiables sur lesquelles pourront reposer des prises de décision cohérentes.

Pour garantir la mise en pratique de son programme, l'ISE se doit d'influencer les acteurs responsables de la décision. Dans cette optique, dès sa création, l'ISE constitue un milieu privilégié de recrutement des élites technocratiques qui occupent de plus en plus le haut du pavé à compter des années 1930. Ses premiers diplômés se voient rapidement placés dans des positions-clés. Charles Roger rejoint le cabinet du ministre des Finances en juin 1934 et Gaston Eyskens celui du ministre du Travail et de la Prévoyance sociale deux mois plus tard. Cette influence atteint son acmé lorsque Paul van Zeeland accepte en 1935 de former un gouvernement dont le programme sera essentiellement économique. Les élèves de Dupriez (Robert Triffin en tête) participent alors aux calculs entourant la détermination du taux de dévaluation à appliquer au franc belge. L'École de Louvain devient une référence non seulement en Belgique mais également en Europe et dans le monde, les liens l'unissant à d'autres institutions centrées sur l'étude des phénomènes économiques conjoncturels assurant une large diffusion de ses publications.

Après la guerre, les anciens de l'ISE poursuivront leur ascension. Paul van Zeeland redeviendra un acteur-clé de la scène politique. Les trois conseillers recrutés par Alexandre Galopin dans les années 1930 parmi les anciens de l'Institut (Jules Dubois, Max Nokin et Pierre Bonvoisin) monteront en puissance au sein de l'organigramme de la Société générale de Belgique. Paul Reuter, l'un des rédacteurs du traité de Paris, s'inspirera du *Bulletin* de l'IRES pour se renseigner sur la Belgique et définir l'action future de la CECA (Reuter, 1951, p. 267). Par ailleurs, plusieurs disciples de l'Institut seront directement associés aux travaux entourant la construction européenne. Amé Wibail participera à la rédaction du traité Benelux et Pierre van der Rest intégrera la délégation belge dépêchée à la Conférence du plan Schuman. D'août 1950 à janvier 1952, la politique de la Belgique en la matière sera supervisée par Albert Coppé, surnommé le « Dupriez flamand », alors en charge du portefeuille de l'Économie. Ce dernier quittera le gouvernement pour prendre la vice-présidence réservée à la Belgique au sein de la Haute Autorité de la CECA. Il fera alors appel, pour diriger son cabinet, à Marcel Peeters, également diplômé de l'Institut.

L'implication de Robert Triffin dans les plus hautes sphères de la politique économique, au sein de l'Union européenne des paiements (UEP) notamment, est donc loin d'être isolée et atypique par rapport à ses acolytes de l'ISE. Triffin mettra d'ailleurs à profit les liens tissés en Belgique dans les années 1930, comme en témoignent ses contacts privilégiés du temps de l'UEP avec Amé Wibail ou Marcel Peeters. Sur le plan des idées, Triffin demeurera également fidèle à certains principes issus de Louvain, notamment à l'égard de la multilatéralisation. Lorsqu'il affirme qu'il « devient indispensable de placer l'étalon-or sur une base juridiquement, et non pas seulement accidentellement, multilatérale » (Triffin, 1951, p. 26), Triffin fait écho à une pratique de l'économie qui ne se conçoit que par la concertation avec les acteurs impliqués dans le même processus, nécessité qui apparaît plus criante à des yeux européens qu'à des yeux américains et plus indispensable encore à de petites économies ouvertes comme la Belgique, que le travail de fond réalisé au sein de l'ISE vise à intégrer le mieux possible dans une économie libre et régionale à défaut de pouvoir être déjà mondiale.

## IV. Harvard (1935-1942)

Aux États-Unis, Triffin développe avant tout son bagage économique. Pour ce faire, il bénéficie de l'enseignement des professeurs de Harvard, au premier rang desquels Joseph Schumpeter. Triffin ne se limite cependant pas à arpenter la côte Est. Il prend soin de compléter sa formation à Chicago, l'autre grand centre académique américain du moment. Il en retire une profonde admiration pour l'excellence du personnel académique américain et les méthodes participatives alliant travail personnel et discussions de groupes. Au niveau des idées, sans doute influencé par la proximité d'intellectuels marxistes comme Tsuru, Triffin paraît plus que jamais avoir été convaincu que le danger pour la société vient davantage de l'autoritarisme de droite que d'une possible contagion du modèle collectiviste soviétique. Il rédige d'ailleurs en avril 1937 un article pour le *Harvard Monthly* dans lequel il tente d'alerter les Américains sur les dangers du modèle rexiste tel qu'il se décline en Belgique (Triffin, Geismer, 1937, pp. 14-18).

Sur le plan humain, Triffin noue toute une série de contacts avec de nouveaux milieux. Via la Belgian American Educational Foundation (BAEF) grâce à laquelle il est allé aux États-Unis et dont il détient, après Lucien Brouha, le record de « sélections » (trois années consécutives de 1935 à 1938), il se constitue une nouvelle « famille » qui transcende les piliers belges habituels, rassemblant à la fois des ressortissants du nord ou du sud du pays ainsi que des diplômés des trois réseaux d'enseignement universitaire. La BAEF s'avérera d'ailleurs un appui et un soutien beaucoup plus puissant que son ancienne famille louvaniste, ce qui n'ira pas sans modifier profondément son schéma mental. Il fera siennes les valeurs de disponibilité et de responsabilité face à l'action ainsi que de transgression des compartiments sociaux défendues par celle-ci, au point de devenir plus tard membre du *Board* de la BAEF (BAEF, 1994, p. 1).

Parallèlement, Triffin doit au système de *houses* en vigueur à Harvard de s'ancrer durablement au sol américain. À l'instar des trois mousquetaires, il contribue à former un quatuor de résidents d'Adams House qui compte d'une part Shigeto Tsuru, un *graduate student* comme lui, et d'autre part Arthur Schlesinger et Chadbourne Gilpatric, deux *undergraduates* américains. Gravite également autour de ce groupe un autre étudiant avec lequel Triffin conservera des contacts étroits, Paul Samuelson, qui se retrouve souvent à Adams House à l'invitation de Tsuru[12]. Ce noyau dur lui donnera une assise sociale sur laquelle il s'appuiera lors de son établissement aux États-Unis, Schlesinger l'assistant même dans sa demande de naturalisation.

Au final, le passage de Triffin à l'université de Harvard lui donne les clés de son avenir mais ne l'oriente pas encore inexorablement vers les États-Unis. En 1938, il a toujours la ferme intention de revenir en Belgique. Ce qui change la donne, c'est d'une part l'absence d'offre satisfaisante faite par Louvain et par les employeurs habituels de jeunes diplômés en économie et d'autre part l'alternative américaine qui se présente à lui. Harvard l'a couvert d'éloges et n'attend qu'une réponse positive de sa part pour l'engager en le gratifiant financièrement six fois mieux que Louvain. Le mariage avec Lois Brandt, une Américaine de New York, pérennisera une situation provisoire. La guerre achèvera

12 Arthur Schlesinger (1917-2007) entame à l'issue de ses études à Harvard une carrière académique puis travaille pour l'administration américaine jusqu'au début des années 1950. De 1952 à 1964, il assiste plusieurs leaders démocrates, dont Kennedy. Shigeto Tsuru (1912-2006), après ses études aux États-Unis, est rapatrié au Japon en juin 1942. Après la guerre, il sera mis de côté par ses compatriotes qui verront en lui, à cause de son attrait pour le marxisme, un partisan des « Rouges ». Il travaillera cependant pour le Ministère des Affaires étrangères japonais puis pour l'Economic Stabilization Board. En 1948, il commencera à enseigner à l'Université Hitotsubashi à Tokyo où il dirigera l'Institut de recherches économiques. Chadbourne Gilpatric (1914-1989) passera pendant la guerre au service de l'OSS pour le compte duquel il est envoyé au Danemark. Il est ensuite transféré à la CIA (1945-1949). En 1949, il quitte le service du gouvernement pour rejoindre la Fondation Rockefeller où il officie en tant qu'adjoint au directeur de la section des sciences humaines. Le frère de Chadbourne, Roswell, deviendra vice-secrétaire d'État à la Défense au sein de l'administration Kennedy. Paul Samuelson (1915-2009) sera l'un des conseillers économiques les plus influents de Kennedy. Il collaborera à *Newsweek* (1966-1981) et sera le premier Américain à être honoré d'un prix Nobel d'économie (1970).

d'orienter définitivement l'avenir professionnel de Robert Triffin qui, en la matière, suit la voie que la toute grande majorité des Européens envoyés aux États-Unis dans les années 1930 suivront.

## V. La thèse (1935-1938)

À Harvard, Triffin s'est distingué au point d'être encouragé à rédiger sa thèse aux États-Unis. Pour ce faire, il se détache rapidement des problèmes liés strictement à la localisation des entreprises – sujet suggéré par Dupriez – pour aborder un thème plus large, celui de la concurrence imparfaite sous la férule d'Edward Chamberlin.

Ce dernier, en même temps que Joan Robinson, a eu l'intuition de rassembler deux pans de la théorie de la valeur qui étaient abordés jusque-là de façon mutuellement exclusive : la concurrence d'une part, le monopole de l'autre. Leurs travaux ont intégré ces deux « pôles » au sein d'un même modèle où ils sont devenus deux extrêmes mathématiques, permettant ainsi une description de la réalité non plus dichotomique mais plus ou moins proche ou éloignée du marché parfait. Ces innovations ont cependant souffert d'un défaut méthodologique, celui de chercher à tout prix à déterminer un équilibre commun à un ensemble d'acteurs. Cette obstination conduit Chamberlin à imaginer le concept de « groupe large » : il identifie un comportement homogène au sein d'une industrie définie comme le rassemblement d'entreprises ayant un profil identique.

Dans sa thèse, Triffin se propose de remédier à la notion bancale de « groupe large » pour pouvoir offrir une réponse théorique qui puisse se décliner selon toutes les modalités et la diversité des situations créées par la réalité. Il abandonne le « groupe large » pour appliquer en lieu et place non plus la « méthodologie anglo-saxonne de l'équilibre particulier », mais le cadre de l'équilibre général de Walras et Pareto. Triffin définit à cette fin un critère mathématique unique (le facteur d'« interdépendance » entre les marchés) lui permettant d'aboutir à une classification très fine des divers stades de concurrence. Ce faisant, il « marque aussi les limites qui séparent la théorie économique de la doctrine, sociale ou politique »[13]. Le nœud gordien qu'il tranche transcendera l'ensemble de la théorie de la concurrence monopolistique/imparfaite, qui, alors essentiellement marshallienne, sera réinterprétée à la lumière des théories de Walras (recours aux utilités marginales dans le cadre de la théorie de l'équilibre général) et Pareto (mobilisation d'une définition relative et non plus absolue des utilités).

13 AUCL, PAC 57, Triffin à Vaes, 9 juillet 1939.

Les travaux de Triffin seront recensés dans la bibliographie économique comme une réponse habile à certains aspects problématiques de la théorie de la concurrence imparfaite. On y décèle, comme dans d'autres travaux de contemporains de Triffin (Paul Sweezy), une association au sein d'une théorie générale de l'équilibre de notions qui annoncent l'essor de la théorie des jeux. Cette branche de la théorie atteindra sa maturité quinze ans plus tard, avec l'invention de la théorie des ensembles et de la théorie des jeux et des probabilités (Beaud, Dostaler, 1993, p. 532).

Ces premiers succès de Triffin en matière théorique seront surtout au départ exploités par l'économie agricole dont les spécialistes montrent un intérêt tout particulier pour les outils méthodologiques qu'il développe. Cette curiosité se manifeste par des visites de Triffin à Chicago et à Toronto où se déroule en 1938 un important congrès en économie agricole auquel Triffin sera convié. Plus tard, Milton Friedman s'intéressera à son tour aux travaux de Triffin et y puisera la matière sur laquelle construire une théorie concurrente à l'origine de sa brillante carrière académique. En Europe, la promotion de la thèse de Triffin sera surtout assurée par François Perroux qui y identifiera un puissant progrès méthodologique ne se limitant pas exclusivement à la science économique mais offrant également des progrès à prendre en compte dans le cadre notamment des jeux de pouvoir et donc de la bonne gouvernance. C'est essentiellement ce dernier thème qui semble avoir continué à inspirer Triffin qui, comme l'écrit Samuelson, « *dropped all interest in micro* » à partir du moment où, en 1942, il quitte Boston pour rejoindre le *Federal Reserve Board* (FRB) à Washington,[14].

## VI. Le Federal Reserve Board (1942-1946)

Lorsque le FRB engage Robert Triffin en 1942, il agit probablement sur les conseils d'Alvin Hansen. Ce dernier, professeur à Harvard, est certainement prompt à défendre cette source de recrutement pour combler les trous causés dans les ressources humaines par la guerre et ses conséquences. Peut-être se dessine aussi la volonté de disposer d'un staff un peu plus européen dans la perspective de sollicitations futures quant à la remise sur pied d'une politique monétaire et financière saine dans les territoires progressivement libérés par l'intervention américaine. Choisissant cette voie, Triffin échappe à l'Office of Strategic Services (OSS) et à la conscription. Mais cela ne se fait pas sans prix. Les compétences dont Triffin prive l'armée sont en contrepartie mises à profit dans la lutte contre la nazification de l'Amérique latine, et le Flobecquois est tenu de servir d'agent de renseignements. Il est d'autant

[14] Paul Samuelson à l'auteur, 27 juin 2005.

plus encouragé à se montrer conciliant avec l'armée que certains au State Department mettent en doute sa légitimité, en temps qu'américain naturalisé, à défendre les intérêts de la mère-patrie en dehors de ses frontières, et qu'il ne devra son maintien en fonction qu'à un arbitrage favorable du sous-secrétaire d'État Edward Stettinius.

Sur le plan des idées, Triffin oriente très vite son action, au cours des réformes qu'il propose pour l'Amérique latine, vers la préparation des systèmes financiers et monétaires au chevet desquels il est appelé dans la perspective de la mise en place d'un ordre monétaire international d'après-guerre. Il est dès lors naturellement très attentif aux développements entourant les négociations sur les plans White et Keynes. Partisan du processus, il s'avérera déçu du résultat qui laisse en suspens des problèmes cruciaux comme celui de la multilatéralisation. À cet égard, il apprend au sein du FRB à mettre en place une approche favorisant la coopération au niveau régional, approche qu'il saura développer en une alternative à l'incurie manifestée par le FMI.

En termes de socialisation, la personnalité de Triffin lui donne les outils pour innover par rapport à ses prédécesseurs à l'imagination souvent trop étriquée. D'une part, il séduit par sa double culture européenne et américaine qui le rapproche de nombre de décideurs qu'il rencontre. La plupart de ces derniers ont en effet été formés, au moins en partie, aux États-Unis[15] mais un fort contingent a également traversé l'Atlantique. La London School of Economics a accueilli Rogelio Espinoza (Paraguay) ainsi que plusieurs Mexicains (Eduardo Villaseñor, Victor Urquidi et Javier Márquez) alors que la langue française et Paris ont séduit Roberto Verrier (Argentine), Franklin Antezana Paz (Bolivie), José Ibarra Velasco (Équateur), Clemente de Althaus et Manuel Prado y Ugarteche (Pérou). Enfin, plusieurs Équatoriens sont passés par Bruxelles (Alfredo Espinosa Palacios, Leonardo Stagg et Victor Estrada). D'autre part, le respect de Triffin pour la diversité des modèles et son ouverture au dialogue font mouche. Au Paraguay, là où l'un de ses collègues ne voit que des lépreux incapables de communiquer correctement avec lui, Triffin apprend à une vitesse record l'espagnol et s'exprime rapidement dans l'idiome local avec ses hôtes, s'abstenant de

[15] Julio González del Solar (Argentine), Jorge Tejada (Bolivie), Octavio Bulhoès (Brésil), Rufo López Fresquet (Cuba), Carlos Arosemena, Guillermo Pérez Chiriboga (Équateur), Manuel Noriega Morales et Emilio Zea González (Guatemala), Antonio Carrillo Flores (Mexique), David Dasso (Pérou), Alfonso Rochac et Jorge Sol (San Salvador) ont tous bénéficié d'une formation sur le sol américain. En outre, Adolfo Dorfman (Argentine), Antonio Puerto, Luis Carbo, Enrique Dávila (Colombie), Harmodio González, Victor Pane et Antonio Zaldivar (Paraguay), Augustín Luna Olmedo (Mexique) ainsi que Jesús Troncoso (République dominicaine) ont, pour une raison ou pour une autre, également séjourné plus ou moins longtemps aux États-Unis.

tout propos condescendant, y compris dans sa correspondance avec sa hiérarchie à Washington. Il fait en outre preuve d'une grande empathie. Lui qui se désintéresse complètement du ballon rond, il utilise à l'occasion une analogie avec le football et à Asunción, il se fait héberger par un Américain qui a passé huit ans de sa vie à faire la promotion des articles de sport. Il écoute et adapte les réformes proposées en fonction des caractéristiques du pays où il se trouve. Il est conscient du patrimoine immatériel que représente une monnaie et il apporte énormément d'attention à la psychologie sociale lorsqu'il s'agit de choisir un nouveau nom pour une monnaie. Il n'hésite pas à intervenir pour que soit modifié le programme d'études d'un stagiaire envoyé à Washington qui ne trouve pas dans les cours qu'on lui propose la matière dont il a besoin.

Bienveillance ne rime cependant pas avec manque de leadership. Au Paraguay, il recommande de promouvoir les plus compétents même si cela doit se faire au détriment de ceux qui lui ont en premier témoigné leur confiance et leur reconnaissance. Triffin sait où il veut aller. Il sélectionne soigneusement les pays où il est susceptible d'obtenir les meilleurs résultats, quel que soit son niveau d'implication. Dès lors, le Costa Rica, le Paraguay ou le Guatemala constituent des défis beaucoup plus importants que la République dominicaine par exemple. Et en fin diplomate qu'il devient rapidement, il sait contourner les obstacles qu'il rencontre. Confronté à l'influence contre-productive de United Fruit ou de la National City Bank, il ne se lance pas dans une dénonciation stérile des manœuvres des multinationales, quels que soient ses véritables sentiments à leur égard. Car il comprend rapidement que United Fruit, décrit à propos comme l'« octopus », n'est jamais loin. Le frère de J. Rafael Oreamuno, vice-président de l'Inter-American Development Commission (IADC), est un médecin qui a travaillé pour la firme dans les années 1930 et John McClintock, administrateur pendant la guerre de l'IADC, sera recruté par United Fruit en 1948. Plutôt que de mettre en œuvre des coupe-feu stériles, Triffin contrôle ce pouvoir de nuisance potentiel en l'intégrant dans son dispositif. Il cible des pays où United Fruit soit n'a pas d'intérêts particulièrement développés (Paraguay) soit ne s'est pas opposé aux réformes menées par des dirigeants locaux (Costa Rica). Par ailleurs, Triffin n'hésite pas à solliciter auprès du bureau d'études de United Fruit des informations statistiques sur les pays latino-américains et collabore volontiers avec des gens qui lui sont (ou seront) favorables comme McClintock, renvoyant notamment le FRB à ce dernier lorsqu'il sera question de conseiller des recrutements parmi les ressortissants latino-américains. Triffin touchera les dividendes de cette politique. Comme le souligne Samuelson, il devient, à l'instar de Kemmerer, celui dont l'avis positif donne accès aux prêts consentis par les grandes banques privées américaines.

À partir de l'automne 1945, Robert Triffin est aiguillé vers de nouvelles tâches, davantage liées à la reconstruction de l'Europe, qui ont pour corollaire une moins grande visibilité médiatique de son action. Ce changement d'affectation est peut-être lié à une volonté du FRB de se distancer des enseignements keynésiens, volonté qui se manifeste par ailleurs par l'éloignement d'Alvin Hansen. L'association de Triffin aux négociations avec la France quant à l'octroi d'un prêt-bail et d'une aide directe lui permet de voir à l'œuvre des personnalités qu'il retrouvera sur son passage au FMI ou à l'Economic Cooperation Administration comme Jean Monnet et Léon Blum du côté français ou George Luthringer, William Clayton, Edward Bernstein, Frank Coe, Henry Labouisse et Harold Glasser du côté américain. Il ne noue vraisemblablement pas de réels liens avec eux, mais il se fait sans doute quelque peu connaître. Au moment de la conférence de Savannah, Triffin peut admirer le travail qu'il a accompli au travers de la qualité des techniciens qui représentent l'Amérique latine et des liens que ces derniers ont établis entre eux. Sans doute sent-il alors que le moment n'est pas encore venu de délaisser ce sous-continent. Le FRB ne représente cependant plus le meilleur endroit où il puisse exercer ses talents. Il devient temps pour lui de changer d'employeur.

## VII. Le Fonds monétaire international (1946-1949)

Le transfert de Robert Triffin du FRB au Fonds monétaire international (FMI) ne constitue pas véritablement une rupture. D'une part, le FMI accueille à la même époque d'autres membres du personnel du FRB comme Walter Gardner ou Alice Bourneuf. D'autre part, Triffin rejoint un département dirigé par Edward Bernstein qu'il a eu l'occasion de côtoyer auparavant, notamment lors de sa première mission au Honduras. Il continuera d'ailleurs sur cette lancée en s'occupant, sous la direction de ce nouveau chef, des dossiers latino-américains.

Rapidement, Triffin entend cependant tirer de façon plus large les leçons de Bretton Woods dont les carences affectent le FMI dans l'exercice de sa mission. Le théâtre où celles-ci apparaissent principalement étant l'Europe, c'est là que Triffin formule des propositions liées à la multilatéralisation des paiements. Celles-ci visent essentiellement dans son esprit à réactiver ce qui n'avait pas été retenu du plan Keynes (mécanisme de multilatéralisation) ou à remédier à ce qui avait été conçu de façon trop favorable à la Grande-Bretagne et aux États-Unis (suprématie accordée à la livre sterling et au dollar).

Dès son entrée au FMI, Triffin indique la tactique qu'il entend mettre en œuvre pour faciliter les réformes nécessaires, à savoir celle de la coordination du travail des techniciens. La réunion des banquiers centraux latino-américains à laquelle il participe en août 1946 annonce déjà, dans la forme, le mode de fonctionnement du groupe de Bellagio. Il s'agit en effet d'atteindre un consensus, avant d'envisager les solutions, sur les causes des maux qui handicapent la machine monétaire et financière. Se répand ainsi l'idée que le système monétaire international est façonné selon une hiérarchie centre/périphérie depuis le Gold Standard ; que la régulation en ce domaine est plus efficace que le laisser-faire (notamment par rapport à la détermination d'un niveau optimal de réserves monétaires internationales qui doit être fonction de l'intensité des échanges) ; et que l'option du contrôle des changes (lié éventuellement à des taux de change multiples) est un outil plus utile que la dévaluation pour réguler les balances de paiements. Enfin, on s'y met d'accord sur la pertinence d'un objectif de standardisation de la présentation des statistiques, démarche qui s'inscrit dans la volonté de davantage de transparence.

Triffin engrange des succès relationnels non négligeables. Il noue de très bons contacts avec Hubert Ansiaux (Banque nationale de Belgique) ou Emmanuel Monick (Banque de France). Il se montre un fervent défenseur de l'Italie ce qui lui vaudra de jouir d'une grande aura auprès de nombre de décideurs économiques et financiers transalpins. Mais malgré ses talents de diplomate, Triffin ne parvient pas à s'imposer au sein du FMI comme il avait pu le faire au FRB. En Équateur, il est victime d'une cabale dans laquelle le FMI n'entend pas s'immiscer pour le défendre. En Europe, il est confronté aux réseaux parallèles mis en place par et pour les experts financiers, que ce soit via l'Organisation européenne de coopération économique (OECE) ou la Banque des règlements internationaux (BRI), qui n'ont pas attendu Triffin pour se concerter. Or Triffin n'entend pas se plier aux règles en vigueur. En Équateur, il contre-attaque et rompt ainsi avec la ligne de conduite imposée par le FMI. À Paris, il n'hésite pas à défendre ses propres idées même si celles-ci n'ont pas été avalisées par le conseil d'administration du FMI. Il (ré)apprend alors, grâce notamment aux commentaires de Per Jacobsson, que l'Europe n'est pas l'Amérique latine, ni sur le plan de la structure économique ni sur celui de la complexité des jeux de pouvoir qui s'expriment non seulement à l'échelle politique mais également au niveau de la haute fonction publique. Par ailleurs, outre le fait qu'il apparaît impossible dans un organe comme le FMI de plaire à tout le monde, ses origines belges suscitent une certaine méfiance à l'égard de ses propositions, surtout du côté américain. Probablement pour la même raison, il ne bénéficie pas pleinement des bonnes relations entretenues avec Camille Gutt pour décider le FMI à s'investir pleinement dans le dossier de la multilatéralisation des paiements en Europe.

Le projet de multilatéraliser les paiements, idée qui revient sur la table à l'été 1947, n'est pas neuf. Il figure notamment dans le plan

Keynes. De même, la tentation de créer une banque centrale européenne est présente depuis longtemps et est à nouveau évoquée en août 1947. Ce qui par contre détonne alors, c'est l'ambition affichée par certains hauts responsables de ne plus considérer ces objectifs comme des utopies. Or, alors que Triffin a déjà couché sur le papier des solutions techniques dont l'application serait de nature à augmenter grandement l'efficacité de tels accords de multilatéralisation, le FMI se cabre à l'idée d'intervenir dans ce débat.

En février 1948, Triffin parvient à faire partiellement fi des réticences imposées par le FMI. Envoyé représenter le Fonds en Europe, il s'octroie une marge de manœuvre qui ne passe pas inaperçue et lui vaut d'être rappelé à Washington deux mois plus tard. Mais tout comme le FMI a du mal à prendre des initiatives, il peine également à rassembler une majorité pour condamner celles que Triffin lui fait prendre. Pendant un an, celui-ci jongle ainsi avec succès entre respect des instructions de Washington et promotion de ses idées personnelles, notamment auprès de *l'Economic Cooperation Administration* (ECA), l'administration du plan Marshall. Au printemps 1949 cependant, les opposants à l'idée d'intégration régionale parviennent à s'imposer au sein du FMI. Leur pouvoir se manifeste par l'avortement du recrutement de l'économiste argentin Raúl Prebisch en février 1949 puis, quelques mois plus tard, la rétrogradation d'Edward Bernstein. À l'été 1949, Triffin en fait lui-même les frais. Il est confiné au mutisme lorsqu'il est en visite chez Jacobsson et il est sommé contre son gré de partir en août 1949 à Vienne s'occuper du cas autrichien. Ces entraves à sa liberté de mouvement le décident certainement à envisager son avenir sous d'autres cieux.

Sa candidature à l'ECA à l'automne 1949 apparaît logique dès lors qu'il pourrait sous cette bannière poursuivre son travail à Paris avec plus de latitude. En outre, tout comme son passage du FRB au FMI ne s'était pas fait en terrain inconnu, Triffin rejoint à Paris deux autres transfuges du FMI à l'ECA à Paris (ECA/P), à savoir Henry Tasca et Henry Heuser. Le Flobecquois parvient ainsi à éviter une opposition frontale à laquelle l'aurait conduit la défense de ses idées au sein du FMI tout en se donnant des perspectives beaucoup plus prometteuses pour développer ses projets.

## VIII. Au service de l'Union européenne des paiements (1949-1951)

Dès le lancement du plan Marshall, l'ECA est confrontée à un dilemme : l'aide doit-elle porter en priorité sur une amélioration de la productivité des pays européens, comme le prône Jean Monnet, ou faut-il davantage se focaliser sur la restauration des réseaux d'échanges et l'ouverture des marchés, comme le demandent notamment les Belges ?

Les Américains joueront sur les deux tableaux. En matière de développement des échanges, ils étudieront avec soin les projets d'unions douanières ou de multilatéralisation des paiements dans lesquels le State Department trouvera un prolongement naturel au niveau économique d'une doctrine favorable au régionalisme. *A contrario*, lorsque se répandra à la suite de Viner dans les années 1950 l'idée que de tels arrangements limités à un groupe de pays sont néfastes à un développement sain des courants d'affaires au niveau international, l'analyse du succès et de la pertinence de l'UEP deviendra un enjeu politique majeur. La question de l'identité de l'architecte de l'UEP occupera dès les années 1950 le devant de la scène. De façon générale, c'est Theodore Geiger et le groupe Intégration qui se verront décerner la palme en la matière.

En 1949, l'équipe du groupe Intégration forme au sein de l'ECA à Washington (ECA/W) un ensemble homogène d'une petite dizaine de membres qui ont pour la plupart en commun d'être des Américains de souche mais d'avoir séjourné plus ou moins longtemps en Europe. Ils ont souvent étudié l'histoire et sont passés par la War Shipping Administration. Enfin, ils sont très proches en termes d'âge, étant tous (sauf Richard Bissell qui les dirige) nés après 1914. Ils se voient attribuer le crédit de la mise en place de l'UEP, la pensée dominante (surtout américaine) consacrant l'idée que la mise en œuvre du redressement en Europe relève plus d'un arbitrage politique, décidé à Washington, que de l'émergence d'un consensus technique négocié en Europe (et en grande partie par Robert Triffin)[16].

Aussi louable que soit l'action de Geiger et de ses compagnons du groupe Intégration, les éléments qui conduisent à lui attribuer la « paternité » de l'UEP ne convainquent cependant pas totalement. Il est certain que Geiger a été associé à partir de septembre 1945 aux réflexions sur l'intégration européenne qui ont notamment eu lieu à Londres entre 1941 et 1946 dans l'entourage de l'ambassadeur John G. Winant (historien de formation, tout comme Geiger). Mais Geiger n'a pas été le seul à promouvoir de telles idées à l'époque. Il n'a été qu'un maillon de l'équipe de Winant qui a été chargée d'assurer le suivi des contacts entre Keynes et White dans le cadre de la préparation de Bretton Woods et qui a dès lors été abondamment abreuvée d'idées de *clearing*. Au surplus, dans la perspective de reconstituer la genèse de l'UEP, on peut tout aussi bien évoquer de possibles influences indirectes des idées de Triffin, que ce soit via la rencontre à la fin de la guerre – portant sur la problématique monétaire – entre Dupriez et Penrose (l'assistant de Winant à Londres jusque fin 1944 et par ailleurs ancien professeur de Shigeto Tsuru au Japon dans les années 1930) ou via la présence au sein

[16] Lincoln Gordon à l'auteur, 18 mai 2005.

de l'équipe Winant à partir de juillet 1945 de Marion Leonard, l'économiste qui s'était intéressé au travail de Triffin en Amérique latine pour le compte des services de renseignement militaires.

Theodore Geiger est par contre certainement la personne qui coordonne à partir de 1948 les propositions de prises de position de l'ECA. C'est à ce titre qu'il a pris connaissance du mémorandum de Triffin de mars 1949 intégrant un schéma poussé de mise en œuvre d'un pool européen alimenté en dollars. Il n'est cependant pas celui qui supervise les recommandations techniques, rôle confié à Harold van Buren Cleveland au sein d'une ECA/W qui, à l'automne 1949, s'appuie déjà fortement sur Triffin. Début novembre 1949, quelques jours après le discours de Hoffman pour lequel le Flobecquois a été préalablement consulté, Geiger écrit à Gordon qu'il attend avec impatience la contribution de Triffin alors même que celui-ci ne travaille pas encore officiellement pour l'ECA. Or, les innovations techniques à l'élaboration desquelles il contribue grandement (unité de compte, règles de management, quotas de crédits, discrimination ou non des échanges avec les États-Unis) joueront un rôle décisif pour que l'objectif politique – la multilatéralisation des paiements intra-européens – soit réalisé. Cette priorité donnée à la créativité en matière de « boîte à outils » interviendra de nouveau lors de la crise allemande à laquelle sera confrontée l'UEP. Sous couvert d'une décision avalisant la meilleure solution technique pour l'union, les pays européens parviendront à dépasser tout esprit revanchard en octroyant des crédits supplémentaires à leur ancien ennemi qui, grâce à cette aide conjoncturelle, deviendra rapidement un puissant moteur pour le continent. Ainsi sera mis en pratique, sous couvert d'une décision technique, un principe de solidarité qui, s'il avait figuré à l'agenda politique, n'aurait peut-être pas été concrétisé.

Le véritable tour de force réussi avec l'UEP ne réside pas tant dans la naissance d'une idée de *clearing* européen que dans le succès obtenu au terme d'un épisode particulièrement laborieux de diplomatie financière. À cet égard, Geiger revendique également une responsabilité particulière, évoquant notamment les dîners qui le voient participer aux côtés de Bissell à des pourparlers informels avec certains Européens. Mais si l'on en croit le témoignage de Geiger lui-même et les descriptions de pareils dîners par Marjolin, on est surpris de constater que les Belges n'y assistent pas. Dès lors, il paraît invraisemblable que des progrès sérieux aient pu être accomplis à cette occasion et l'on détecte davantage, dans ces repas pris autour d'une bonne table, une tentative de certains Européens de déstabiliser l'équipe de Harriman en jouant l'ECA/W contre l'ECA/P.

En outre, l'ECA/W est certainement handicapée par un *a priori* négatif que peuvent nourrir les dirigeants du *Treasury* à son égard. Cette impression découle du témoignage de Pumphrey qui a été déçu de la façon dont s'est faite la collaboration entre l'ECA/W et l'ECA/P. Ce dernier a, pour cette raison, pris congé de l'ECA en février 1949 avant, à l'été 1949, de devenir le représentant en Europe du *Treasury*. Dans l'intervalle, il n'a pas manqué de décrédibiliser l'équipe Bissell auprès de McChesney Martin et de Southard.

Enfin, les négociations décisives ne commencent en fait pas avant mars 1950, c'est-à-dire l'époque où, après les élections britanniques, Gaitskell assiste puis supplée Cripps dont la santé décline. Or à cette époque, Geiger n'est jamais mentionné comme participant aux réunions d'experts chargés de dessiner la mécanique de l'UEP. Cette mise en retrait s'explique peut-être par l'apparition, en première page d'un quotidien conservateur de Chicago, du nom et de la photo de Geiger en lien avec un dossier d'espionnage au profit des Soviétiques pendant la guerre (Thomis, 1950, pp. 1, 4). Au-delà de Geiger, c'est l'ensemble de l'entourage de Bissell et du groupe Intégration qui sera bientôt l'objet des attaques de la presse isolationniste. Samuel Van Hyning, Lincoln Gordon, Arthur Smithies et Harlan Cleveland s'attireront les foudres du *Chicago Daily Tribune* qui les soupçonne, en tant qu'anciens *Rhodes Scholars*, de favoriser les intérêts britanniques au même titre que Bissell qui, s'il n'a pas bénéficié d'une telle bourse, a cependant été formé à la London School of Economics (Warden, 1951, p. 10). À l'inverse, Robert Triffin bénéficie le 5 avril 1950 d'une « *full loyalty clearance* » qui n'était pas nécessairement acquise d'avance en raison des activités de sa belle-mère auxquelles le Committee on Un-American Activities s'était intéressé. Peut-être faut-il voir un lien entre cet avis qui légitime Triffin dans ses fonctions et le lancement, dès le lendemain de sa réception (6 avril), d'une grande offensive diplomatique avec la diffusion d'un mémorandum endossé conjointement par Triffin et son supérieur hiérarchique, Henry Tasca, qui lance des pistes décisives pour rencontrer les objections britanniques. Robert Triffin apparaît dès lors comme l'homme-orchestre de pourparlers entourant l'UEP grâce d'une part à ses compétences et son imagination techniques et d'autre part à ses contacts privilégiés tant au sein des institutions américaines qu'avec nombre de délégations européennes. Seule exception à ce tableau – et obstacle sérieux à la réalisation de ses plans selon Jacobsson – personne ne soutient ses idées au sein du Treasury américain qui accorde peu d'estime à l'ECA en général. En la matière, on peut douter que l'ECA/W ait été en mesure de faire mieux que Triffin.

La querelle de paternité ne doit cependant pas laisser croire à l'existence de relations aussi conflictuelles entre l'ECA/P et l'ECA/W à l'automne 1949 que cela avait pu être le cas un an plus tôt. Triffin ne nourrit certainement pas le même ressentiment que Pumphrey. Au contraire, lorsqu'il entre au service de Tasca, il a déjà collaboré étroitement avec Geiger et consorts sans qu'aucune ombre n'assombrisse le tableau. Sur le fond du problème, Geiger et Triffin sont sur la même longueur d'onde. Ils conçoivent tous les deux l'UEP comme une étape vers une monnaie unique européenne et soulignent les difficultés (l'impossibilité pour Geiger) de concevoir une union monétaire qui englobe la zone sterling (Geiger, Cleveland, 1951, pp. 19-20 ; pp. 56-57). Pour Triffin, l'ECA, avec ses *whippersnappers* qui ont pour la plupart, tout comme Triffin, moins de 40 ans – et même parfois moins de 30 ans – représente indéniablement un bol d'air par rapport au FMI. Il s'y sent beaucoup plus soutenu et écouté par ses supérieurs hiérarchiques. Alors qu'au FMI Gutt se désintéressait des nouveaux mémorandums de Triffin (ou les craignait), la lecture de ces contributions est prisée à l'ECA, que ce soit à Paris ou à Washington. De plus, Triffin se voit investi de davantage de liberté d'action et de responsabilités. Il assiste désormais de façon légitime et officielle aux réunions d'experts de l'OECE où il représente – et engage – les États-Unis. Or les Américains paraissent être les seuls en mesure de prendre l'initiative : les Britanniques tentent de conserver un *statu quo* le plus longtemps possible ; les Français, soucieux de ne pas s'aliéner le marché britannique, adoptent également une attitude passive ; les Néerlandais s'attachent à concilier leurs intérêts dans la zone sterling et dans le Benelux ; les Italiens hésitent et les Belges campent sur leur position favorable de créditeur. En collaboration avec Tasca, Robert Triffin occupe dès lors une position cruciale où il peut pleinement exploiter ses talents grâce à la confiance qu'on lui accorde. La meilleure illustration de cet état d'esprit se manifeste dans l'épisode qui voit Triffin emporter l'adhésion de Katz lorsqu'il s'agira, à l'été 1950, de défendre contre vents et marées une définition de l'unité de compte UEP libellée par rapport à l'or (au lieu du dollar).

Au total, Triffin aura passé un peu moins de vingt-deux mois à l'ECA alors que son association avec le FMI avait duré plus de trois ans. Mais si l'idylle avec l'ECA fera institutionnellement long feu, Triffin gardera un bon souvenir de la collaboration avec ses collègues. Preuve de cette bonne atmosphère de travail, Triffin n'hésitera pas à réfléchir avec nombre d'entre eux à Princeton en décembre 1952 à la réforme de l'organisation monétaire mondiale. Triffin justifiera son départ en septembre 1951 par sa volonté de conserver son indépendance vis-à-vis des instructions comminatoires de l'administration.

D'autres facteurs contribuent à expliquer pourquoi l'administration américaine rechigne quelque peu en 1951 à compter sur Triffin. Au premier rang de ceux-ci, figure la mutation annoncée de l'ECA vers la MSA focalisée sur la gestion d'une assistance militaire, objectif auquel

Triffin, pacifiste et antimilitariste convaincu, pouvait difficilement se rallier. En outre, Triffin est rattrapé par son passé. Ses liens avec la Belgique font, semble-t-il, grincer quelques dents alors que sa proximité avec des intellectuels marxistes comme Shigeto Tsuru provoque de nouvelles interrogations quant à son rejet de l'idéal communiste, doutes qui s'ajoutent à ceux suscités par les fréquentations douteuses de sa belle-mère. Enfin, Triffin est identifié comme un *New Dealer* ce qui n'est pas pour favoriser une association avec les républicains qui reviennent aux affaires en 1952.

Lorsque Triffin quitte l'ECA pour rejoindre l'université de Yale, il passe quelque part aussi au service du « privé », tant le monde académique américain est devenu particulièrement attentif au dialogue avec le monde de l'entreprise (Bertrams, 2006, pp. 89-112). Les liens qui se resserrent durablement avec Fritz Machlup, le chantre de l'industrie de la connaissance, confirment cette translation. Mais le passage dans le monde académique de Triffin ne signifie pas un renoncement total à toute collaboration avec l'appareil étatique. Ce sont davantage les termes de cette collaboration qui évoluent, Triffin privilégiant son indépendance et sa liberté d'expression. Au final, grâce à son poste de professeur à l'université de Yale, il ambitionne de s'affranchir de l'ostracisme auquel l'administration semblait l'avoir condamné en 1951. Ce faisant, il accepte le jeu dangereux de devoir davantage séduire (les médias) que de convaincre (les élites) dans un jeu d'équilibre dont l'étude mérite certainement d'être poussée plus en avant.

## Conclusion : entre l'ombre et la lumière

De 1911 à 1951, Robert Triffin a évolué dans un monde en constante mutation notamment médiatique. Et peut-être plus encore que les autres scientifiques, les économistes ont bénéficié et souffert de ces changements qui les propulsent sur le devant de la scène. Dans les années 1940, Triffin avait déjà fait l'objet de caricatures dans la presse latino-américaine lorsque son nom avait été associé aux réformes qu'il y avait entreprises. Mais la diffusion de ces dessins était demeurée relativement confidentielle. Il en ira tout autrement dès que sera révélée sa proximité intellectuelle avec le président Kennedy. Au début des années 1960, le *New York Times* s'intéresse aux auteurs qui sont lus à la Maison Blanche. Robert Triffin figure, avec son livre *Gold and the Dollar Crisis*, parmi les sept « gourous » qui ont le plus marqué Kennedy dans l'approche de son mandat présidentiel (Blum, 1961, p. 112)[17]. La place laissée à cette nouvelle race d'éminences grises ira *crescendo*. Ainsi

[17] Les autres auteurs cités incluent Richard E. Neustadt, Walt W. Rostow, John Kenneth Galbraith, Francis M. Bator, Eting E. Morison et Arthur Schlesinger Jr.

s'explique sans doute en partie la popularité inattendue dont Robert Triffin bénéficie lors du sondage informel fait par Valéry Giscard d'Estaing à l'occasion de sa conférence à la Maison du Droit en février 1965.

De fil en aiguille, l'origine de cette popularité remonte ainsi fondamentalement à ses publications et à ses idées originales. Or ces dernières sont intimement liées à ses premières expériences professionnelles, ce qui justifie l'accent porté sur ses premières quarante années. De sa jeunesse, Triffin a appris que si son intérêt pour les arcanes scientifiques pouvait ne pas être partagé, le savoir appartenait néanmoins à tous et qu'il relevait de sa responsabilité de se montrer capable de le rendre accessible. De là vient sans aucun doute l'attention qu'il portera continuellement à la forme de ses écrits, toujours conçue dans une optique créative pour faciliter la lecture sans compromettre la complexité de la matière traitée. Par la suite, l'expérience acquise en Amérique latine et en Europe convaincra Robert Triffin que le problème monétaire peut être décliné sous des formes régionales mais doit être envisagé dans une perspective mondiale. Enfin, de sa confrontation aux négociations internationales, Triffin retiendra la nécessité de multiplier les angles d'approche pour mieux convaincre. C'est sans doute la somme de ces facteurs, dessinés avant 1950, qui caractériseront la production intellectuelle de Robert Triffin telle qu'elle sera mise à disposition des plus hauts cercles de décision des deux côtés de l'Atlantique à partir de la fin des années 1950.

## Bibliographie


AUCL, PAC 57, Triffin à Vaes, 9 juillet 1939.

Beaud, M., Dostaler, G., *La pensée économique depuis Keynes, Historique et dictionnaire des principaux auteurs*, Paris, Seuil, 1993.

Bertrams, K., « Les interactions industrie-université. Essai de repérage historique (XIX^e^-XX^e^ siècles) », in Gingras Y. et Roy, L. (dir.), *Les transformations des universités du XIII^e^ au XXI^e^ siècle*, Québec, Presses de l'Université de Québec, 2006, pp. 89-112.

Blum Morton, J., « Kennedy's Ten-Foot Shelf », *The New York Times Magazine*, 12 mars 1961.

Boulpaep, L. E., *Report # 26*, BAEF, janvier 1994.

Crombois, J.-F., *Camille Gutt, les finances et la guerre (1940-1945)*, Bruxelles, CEGES, 2000.

Fabra, P., « M. Giscard d'Estaing expose les grandes lignes de la réforme monétaire internationale souhaitée par la France », *Le Monde*, 13 février 1965.

Geiger, T., Cleveland, H. van B., *Making Western Europe Defensible. An Appraisal of the Effectiveness of United States Policy in Western Europe*, Planning Pamphlets, n° 74, 1951.

Ignis, « Langemarck », *L'Avant-Garde*, 35e a., n° 244, 17 novembre 1934.

James, H., *International Monetary Cooperation Since Bretton Woods*, Washington, D.C., International Monetary Fund, 1996.

Juillard C., *Marc Sangnier, l'Église et la Guerre (1905-1914)*, in *Bulletin de la Société d'histoire moderne*, 74e a., n° 11-12, 1975.

Mooney, E.R. « Paris Bids Debts to Be Paid With Gold », *The New York Times*, 12 février 1965.

Nihoul, M., *Magritte à Châtelet 1904-1917*, Châtelet, 1998.

Reuter, P., « La conception du pouvoir politique dans le plan Schuman », *Revue française de science politique*, 1re a., n° 3, juillet-septembre 1951, p. 267.

Romier, L., *Qui sera le maître. Europe ou Amérique ?*, Paris, Hachette, 1927, 239 p.

Thomis, W., « Links ECA aid to documents flown to reds », *The Chicago Daily Tribune*, 24 mars 1950, pp. 1 et 4.

Triffin, R., « Aspects de la reconstruction monétaire de l'Europe. Rapport introductif au Congrès des économistes de langue française (mai 1950) », *Revue d'économie politique*, 60e a., n° 1, janvier-février 1951, p. 26.

Triffin, R., Geismer, S. A., « Primarily for Undergraduates : A Former Class-mate Looks at Leon Degrelle, Leader of the Belgian Rexists », *The Harvard Monthly*, vol. LXV, n° 2, 1937, pp. 14-18.

Warden, P., « Rhodes' wards helped Britain get U.S. billions », *The Chicago Daily Tribune*, 27 juillet 1951, p. 10.

White, S.D., *Lost comrades. Socialists of the Front generation, 1918-1945*, Harvard, Harvard University Press, 1992, 255 p.

X., « Wodecq », *Le Courrier de l'Escaut*, 90e a., n° 138, 14 juin 1919, p. 3.

X., « Faits rosses et féroces », *L'Avant-Garde*, 33e a., n° 14, 12 mars 1932, p. 3.

X., « Faits rosses et féroces », *L'Avant-Garde*, 34e a., n° 110, 2 décembre 1933, p. 2.

X., « Les soldats français qui combattaient Ab-el-Krim au Maroc étaient mitraillés par des engins français », *Jeune Europe*, 3e a., n° 3, avril 1935, p. 6.

X., « M. Giscard d'Estaing a précisé les contours de la réforme monétaire internationale », *Les Échos*, 12 février 1965, p. 3.

# Triffin et l'analyse du système monétaire international

Ivo Maes

*Banque nationale de Belgique et*
*Chaire Robert Triffin, Université catholique de Louvain*

## I. Introduction

Robert Triffin a joué un rôle majeur dans les débats monétaires internationaux qui ont eu lieu durant la période de l'après-guerre. L'approche de Triffin en matière d'économie a été bien résumée par Jacques de Larosière :

> À mes yeux, le plus remarquable dans l'œuvre et la personnalité du professeur Robert Triffin est la combinaison de trois aspects : sa capacité d'analyse, son imagination dans le développement des institutions, et son pragmatisme en tant que praticien (de Larosière, 1991, p. 135)[1].

Triffin s'est fait connaître par son ouvrage intitulé *L'or et la crise du dollar*, publié en 1960, et dans lequel il prédit la fin du système de Bretton Woods. Triffin argumentait que l'augmentation de balances dollars pour répondre aux besoins de liquidités internationales ne restait attrayante qu'aussi longtemps qu'il n'y avait aucun doute quant à leur convertibilité en or. Mais à partir du moment où l'augmentation des balances dollars menaçait les réserves d'or des États-Unis, la crédibilité de cet engagement était ébranlée.

L'analyse de Triffin a suscité nombre de débats dans les milieux universitaires et au sein du monde politique. Aujourd'hui encore, Triffin est toujours très présent dans les débats portant sur le système monétaire international. Pour le regretté Tommaso Padoa-Schioppa, l'analyse de Triffin a transcendé le système de Bretton Woods. Padoa-Schioppa a poussé plus loin le *dilemme général* de Triffin, et pour lui

---

1 Les citations sont des traductions personnelles, sauf pour les références en français.

la contradiction entre les exigences de stabilité du système dans son ensemble et la conduite de politiques économiques et monétaires inspirées uniquement par des logiques nationales subsiste dans n'importe quel régime qui serait dénué de tout élément de supranationalité (Padoa-Schioppa, 2010, p. 10).

Dans la présente contribution, nous nous pencherons d'abord sur les années de formation de Triffin, en nous concentrant spécialement sur Dupriez à Louvain, et sur Schumpeter à Harvard. Nous aborderons ensuite les principales publications de Triffin sur le système monétaire international, et plus particulièrement « *L'or et la crise du dollar* », ainsi que l'évolution du système monétaire international dans les décennies suivantes.

## II. Les années de formation de Triffin

Robert Triffin a étudié à l'Université de Louvain, y décrochant un diplôme de *licencié en économie* en 1935. Comme dans plusieurs autres universités européennes, les cours d'économie à Louvain se donnaient alors dans un département de la faculté de droit.

La Première Guerre mondiale a marqué un tournant majeur pour l'économie belge. Au lendemain de la guerre, la Belgique a été confrontée à de graves problèmes économiques, en particulier d'importants déficits publics et une inflation élevée. Les analyses économiques devaient dès lors s'approfondir. Au début des années 1920, sous l'impulsion d'Albert-Édouard Janssen, la Banque nationale a créé un service des études. La Banque a engagé, pour diriger le nouveau service, Paul van Zeeland, un jeune économiste prometteur qui avait étudié l'économie monétaire à Princeton. En octobre 1928, à l'initiative notamment de Paul van Zeeland, l'Université de Louvain a mis en place l'Institut des sciences économiques. Son programme de recherche s'inspirait directement des activités du Comité de Harvard pour la recherche économique.

Durant l'entre-deux-guerres, l'Institut des sciences économiques est devenu un des principaux centres modernes de recherche en économie sur le continent européen (Maes et Buyst, 2005). Sa figure de proue était à cette époque Léon-H. Dupriez. Il avait étudié à Harvard en 1918 et 1919. Dupriez était un éminent érudit dans l'analyse des cycles au sens large, à savoir l'interaction entre la croissance et les divers types de cycles dans l'économie. L'accent était surtout placé sur les différents secteurs industriels de l'économie, lesquels étaient alors au cœur du processus de croissance économique. Dupriez (1959, p. 468) voyait dans la révolution industrielle « une grande aventure prométhéenne de l'humanité ». De plus, selon lui, l'argent et la finance occupaient une place centrale dans l'économie (Mandy, 2005). Dupriez fut également l'un des premiers à introduire des méthodes statistiques d'analyse conjoncturelle en Europe. L'approche de Dupriez se singularisait par deux éléments. Premièrement, il basait son analyse sur des recherches empiriques approfondies (en accordant beaucoup d'attention aux méthodes statistiques descriptives, ainsi qu'aux graphiques et aux tableaux). Il la décrivait lui-même comme « une théorie conjoncturelle "collant aux faits" » (Dupriez, 1959, p. VIII). Deuxièmement, il n'était pas partisan de nouvelles écoles de pensée économique, comme le keynésianisme. Il n'aimait pas l'utilisation de modèles, d'économétrie et des comptes nationaux. Dupriez s'inspirait très largement de la théorie de l'équilibre général de Walras. Pour lui, il était crucial que la théorie économique en revienne aux décisions économiques individuelles.

Pour financer ses recherches théoriques, l'Institut produisait des analyses et des prévisions conjoncturelles, lesquelles étaient vendues à des sociétés et des institutions privées et (semi-)publiques (Maes, Buyst et Bouchet, 2000). En outre, plusieurs de ses membres, dont Albert-Edouard Janssen et Paul van Zeeland, ont occupé des positions-clés dans différents gouvernements. Par ailleurs, Dupriez et d'autres membres de l'Institut combinaient leur carrière universitaire avec de hautes fonctions à la banque centrale de Belgique.

Triffin a été élève de Dupriez. Sa carrière d'économiste a débuté en 1935 avec un article statistique (Triffin, 1935), expliquant le calcul et l'interprétation des indices de groupe différentiels des prix de gros en Belgique, « inspiré par le Professeur Léon-H. Dupriez » (Triffin, 1988, p. 25).

En tant que petite économie ouverte, la Belgique a été durement touchée par la Grande Dépression des années 1930, surtout par la vive contraction du commerce mondial ainsi que par la chute des prix internationaux. Néanmoins, un très large consensus existait en Belgique sur le maintien de la parité-or existante, même après la dévaluation de la livre sterling en septembre 1931. La difficulté de stabiliser le franc en 1926 était toujours bien présente dans les mémoires (cf. Maes, 2010).

Il n'y avait donc pas d'autre issue qu'une politique déflationniste, réduisant les coûts afin d'ajuster les prix nationaux aux prix moins élevés en vigueur sur les marchés internationaux. Toutefois, une vive résistance s'est manifestée, en particulier à l'encontre de la baisse des salaires nominaux. Les fermetures d'entreprises et les restructurations ont aggravé encore le taux de chômage. L'économie belge est entrée dans une spirale baissière. Le système financier a été ébranlé et quelques banques ont fait faillite.

La déflation a soulevé d'âpres débats, y compris au sein de la Banque nationale (Van der Wee et Tavernier, 1975). Dupriez a rédigé un mémorandum au printemps 1934, affirmant que la politique déflationniste n'était pas soutenable. Selon lui, la dévaluation était la seule solution. Le vice-gouverneur van Zeeland était proche de Dupriez. Les crises bancaires et la hausse du chômage faisaient perdre toute crédibilité à la politique déflationniste. Au début de 1935, la fuite des capitaux s'est accélérée, ce qui a accru la pression pesant sur le secteur bancaire belge.

En mars 1935, la Belgique a connu un profond remaniement politique. Paul van Zeeland a été nommé premier ministre. Le franc a été dévalué de 28 % par arrêté royal du 31 mars 1935. C'est Robert Triffin qui a calculé le pourcentage de dévaluation.

En 1937, Triffin a publié un article intitulé « La théorie de la surévaluation monétaire et la dévaluation belge », expliquant aussi le contexte théorique et empirique de la dévaluation belge. Triffin débutait par une virulente critique de la théorie de la parité du pouvoir d'achat de Cassel. Sa principale critique était que la théorie de Cassel ne convenait pas aux situations de déséquilibre :

> Guide utile dans les situations à l'occasion desquelles elle était apparue, la doctrine de Cassel était, au contraire, trop brutale, pour donner des résultats satisfaisants dans la mesure et l'analyse des déséquilibres beaucoup plus restreints des années récentes. Basée exclusivement sur la considération, d'ailleurs essentielle, de positions statiques d'équilibre, elle négligeait trop les phénomènes secondaires, caractéristiques des périodes de transition. C'est précisément l'étude de ces phénomènes qui se révèle comme déterminante dans l'analyse des difficultés des pays de l'ex-bloc-or. (Triffin, 1937, p. 32)

La critique fondamentale de Triffin était que Cassel ne considérait pas la structure des prix dans un pays. Suivant en cela Dupriez, Triffin opérait une distinction entre des secteurs « *abrités* » et des secteurs « *exposés* » de l'économie. Dans les secteurs exposés de l'économie, les prix de vente devaient s'aligner sur les prix en vigueur sur les marchés internationaux, mais les coûts étaient fortement déterminés par des facteurs nationaux.

> Et c'est ici qu'apparaissent, me semble-t-il, les importants phénomènes de transition, caractéristiques de la surévaluation monétaire : cette inégale flexibilité des divers groupes de prix provoque dans l'économie du pays les troubles les plus graves, en désorganisant les relations entre prix de vente et prix de revient. Les prix de vente du producteur sont des prix de gros, donc assez flexibles : les producteurs d'articles standardisés, et notamment de matières premières industrielles, sont ceux dont les recettes sont le plus atteintes, mais les autres prix de gros subissent également la baisse avec intensité. D'un autre côté, les coûts sont loin de diminuer dans la même proportion : les industries transformatrices sont évidemment avantagées par la

flexibilité extrême du prix des matières premières, mais cet élément est généralement plus que compensé par l'extrême rigidité des autres éléments du coût : salaires et charges de capital. (Triffin, 1937, p. 37-38)

Ceci mettait sérieusement en cause la pertinence de la théorie de Cassel en situation de déséquilibre. En fait, la réadaptation des prix de gros n'est que le point de départ des difficultés, dues à l'inégale flexibilité des divers groupes de prix et de coûts. « À cet égard, plus l'adaptation des prix de gros est parfaite, plus difficile se trouve la situation des producteurs » (Triffin, 1937, p. 38).

Par conséquent, selon Triffin, la perte de compétitivité de l'économie belge, sous l'effet de la dévaluation de la livre sterling, n'a pas été tellement ressentie dans les secteurs abrités ou dans la balance commerciale. Elle s'est en revanche traduite par un recul des bénéfices des secteurs exposés, une contraction de la production et une hausse du chômage.

De plus, le déclin de l'industrie a eu de graves répercussions sur le système financier, les banques subissant d'importantes pertes sur les crédits qu'elles avaient accordés aux sociétés industrielles. Comme indiqué, ce facteur allait devenir la cause directe de la dévaluation belge de mars 1935 : « ce fut, cependant, un autre chaînon qui céda le premier. Le financement des pertes industrielles mettait lourdement à contribution les banques privées, minées à l'avance par leur participation à l'expansion excessive qui avait suivi la première dévaluation » (Triffin, 1937, p. 41).

C'est en 1935 que Robert Triffin est entré à l'université d'Harvard, où il a obtenu son doctorat en économie. Il s'y est pris de passion pour la théorie économique pure. Comme il l'écrit dans un article autobiographique :

> Quelques semaines à Harvard ont toutefois suffi pour me convaincre que ce qui m'avait le plus manqué, c'était une bonne formation à la théorie pure, qui était alors enseignée à Harvard par le professeur Schumpeter, dont l'immense connaissance dans ce domaine, et dans bien d'autres, était aussi unique que son sens de la mise en scène devant ses étudiants. (Triffin, 1981, p. 241).

Triffin a rédigé une thèse sur la théorie de l'équilibre général et la concurrence monopolistique, sous la direction de Schumpeter ainsi que de Leontief et Chamberlin. Il essayait d'y concilier la théorie de la concurrence imparfaite avec celle de l'équilibre général.

> Les théories de la concurrence monopolistique et imparfaite ont été élaborées aux États-Unis et en Angleterre dans le droit fil de la tradition théorique qui dominait dans ces deux pays, à savoir l'économie de l'équilibre particulier d'Alfred Marshall. Ce que nous pourrions faire à présent, c'est reformuler l'ensemble du problème selon la théorie de l'équilibre général walrasien,

> qui a tant influencé la pensée économique sur le continent européen. (Triffin, 1941, p. 3)

Triffin est ainsi devenu un expert de la théorie de la concurrence imparfaite. Celle-ci allait également imprégner sa perception des phénomènes monétaires internationaux.

## III. Les banques centrales nationales et l'économie internationale

De 1942 à 1946, Triffin a travaillé pour la Réserve fédérale à Washington. Durant cette période, il s'est principalement consacré à l'Amérique latine. Il a cependant également rédigé un important essai sur le système monétaire international, « National central banking and the international economy » (« Les banques centrales nationales et l'économie internationale ») (Triffin, 1947).

Dans un discours prononcé lors de la remise du premier prix San Paolo d'économie, en octobre 1987, Paolo Baffi, ancien gouverneur de la Banque d'Italie, a longuement évoqué cet article, soulignant que Triffin avait été le premier économiste à insister sur la contradiction fondamentale entre la stabilité du système monétaire international et la souveraineté nationale en matière de politique économique.

> Il est de notoriété publique qu'après les années qu'il a passées à Harvard, le lauréat de notre prix s'est consacré de plus en plus à la recherche sur les problèmes monétaires mondiaux et les causes sous-jacentes de l'instabilité suscitée par les négociations et les arrangements politico-économiques internationaux conclus à l'issue de la Première Guerre mondiale. L'on sait également qu'il a été le tout premier à souligner que les épisodes récurrents de crise et de trouble qui entachent les relations économiques extérieures résultent d'un dilemme fondamental entre la souveraineté nationale qui préside aux décisions de politique économique et la part d'incompatibilité internationale inhérente à de telles « décisions atomistiques ». (Baffi, 1988, p. 16)

Dans l'introduction de l'article, Triffin soulignait à quel point le monde avait changé à la suite de la Grande Dépression et de la Seconde Guerre mondiale. De son point de vue, des « monnaies contrôlées » étaient inévitables.

> Les événements des années trente, l'influence croissante de l'économie keynésienne et, enfin, l'incidence financière de la Seconde Guerre mondiale ont anéanti le cadre institutionnel et idéologique de l'étalon-or automatique. Les monnaies de demain seront des monnaies contrôlées. La seule question qui se pose – et elle est fondamentale – est de savoir dans quelle direction ce contrôle va s'exercer et dans quelle mesure les objectifs nationaux sont conciliables avec l'équilibre international. (Triffin, 1947, p. 47-48)

Le propos de l'article de Triffin était d'examiner la manière de concilier les politiques monétaires nationales avec les conditions préalables à l'équilibre international. Comme l'a observé Triffin, l'étalon-or résolvait automatiquement le problème, parce que le volume national de la monnaie échappait au contrôle des autorités nationales et était déterminé de manière automatique par les forces du marché international. Cette option n'était toutefois plus à l'ordre du jour dans le nouveau monde d'après-guerre. Les pays étaient désormais beaucoup plus attachés aux objectifs de politique économique nationaux. « L'évolution la plus significative survenue au cours de cette période a [...] été l'importance croissante de facteurs domestiques dans la détermination ultime des politiques monétaires ». (Triffin, 1947, p. 53)

Comme il l'avait déjà fait précédemment dans son article de 1937, Triffin s'est également montré très critique à l'égard de la théorie classique, qui attribuait les déséquilibres de la balance des paiements aux disparités internationales en termes de coûts et de prix. Il énonçait deux critiques principales, qui reflétaient très bien sa formation :

> D'une part, elles omettent d'établir une distinction entre un déséquilibre fondamental dans la position internationale d'un pays et les perturbations à l'échelle mondiale dans les balances de paiements dues aux fluctuations conjoncturelles. D'autre part, l'explication du réajustement de la balance des paiements d'un pays est corrompue par l'hypothèse sous-jacente et totalement irréaliste d'une concurrence presque parfaite entre nations de puissance et d'importance similaires sur la scène commerciale internationale. (Triffin, 1947, p. 55).

Triffin a alors soulevé la question de savoir si le système monétaire international de l'entre-deux-guerres reposait sur l'étalon-or ou sur l'étalon de change-sterling. La Grande-Bretagne constituant à l'époque le principal centre commercial et financier du monde, les politiques économiques de Londres ont immédiatement pesé sur l'économie et les prix, non seulement en Grande-Bretagne, mais également dans d'autres pays, répercutant ainsi les fluctuations conjoncturelles britanniques, ce qui a entraîné de lourdes conséquences pour le mécanisme d'ajustement international. « Dès lors, le problème venait essentiellement non pas des disparités entre un pays et les autres, mais d'un mouvement simultané à la hausse ou à la baisse, étendu à la plupart des autres nations dans le sillage de la Grande-Bretagne » (Triffin, 1947, p. 62-63). Pour Triffin, les conséquences sur les mécanismes d'ajustement international étaient dévastatrices.

> Il est donc aisé de comprendre pourquoi la politique de l'escompte britannique n'est pas parvenue à provoquer les réajustements espérés par la théorie classique. Cela tenait principalement au caractère international du marché de l'escompte londonien, dont l'expansion et la contraction

> influençaient les prix à l'étranger autant, voire plus, que les prix britanniques. Cela s'explique également par le fait que les producteurs de produits agricoles et de matières premières sont plus sensibles aux fluctuations de la conjoncture et du crédit que l'économie britannique. [...] Dans de telles circonstances, le principal résultat de l'orthodoxie de l'étalon-or a été d'étendre au monde entier chacune des perturbations conjoncturelles que subissaient les grandes nations industrialisées. (Triffin, 1947, p. 62-63)

Triffin a par ailleurs mis en exergue non seulement les ajustements quantitatifs de type keynésien, mais également, dans le droit fil de son analyse de la situation belge au début des années 1930, les déséquilibres dans la structure des prix relatifs.

> Les déficits de la balance des paiements finiraient par être corrigés, mais essentiellement en raison d'une contraction généralisée des revenus et de l'activité économique plutôt que grâce au réajustement direct des prix. En outre, quelle serait la situation lors du retour à une relative normalité, au lendemain de la dépression ? Les variations de prix inhérentes aux ajustements auraient fondamentalement brisé l'équilibre des prix sur les marchés internationaux. (Triffin, 1947, p. 63)

Triffin a également établi un lien explicite avec la théorie de la concurrence imparfaite.

> La déflation et la dévaluation des prix se propagent de pays en pays sans qu'il en résulte des gains à l'exportation, en particulier si la demande mondiale pour les exportations du pays concerné est relativement inélastique. Cette situation présente une forte analogie avec les situations d'oligopole, où chaque effort consenti par un vendeur pour pénétrer sur les marchés concurrents est contrecarré par les mesures de représailles sur les prix que prennent ses concurrents. (Triffin, 1947, p. 80)

Pour Triffin, les conclusions à tirer pour les politiques à adopter étaient importantes : cela plaçait la liquidité internationale au cœur du système monétaire international.

> Chaque fois que des déséquilibres de la balance des paiements sont dus non pas à des disparités de prix internationales mais à des facteurs fortuits ou à des fluctuations conjoncturelles des recettes et de la demande extérieurs, des politiques compensatoires devraient être mises en œuvre dans toute la mesure du possible. Cela suppose un niveau élevé de réserves de change, en particulier dans les pays producteurs de matières premières et de produits alimentaires, ainsi qu'une volonté affirmée d'user généreusement de ces réserves en période de crise et de les consolider en période de prospérité. (Triffin, 1947, p. 80)

## IV. L'or et la crise du dollar

*L'or et la crise du dollar* est l'ouvrage qui a valu la notoriété à Triffin. Triffin continue à mettre l'accent sur la nécessité de liquidités internationales, mais il souligne aussi la vulnérabilité du système monétaire international.

Triffin prenait un recul historique pour interpréter l'évolution du système monétaire. À son estime, la Première Guerre mondiale et la Grande Dépression avaient radicalement changé le rôle des réserves monétaires. Triffin faisait remarquer que

> [...] dans le monde entier, la disparition des pièces d'or de la circulation monétaire active a modifié profondément la signification de la liquidité de Banque centrale [...]. La fonction principale des réserves monétaires n'est plus de préserver la liquidité globale des banques centrales, mais de permettre le financement de déficits à court terme dans les transactions externes d'un pays. (Triffin, 1962, pp. 36-37)

Triffin distinguait deux catégories de déficits de la balance des paiements devant être financés par les réserves internationales.

> La première de ces catégories est celle des déficits réversibles du compte des opérations courantes et du compte capital traduisant des fluctuations purement temporaires dans les recettes et les dépenses vis-à-vis de l'étranger. [...] La seconde catégorie est celle des déséquilibres plus profonds nécessitant une action de correction. Mais les remèdes les plus appropriés et les plus souhaitables agiront relativement lentement et modérément, et laisseront subsister le besoin de financer les déficits qui iront en diminuant. (Triffin, 1962, p. 37)

Pour Triffin, très affecté par l'expérience des années 1930, la situation était dangereuse : « Dans les deux cas, un niveau insuffisant de réserves forcera le pays déficitaire à recourir à des mesures qui n'auraient pas été indispensables telles que déflation, dévaluation ou restrictions » (Triffin, 1962, pp. 37-38). Déflation, dévaluation ou restrictions seront des mots qui vont revenir chez Triffin.

Triffin a ensuite observé que les besoins mondiaux de liquidités étaient de plus en plus souvent couverts par l'accroissement des réserves de change, en particulier les balances dollars, ce qui le préoccupait fortement. Il revint sur la période d'entre-deux-guerres et l'épisode de l'étalon-sterling. « La croissance des réserves de devises pendant et après la Seconde Guerre mondiale fut une répétition, mais à beaucoup plus grande échelle, de leur croissance similaire après la Première Guerre mondiale » (Triffin, 1962, p. 63). Cette tendance fut encouragée, comme remède à la pénurie d'or, par la Conférence monétaire internationale de Gênes de 1922. Elle fut aussi défendue par le Royaume-Uni, dont la position de réserves était rendue plus confortable par les balances sterling. « Le retour britannique à la convertibilité fut ainsi facilité dans une très large mesure par le maintien d'avoirs à court terme détenus par des pays étrangers sur le marché de Londres » (Triffin, 1962, p. 63) Pour Triffin, il s'agissait cependant d'une construction particulièrement fragile. Il était d'avis que la situation du Royaume-Uni était des plus vulnérable, étant donné que

> [c]es fonds à court terme pouvaient, en effet entrer et sortir sous l'effet de changements dans les rapports entre taux d'intérêt [...] et de changements dans les prévisions portant sur l'évolution des taux de change [...].

Le retour à l'or au taux d'avant-guerre ébranla sérieusement la livre sterling sur les marchés des changes. La crise financière des années 1930 exerça une pression fatale sur la monnaie britannique.

> Le coup final survint au cours de l'été 1931 lorsque l'évolution de la dépression mondiale mit le « Credit Anstalt » de Vienne en difficulté, déclenchant une panique financière qui s'étendit rapidement à travers l'Europe centrale et entraîna d'autres retraits massifs de fonds sur Londres. (Triffin, 1962, p. 64)

La dévaluation de la livre sterling eut des conséquences dévastatrices pour le système monétaire mondial et la liquidité internationale :

> La dévaluation de la livre, le 21 septembre 1931, sonna le glas de l'étalon de change or. La conversion de livres en or et en dollars fut accompagnée et suivie de conversions similaires de dollars en or. Les devises composant les réserves monétaires mondiales disparurent pratiquement dans l'opération à l'exception des pays de la zone Sterling. (Triffin, 1962, p. 65)

Ce fut un effondrement complet de l'étalon sterling.

Triffin a manifesté une inquiétude croissante concernant la situation des réserves internationales des États-Unis : « Les pertes d'or des États-Unis au cours de l'année 1958 commencent à créer une certaine inquiétude concernant la détérioration continuelle de la situation des réserves nettes du pays » (Triffin, 1962, p. 71). Pour Triffin, la situation posait un risque de soutenabilité.

> Un tel mouvement ne peut, selon toute évidence, se prolonger indéfiniment sans saper la confiance des étrangers dans le dollar, en tant que moyen d'accumulation de réserves. Tôt ou tard viendra un moment où une accumulation ultérieure des engagements à court terme devra soit être réduite, soit largement compensée par des accroissements correspondants de nos avoirs en or déjà considérables. (Triffin, 1962, p. 71)

Aux yeux de Triffin, la conclusion à en tirer était claire : « on ne peut donc pas compter sur des accroissements ultérieurs des balances dollars pour contribuer d'une façon substantielle et indéfinie à la solution du problème mondial que pose le défaut de liquidité » (Triffin, 1962, p. 71).

Dès lors, Triffin estimait que l'étalon de change-or n'était pas tenable. Triffin craignait non pas un effondrement du dollar, mais un retour à une pénurie de liquidités et à la crise des années 1930 :

> En l'absence de politiques et de plan précis, l'inadaptation croissante des réserves mondiales entraînerait vraisemblablement dans un temps relativement bref, une nouvelle vague internationale de déflation, de dévaluation et de restrictions, comme ce fut le cas après 1929. (Triffin, 1962, p. 79)

Triffin, comme Keynes, s'est donc attelé à la recherche d'une solution plus « *internationale* » au problème de la liquidité mondiale, qui s'inscrirait dans la continuité du développement des systèmes monétaires nationaux :

> Une telle solution doit être considérée comme l'apogée de l'une des techniques utilisées dans le passé pour ajuster le système monétaire aux exigences d'une économie en expansion : c'est-à-dire, le retrait progressif des pièces d'or de la circulation effective et leur concentration dans les réserves monétaires des Banques centrales nationales. (Triffin, 1962, p. 80)

Triffin voyait une analogie presque parfaite avec le développement du système bancaire national :

> Aucun dépositaire dans une banque locale ne pâtit du fait que ses crédits non utilisés sont destinés à financer l'affaire d'un autre. Tout comme le développement des systèmes bancaires nationaux a servi à enrayer une tension déflationniste [...]. La substitution d'un mécanisme de crédit à la thésaurisation renouvellerait, sur le plan international, le miracle [...] de transformer la pierre en pain. (Triffin, 1962, p. 103)

La proposition de Triffin visant à remplacer le dollar par un autre actif de réserve dans le but de pourvoir le système monétaire international de liquidités suffisantes fut globalement bien accueillie par les pays à devise faible, mais ne trouva pas les faveurs de leurs homologues à devise forte (comme l'Allemagne).

Triffin relativisa la perte de souveraineté que ses propositions pouvaient impliquer :

> La souveraineté nationale est toujours tributaire de restrictions strictes, résultant d'impératifs économiques, et indépendantes de tous accords légaux d'intégration ou d'engagements internationaux. Un de ces impératifs [...] est l'obligation de tenir compte de l'équilibre global des échanges extérieurs du pays. Le déficit des transactions courantes doit nécessairement être équilibré par des importations de capital, l'excédent par des exportations de capital, indépendamment des politiques nationales poursuivies. (Triffin, 1962, p. 151)

Dans l'optique de Triffin, un système monétaire international soutenable dépendrait donc non seulement d'une ample provision de liquidités internationales destinées à financer les déséquilibres temporaires, mais aussi

> d'une coordination des politiques monétaires internes suffisante pour conserver un équilibre à long terme de la balance des paiements globaux de chaque pays. L'internationalisation des réserves de devises aiderait à fournir ce financement et à procurer au Fonds Monétaire International le levier nécessaire pour promouvoir cette unification. (Triffin, 1962, p. 168)

Comme indiqué précédemment, Triffin craignait que pour pallier un effondrement du dollar, les États-Unis ne revinssent à une politique déflationniste, privant le monde de liquidités. Cependant, la politique monétaire menée par les États-Unis était largement guidée par des considérations d'ordre national. De façon générale, ce fut le caractère excédentaire de l'offre de dollars qui posa problème. Dans les années 1960, le monde est passé d'une pénurie de dollars à un excédent de dollars. C'est l'inflation, et non plus la déflation, qui est devenue le problème fondamental des politiques économiques au cours des décennies qui ont suivi.

## V. Vers des taux de change flottants

Triffin n'était pas le seul à se montrer critique à l'égard du système de Bretton Woods. Deux autres éminents économistes, Jacques Rueff et Milton Friedman, plaidaient également pour des réformes, en l'occurrence le premier pour le retour à l'étalon-or et le second, pour des taux de change flottants.

Dès les années 1930, Rueff s'était montré farouchement opposé à l'étalon de change-or (Eichengreen, 1996, p. 116). Selon lui, ce système permettait aux pays de la monnaie de réserve de vivre au-dessus de leurs moyens, puisqu'ils pouvaient emprunter dans leur propre devise pour financer les déficits de leur balance des paiements. Il plaidait pour la suppression de la composante de change du système de Bretton Woods et pour un retour à un système basé sur l'étalon-or. Rueff a inspiré à de Gaulle sa critique à l'égard du « privilège exorbitant » exercé par les États-Unis d'Amérique, et au gouvernement français sa menace de liquider ses balances dollars. La France se trouvait néanmoins assez isolée dans sa préférence pour un retour à l'or.

Friedman (1953) a, dans un essai qui est devenu un classique, remis sur la table le régime de taux de change flottants. Ses deux principaux arguments étaient d'une part que les fluctuations des taux de change constituaient l'instrument le plus approprié pour corriger les déséquilibres courants, et d'autre part qu'avec des taux de change flottants les États disposaient d'une marge de manœuvre accrue pour poursuivre leurs objectifs macroéconomiques nationaux. Les partisans des taux flottants allaient progressivement gagner du terrain. Au départ, leur influence s'est étendue principalement dans la sphère académique, alors que les décideurs restaient attachés aux taux de change fixes.

Les autorités monétaires demeuraient largement en faveur du système de Bretton Woods. Les tensions dans le système ont d'abord été ressenties par la livre sterling. En effet, durant les années 1950 et 1960, le Royaume-Uni était le maillon faible de l'Europe, avec une croissance économique atone et des problèmes récurrents de balance des paiements. Les *balances-sterling* représentaient une complication supplémentaire. Les efforts visant à soutenir le système se sont d'abord concentrés sur la défense de la livre sterling. Cela a commencé par l'accord de Bâle de 1961, par lequel les banques centrales se sont mises d'accord sur des crédits à court terme pour soutenir la livre sterling. La dévaluation de la devise britannique en novembre 1967 a constitué un avertissement majeur quant à la soutenabilité du système de Bretton Woods.

Les tensions monétaires se sont rapidement déplacées pour se fixer sur le dollar. Trois lignes de défense ont été mises sur pied au début des années 1960 (Toniolo, 2005). La première était le *Gold Pool* (pool de l'or), en vertu duquel des banques centrales sont intervenues sur le marché de l'or londonien pour stabiliser le cours du métal fin. Ensuite, un réseau de swaps entre banques centrales a été établi, permettant des swaps et crédits en devises bilatéraux. La troisième ligne de défense a été l'Accord général d'emprunt (*General Arrangements to Borrow*).

L'été 1965 a été marqué par ce qu'Harold James (1996, p. 167) a décrit comme la « conversion partielle au Triffinisme » de la part de Fowler, alors secrétaire d'État américain au Trésor. Comme les engagements extérieurs des États-Unis en dollars dépassaient leurs réserves en or, et que de fortes tensions étaient apparues sur le marché de l'or londonien, les États-Unis ont opéré un virage à 180° pour se ranger du côté des partisans des DTS.

Les problèmes du système de Bretton Woods ont par ailleurs incité la Communauté européenne à développer son projet d'union monétaire, en raison de l'importance de la stabilité des cours de change pour le marché commun européen (Maes, 2002).

Les gouvernements étrangers soutenaient le dollar parce qu'il constituait la pierre angulaire du système de Bretton Woods et qu'il n'existait pas de consensus quant à la manière dont le système pourrait être réformé ou remplacé. Mais le soutien des gouvernements étrangers et des banques centrales avait des limites. De plus, les États-Unis ont subi, à la fin des années 1960, une détérioration significative de leur balance des paiements.

Au printemps 1971, des flux massifs de capitaux se sont détournés du dollar en faveur du mark (De Grauwe, 1989). Craignant l'inflation, l'Allemagne a stoppé ses interventions et a laissé le mark s'apprécier librement. Durant le week-end du 13 août, l'administration Nixon a suspendu la convertibilité en or du dollar.

De longues négociations se sont engagées, pour aboutir finalement, en décembre 1971, aux accords de Washington (Kenen, 1988). Les parités ont fait l'objet d'un réalignement général, le dollar a été dévalué de 8 %, et la plupart des autres devises ont été réévaluées. En outre, les marges de fluctuation ont été élargies de 1 à 2,25 %.

Ces accords n'ont toutefois pas mis fin à la spéculation à l'encontre du dollar (Krugman, 1989). Un nouveau pic a été atteint fin février 1973. Le 1^er^ mars, les marchés des changes internationaux ont à nouveau été fermés, cette fois jusqu'au 19 mars. Ensuite, les autorités ont laissé les monnaies flotter.

## VI. Un Bretton Woods II ?

Officiellement, le flottement des monnaies signifiait la fin de l'étalon-dollar. En réalité, le dollar a étendu son influence (Van der Wee, 1986, p. 493). Le dollar n'a cessé de gonfler au sein des réserves monétaires mondiales, et il a parallèlement défendu son titre de monnaie d'intervention. Enfin, il a continué à tenir un rôle de premier plan dans les marchés internationaux de capitaux.

Au 21^e^ siècle, les États-Unis restent donc à l'avant-scène du système financier international. Ils disposent non seulement de marchés financiers profonds, mais en outre le dollar demeure la principale devise internationale, que ce soit pour les opérations commerciales ou pour les réserves de change des banques centrales. Comme l'avancent Farhi, Gourinchas et Rey (2011), deux facteurs expliquent dans une large mesure la prédominance du dollar comme monnaie de réserve. Le premier est la profondeur des marchés des *Treasury bonds* (bons du Trésor américain à long terme), tandis que le second est lié à la (perception de) sécurité des *Treasury bills* (bons du Trésor américain à court ou moyen terme),

> le risque d'érosion de leur valeur par l'inflation, la dévaluation du dollar ou le défaut, étant considéré comme faible. Ces sécurités sont directement liées à la reconnaissance de la qualité institutionnelle perçue des États-Unis et à la capacité budgétaire du gouvernement américain (Fahri, Gourinchas et Rey, 2011, p. 10)

En août 2011, la baisse de la note attribuée par Standard & Poor à la dette du Trésor américain n'a pas semblé éroder sensiblement cette perception.

Le système monétaire international actuellement en vigueur a été décrit comme une sorte de « Bretton Woods II » (Dooley, Folkerts-Landau et Garber, 2003). L'on constate en effet des similarités avec la période d'après-guerre. Tout d'abord, plusieurs pays asiatiques, comme la Chine, ancrent leur devise au dollar. La stratégie de croissance de ces pays, qui s'appuie largement sur les exportations, présente plusieurs similarités avec celle de l'Allemagne et du Japon de l'immédiat après-guerre. Cela implique également que, sur le plan de la production, l'économie mondiale est devenue multipolaire. Cela dit, les marchés financiers des économies émergentes sont moins développés. Cette stratégie de croissance alimentée par les exportations que mènent les pays asiatiques les a dès lors amenés à accumuler des réserves en dollars, qui contribuent de manière significative au financement du déficit courant américain.

Farhi, Gourinchas et Rey (2011) considèrent que l'on assiste de ce fait à l'émergence d'une version moderne du dilemme de Triffin.

> Dans les années 1960, l'origine du problème était l'inadéquation entre la quantité d'or détenue par le Système fédéral de réserve américain (comme garantie de la solidité du dollar) et la quantité de dollars détenus à l'étranger. De même, l'on constate aujourd'hui une asymétrie croissante entre la capacité budgétaire des États-Unis (garante des Treasury bills) et le volume des avoirs de réserve détenus à l'étranger – en d'autres termes, la dette extérieure américaine. [...] Toutefois, la capacité budgétaire des États-Unis est appelée à se réduire par rapport à la taille de l'économie mondiale. [...] Dès lors, dans un monde en expansion, les États-Unis perdront inévitablement leur monopole de monnaie de réserve. (Farhi, Gourinchas et Rey, 2011, p. 19).

De l'avis de ces auteurs, il est peu probable de voir se développer autre chose qu'un monde multipolaire où apparaîtront d'autres monnaies de réserve, telles que l'euro et le yuan (cf. aussi Eichengreen, 2011).

## Conclusion

Robert Triffin a joué un rôle important dans les débats monétaires internationaux de l'après-guerre. Sa contribution la plus connue est son ouvrage intitulé *L'or et la crise du dollar*, dans lequel il a prédit la fin du système de Bretton Woods. Triffin y avance que l'augmentation des balances dollars pour répondre aux besoins de liquidité internationale n'était attrayante qu'aussi longtemps qu'il n'y avait aucun doute quant à leur convertibilité en or. Mais une fois que les balances dollars menaçaient de leur poids les réserves d'or des États-Unis, la crédibilité de cet engagement était ébranlée. Une récente reformulation de cette analyse s'intéresse à la capacité budgétaire des États-Unis à garantir la dette américaine.

Le style de Triffin en matière économique se caractérise, à l'instar de l'École d'économie de Louvain et de Dupriez, par une approche fortement empirique, également étendue à un cadre historique assez large. Triffin était en effet marqué par la chute de la livre sterling et par la Grande Dépression des années 1930. Très tôt, il s'est montré critique à l'égard de la théorie économique classique. Dès 1937, dans un article basé sur l'expérience de la Belgique dans la première moitié des années 1930, il critiquait vigoureusement la théorie de la parité du pouvoir d'achat élaborée par Cassel, estimant qu'elle se prêtait mal à l'analyse de la période transitoire, cruciale pour la politique économique. À Harvard, il s'est intéressé à la théorie de la concurrence imparfaite, qui allait continuer à déterminer sa perception des relations monétaires internationales.

Aux yeux de Triffin, un système monétaire international soutenable ne dépendrait pas uniquement de l'offre appropriée de liquidité internationale pour financer les déséquilibres temporaires, mais également de la coordination des politiques économiques. Comme l'a fait observer Paolo Baffi, « les propositions de Triffin s'appuient sur la conviction profonde que "garder sa maison en bon ordre", sans obligations complémentaires à l'échelon international, ne suffit pas à garantir la stabilité monétaire » (Baffi, 1988, p. 16).

## Bibliographie

Baffi, P., Triffin, R., *San Paolo Prize for economics 1987*, Torino, San Paolo, 1988.

De Grauwe, P., *International money : Post-war trends and theories*, Oxford, Clarendon Press, 1989.

de Larosière, J., « Robert Triffin and the Reform of the International Monetary System », in Steinherr, A., Weiserbs D. (eds.), *Evolution of the International and Regional Monetary Systems, Essays in Honour of Rober Triffin*, London, MacMillan, 1991, p. 135-143.

Dooley, M., D. Folkerts-Landau, Garber, P., « An essay on the revived Bretton Woods system », in National Bureau of Economic Research, *Working Paper 9971*, 2003.

Dupriez, L.H., *Philosophie des Conjonctures Économiques*, Louvain, Nauwelaerts, 1959.

Eichengreen, B., *Globalizing capital*, Leuven, Leuven University Press, 1996.

Eichengreen, B., *Exorbitant Privilege : The Rise and Fall of the Dollar*. Oxford, Oxford University Press, 2011.

Farhi, E., Gourinchas, P., Rey, H., *Reforming the international monetary system*, 27th March 2011.

Friedman, M., *The case for flexible exchange rates, Essays in Positive Economics*, Chicago, University of Chicago Press, 1953, p. 157-203.

James, H., *International monetary cooperation since Bretton Woods, Washington D.C., IMF and New York*, Oxford, Oxford University Press, 1996.

Kenen, P., *Managing exchange rates*, London, Chatham House Papers, 1988.

Krugman, P., *Exchange rate instability*, Cambridge, MIT Press, 1989.

Maes, I., *Economic thought and the making of European Monetary Union.* Cheltenham, Edward Elgar, 2002.

Maes, I., *A Century of Macroeconomic and Monetary Thought at the National Bank of Belgium*, Brussels, National bank of Belgium, 2010.

Maes, I., Buyst, E., Bouchet, M., « The Post-1945 Development of Economics in Belgium », in Coats, A. W. (ed.), *The Development of Economics in Western Europe since 1945*, London, Routledge, 2000.

Maes, I., Buyst, E., « Migration and Americanization : the Special Case of Belgian Economics », in *European Journal of the History of Economic Thought*, vol. 12, n° 1, 2005, p. 73-88.

Mandy, P., « L'héritage de Léon-H. Dupriez : un survol », *Reflets et Perspectives de la Vie Économique*, n° 1, 2005, p. 11-30.

Padoa-Schioppa, T., *L'ombre de Bancor : la crise et le désordre monétaire mondial, Exposé à la Fondation internationale Triffin*, Louvain-la-Neuve, 25 février, 2010.

Triffin, R., « Les mouvements différentiels des prix de gros en Belgique de 1927 à 1934. Calcul et interprétation d'indices de groupes comparables », in *Bulletin de l'Institut des Sciences Économiques*, Louvain, vol. 6, n° 3, 1935, p. 267-295.

Triffin, R., « La théorie de la surévaluation monétaire et la dévaluation belge », *Bulletin de l'Institut de Recherches Économiques*, Louvain, vol. 9, n° 1, 1937, p. 19-52.

Triffin, R., *Monopolistic competition and general equilibrium theory*, Cambridge, Mass., Harvard University Press, 1941.

Triffin, R., « National central banking and the international economy », in Triffin R., L. Metzler et Haberler, G. (eds.), *International monetary policies, Postwar Economic Studies 7*, Washington, Board of Governors of the Federal Reserve System, 1947, p. 46-81.

Triffin, R., *L'or et la crise du dollar*, Paris, Presses universitaires de France, 1962.

Triffin, R., « An economist's career : What ? Why ? How ? », *BNL Quarterly Review*, n° 138, September, 1981.

Triffin, R., *Acceptance speech, Robert Triffin San Paolo Prize for Economics 1987*, Torino, San Paolo, 1988.

Toniolo, G. (with the cooperation of P. Clement), *Central bank cooperation at the Bank for International Settlements, 1930-1973*, Cambridge, Cambridge University Press, 2005.

Van der Wee, H., Tavernier, K., *La Banque nationale de Belgique et l'histoire monétaire entre les deux guerres mondiales*, Bruxelles, BNB, 1975.

Van der Wee, H., *Prosperity and upheaval. The world economy 1945-1980*, Harmondsworth, Viking, 1986.

# Triffin et la construction monétaire européenne

## Une contribution à la rénovation du système monétaire international[1]

Éric BUSSIÈRE et Olivier FEIERTAG

*Chaire Robert Triffin-UCL et Paris IV-Sorbonne* et *Université de Rouen*

La contribution historique de Robert Triffin à la construction monétaire européenne apparaît considérable. Triffin eut à plusieurs reprises, à l'âge de la maturité comme à la fin de sa carrière, l'occasion de définir publiquement son identité comme économiste impliqué dans les débats de son temps. Il le fait à l'occasion de son discours de réception du prix Frank E. Seidman en 1988, distinction qui lui semble appropriée puisque destinée à « recognize political economists… concerned with improving the human condition » mais aussi attentif à la « cross-fertilization of the other social sciences with economic behavioral influences and values »[2]. C'est que sa démarche elle-même, au-delà de ses convictions, le conduisait à une telle implication puisque fondée sur l'observation des phénomènes de long terme, de l'histoire économique, du rôle des acteurs institutionnels et politiques à différentes échelles. Intervention dans la cité d'un « optimistic Cassandra » qui considère les crises ou les expériences négatives du passé comme les bases de toute action nouvelle, qui ne croit pas en la capacité des États, en toutes

1 Nous remercions vivement la Fondation internationale Triffin de nous avoir très libéralement donné le meilleur accès au très riche fonds des papiers Triffin conservé à l'Université catholique de Louvain. Cette contribution doit également beaucoup aux documents communiqués, à l'initiative du département des Études de la BNB, par le service des Archives de la Banque nationale de Belgique. Qu'ils en soient également remerciés.

2 Papiers Robert Triffin, Université catholique de Louvain, dossier 18. 8 (par la suite RT), The Frank E. Seidman Dinstinguished Award in Political economy. Acceptance paper by Robert Triffin, Rhodes College, Memphis, 15 septembre 1988. Les mentions RT renvoient aux papiers Robert Triffin cités dans la bibliographie en fin d'article.

circonstances, à « *keep their house in order* », perçoit les structures politiques et administratives comme autant de facteurs de résistance et de routine mais croit cependant à la possibilité de réformes (RT 17. 4, 1978).

Car Robert Triffin, comme il l'écrit au général de Gaulle en 1965, croit à la « force ultime des idées sur ce domaine [celui des questions monétaires] comme dans d'autres. Je suis convaincu qu'elles prévaudront peu à peu sur l'inertie des bureaucrates » (Triffin, 2010, p. 131-136). C'est ainsi qu'en novembre 1973, par exemple, il pense possible une réforme globale du système monétaire international proche de ses conceptions : « un vaste accord intellectuel se dessine... » écrit-il dans la *Revue du marché commun*. L'économiste qu'il est doit donc agir dans la cité et utiliser à cette fin toute la palette des moyens qui s'offrent à lui : « la méthode du drame, ou du moins le recours au spectaculaire a souvent du bon dans les questions économiques et monétaires » (Sauvagnac, 1974). D'où une série de prises de position parfois provocatrices accompagnant ses activités académiques et une activité d'expertise, engagée très tôt dans sa carrière. Mais aussi un bilan présenté, avec le recul, de manière ironique et mitigée :

> J'ai réussi sans doute, mais là où je souhaitais vivement me tromper, c'est-à-dire à prédire correctement la catastrophe monétaire internationale sur laquelle devait inévitablement déboucher le système de l'étalon dit de change-or. Mais j'ai échoué là où je souhaitais réussir, c'est-à-dire dans mes efforts de prévenir la catastrophe par la mise en œuvre des réformes. (RT 20. 3, 1981)

C'est que l'ambition de Robert Triffin est grande : réformer le système monétaire international (SMI) et en faire un instrument maîtrisé et conduit de façon rationnelle du développement économique. Construire l'Europe monétaire comme fin en soi mais aussi comme composante d'un système mondial régionalisé gouverné par des règles.

Cette contribution se propose d'examiner, à la lumière des papiers Triffin, la contribution historique de ce dernier au processus de construction monétaire européen, de son rôle dans la genèse de l'Union européenne des paiements au lendemain de la Seconde Guerre mondiale à son influence ultime dans le lancement de l'Union économique et monétaire à la charnière des années 1980 et 1990 (Triffin, 1989, pp. 13-18)[3]. On étudiera aussi bien les idées qui ont été à la base du projet monétaire européen de Triffin que la réalité de son réseau qui, à travers un jeu d'acteurs institutionnels et politiques mouvant, permet de rendre compte de sa capacité d'influence et aussi de ses limites (Wilson,

[3] Robert Triffin a lui-même témoigné de la réalité de cette implication dans le numéro spécial que la *Revue d'économie financière* a consacré à l'Europe monétaire en 1989.

2009)[4]. Dans cette optique, l'analyse tentera de replacer le projet monétaire européen de Triffin à plusieurs échelles, en articulant en particulier la construction d'une zone monétaire régionale en Europe au chantier plus vaste de la réforme du système monétaire mondial que Triffin ne perd jamais de vue. Mais on prendra aussi en compte le problème de la place des États-nations et de leur souveraineté monétaire au sein de l'architecture internationale que Triffin appelle de ses vœux. Ce jeu d'échelle éclaire d'un jour nouveau le contexte dans lequel s'insère la réflexion et l'action de Triffin entre les États-Unis et l'Europe, mais aussi à l'intersection des logiques des États (donc largement des banques centrales nationales), des dynamiques des organisations internationales (OECE/OCDE, BRI, FMI) et des institutions européennes, au premier rang desquelles la Commission (Verdun, 2000 ; Henning Loedel, 2000 ; Bussière, 2011 ; Feiertag, à paraître).

Notre hypothèse est que le projet monétaire européen de Triffin des années 1950 aux années 1990 se construit à l'intersection de ces échelles multiples. Il constitue en ce sens une tentative pour dépasser le triangle d'incompatibilité, parfaitement formalisé dans la période, de Mundell (1961) à Padoa-Schioppa (2010), et dont la réalité jusqu'à nos jours paralyse cette réforme véritable du système monétaire international que Triffin, en son temps, n'a cessé de promouvoir.

La place des références et des expériences de l'histoire est centrale dans les analyses de Triffin. D'une certaine manière, il construit son schéma sur la leçon d'un échec antérieur, le premier *Gold Exchange Standard (GES)* articulé sur la livre sterling, la prévision puis le constat d'un nouvel échec, le second GES fondé sur le dollar et sa chute en 1971. Dès les années 1950, c'est la tentative de promouvoir en même temps l'Europe monétaire et une réforme du SMI, le premier de ces deux objectifs devenant prioritaire, largement en fonction des données politiques qui pèsent négativement sur la mise en œuvre d'une réforme globale. Au total si le projet de Triffin n'a pu être réalisé dans sa globalité, il est possible de supposer à bon droit que la réalisation de l'Europe monétaire lui doit beaucoup, à plusieurs points de vue.

## I. Réforme du SMI et régionalisme européen

Le projet régionaliste européen conçu par Triffin s'inscrit dans la perspective du dilemme du même nom. Dès 1947, alors qu'il est encore au FMI, Triffin est l'un de ceux qui posent les bases du projet d'UEP, qu'il promeut au sein de l'OECE, malgré l'hostilité résolue du FMI et l'opposition de la Grande-Bretagne, mais grâce à l'appui d'Hubert

4 Cf. la thèse de Jérôme Wilson pour la période antérieure illustre parfaitement cette dimension de l'action de Triffin.

Ansiaux, vice-gouverneur de la Banque nationale de Belgique (Triffin, 1966, pp. 418-448 ; Kaplan et Schleiminger, 1989)[5]. En 1953 il préconise de pérenniser l'Union européenne des paiements (UEP) à travers une union régionale en charge de gérer les transferts internes à l'Union et ceux vers la zone dollar. Cette UEP réformée et pérennisée gérerait en interne les flux monétaires entre ses membres et en externe les ressources de la zone en monnaies convertibles. Le capital en serait constitué par la dotation initiale en dollar fournie par les États-Unis à laquelle viendraient s'ajouter des contributions des membres de l'UEP contribuant ainsi peu à peu à l'européaniser. Les opérations d'arbitrage courantes en devises reviendraient au secteur privé, l'union n'intervenant que dans les rapports entre banques centrales. L'UEP chercherait dès lors à se positionner comme centre de réserve international en cherchant à attirer les réserves de banques centrales extérieures, y compris des États-Unis. L'objectif serait le retour de l'Europe comme centre monétaire majeur et comme pôle d'investissement international dans sa zone.

L'intérêt majeur de cette nouvelle UEP, comme intermédiaire avec la zone dollar, serait de gérer les flux entre les deux zones et d'atténuer les risques d'une pénurie de dollars de la zone Europe à travers une gestion collective des réserves. Un tel dispositif éviterait d'éventuelles mesures restrictives prises à l'échelle nationale et le risque d'un retour au bilatéralisme économique qui s'ensuivrait. Cette vision traduit l'un des versants du dilemme en privilégiant l'hypothèse de la pénurie de moyens de paiements en dollars en Europe. Elle débouche sur une démarche régionale européenne fondamentalement défensive mais articulée sur un projet de gestion d'ensemble du système monétaire et économique international (Archives BNB, 1953).

En 1958, les évolutions institutionnelles infléchissent la donne sur le plan politique. En décembre, Triffin tire les conséquences de la mise en place du marché commun qui crée un cadre de coopération monétaire (art. 108 du traité de Rome sur le concours mutuel) qu'il reste toutefois à remplir. En même temps, les bases du dilemme sont posées dans leur globalité et la fragilité fondamentale du SMI (un second Gold Exchange Standard – GES – et le risque pour le système de générer trop ou trop peu de dollars) est établie. D'où le double objectif du projet régionaliste européen : consolider le marché commun et atténuer les risques d'origine externe pouvant le fragiliser, contribuer à un meilleur fonctionnement du SMI. Il évoque comme « justification essentielle des tentatives régionales de coopération » le fait de « renforcer les tentatives de coopération mondiale mises en œuvre dans les premières années d'après-guerre », l'objectif fondamental étant de promouvoir la création

[5] Kaplan et Schleiminger évoquent toutefois assez peu le rôle de Triffin.

de liquidités internationales en fonction des besoins de la croissance. Aux arguments d'ordre économique et historique appuyés notamment sur l'échec du premier GES basé sur la livre et qui démontrent la fragilité et le caractère déséquilibrant du second GES fondé sur le dollar, s'ajoutent ceux en faveur d'une gestion décentralisée du système. La coordination mondiale est difficile car l'économie mondiale est hétérogène avec les conséquences que cela comporte dans la conduite des politiques économiques. Les effets de proximité et les interdépendances que cela entraîne en Europe facilitent la coordination des politiques économiques. Celle-ci devient plus nécessaire encore du fait du traité de Rome qui incite à aller vers une institutionnalisation de la coopération entre les Six. D'où l'option en faveur d'un système mondial géré de façon décentralisée et articulé à l'échelle régionale sur un fonds européen de réserve, similaire au projet de 1953 et évoluant à terme vers une autorité monétaire européenne puis une banque centrale européenne. Triffin qualifie cette démarche de révolutionnaire. Il limite pourtant la portée de cette remarque en expliquant que la perte de souveraineté impliquée par la mise en œuvre d'un tel projet est plus apparente que réelle du fait des réalités de l'interdépendance qui crée des asymétries moins fortes dans un système régionalisé. Enfin, sur le plan politique, Triffin pose nettement l'objectif d'une Europe comme pôle de puissance monétaire et financière sur le modèle d'avant 1914 et qu'il s'agit de reconstituer (Triffin, 1958).

En 1958, les bases intellectuelles et politiques de la vision de Triffin sont ainsi posées. Elles déterminent un fédéralisme monétaire à l'échelle mondiale (de fait occidentale) qui tend à un rééquilibrage et à un fonctionnement plus efficace du système. L'exposition des données du dilemme, qui est autant le fruit de la réflexion que de l'expérience vécue et analysée, porte ainsi en elle-même sa solution (Triffin, 1957, p. 296-297).

L'insertion de Triffin dans le débat public communautaire se fait dès 1958 lorsque Triffin joue un temps le rôle de conseiller de la Commission (Ferrant, Sloover, 2010, p. 47). Au fur et à mesure que la CEE se construit, elle consolide sa propre légitimité et renforce celle des analyses de Robert Triffin. Le schéma triffinien s'affirme dès lors sous la forme d'un système à double échelle, un « *clearing house* » européen lui-même élément d'un SMI organisé selon un schéma similaire. En 1960, Triffin songe déjà à la mise en œuvre première du versant européen de son projet, les perspectives de rénovation du SMI semblant plus lointaines. S'esquisse ainsi l'une des caractéristiques du projet triffinien qui s'affirmera au fur et à mesure que les perspectives de réforme globale du SMI s'éloigneront (Archives BNB, 1960).

Mais ce dessein se heurte très vite à la résistance des banques centrales nationales réticentes au projet d'institutionnalisation de la coopération à l'échelle communautaire. Elles préfèrent alors privilégier le cadre de coopération international plutôt que le cadre régional. L'histoire de la négociation des Accords généraux d'emprunt (GAB) en 1959-61 qui donne naissance au Groupe des 10 illustre parfaitement cette résistance (Feiertag, 2006, p. 649-678). L'opposition avec les idées de Triffin, qui ne croit pas à la pérennité du cadre international tel qu'il fonctionne, est ici complète (Archives BNB, 1962 ; Triffin, 1960).

Les difficultés accrues que connaît le SMI à partir de 1964 relancent l'action de Triffin en lui offrant l'opportunité de l'insérer à nouveau dans le débat sur la réforme du SMI. C'est à la même époque qu'il renforce ses contacts avec la DG II de la Commission européenne, en charge des questions économiques et financières et toujours placée sous la responsabilité du commissaire Marjolin, avec laquelle les liens étaient devenus un temps plus distendus[6]. Ses interlocuteurs les plus réguliers sont Boyer de la Giroday[7], directeur des affaires monétaires, et Bobba le directeur général. Il joue également de ses contacts avec le président Hallstein à qui il fait par exemple passer, en mars 1964, un document à destination de Marjolin.

Le contexte est celui des débats sur la réforme du SMI en cours de discussion au sein de plusieurs instances institutionnelles. Triffin s'attaque à la fois au principe du GES et à l'architecture globale d'un système en crise que révèlent les difficultés que connaît la livre sterling au cours de l'année 1964. Triffin déploie son schéma dans le cadre d'un FMI rénové autour de trois pôles monétaires : les Six organisés autour d'un Fonds de réserve européen à construire, la livre sterling et le dollar. Il s'agit donc d'un cadre universel/atlantique rénové et rééquilibré qui va plus loin que ce que les Banques centrales et les experts étaient prêts à accepter, en 1964 comme en 1960. Le dialogue avec de Gaulle (1965-1968) s'insère dans cette perspective.

Il se noue à l'occasion de la conférence de presse donnée par le général le 4 février 1965 où ce dernier s'attaque au GES et préconise une réforme du SMI fondée sur le renforcement du rôle de l'or et du rôle joué par les Six au sein du système (Charles de Gaulle, 1970, p. 330-334). La lettre adressée par Triffin à de Gaulle le 22 février 1965 (Triffin, 2010, p. 131-136), qualifiée d'« étrange missive » par son auteur qui n'a guère d'illusions quant à sa destinée, est transmise à l'Élysée par l'intermédiaire d'André de Lattre que Triffin connaît à travers les réunions du « groupe de Bellagio » auxquelles les deux hommes partici-

---

6 C'est ainsi qu'il n'avait pas reçu les documents relatifs à l'*Initiative 1964*.

7 « Fred » dans leur correspondance privée.

paient et probablement aussi du fait du séjour qu'avait effectué de Lattre aux États-Unis (de Lattre, 1999, p. 178-179). Ce courrier initie pourtant un échange continu avec le général et ses collaborateurs directs qui devait durer jusqu'en 1968 (RT 2. 3, 17 mars 1965, 17-3-1965, 6-4-1965). Dans sa lettre du 22 février 1965, Triffin se montre très prudent et très « politique » dans son commentaire des propos du général du 4 février précédent : accord sur le fond, nuances (prudemment formulées) sur la méthode. Il explique à de Gaulle que ses propos sur le retour à l'or ont été mal interprétés. Il approuve la position du général quant à la liquidation du GES et à un schéma fondé partiellement sur l'or inspiré du modèle présenté par la France à l'assemblée générale du FMI en septembre 1964 (or plus unité composite de réserve). Pour Triffin, le FMI rénové doit s'articuler autour des États-Unis, de la Grande-Bretagne, d'un Conseil monétaire de la Communauté (probablement une structure ad hoc à créer et non pas les structures existantes que sont le comité monétaire et le comité des gouverneurs). Triffin n'oppose pas la méthode communautaire à la coopération interétatique mais pense à une compénétration des instances communautaires et nationales. Il conseille d'éviter de paraître vouloir créer une machine de guerre contre les USA.

Triffin développe en réalité son schéma à travers une série d'échanges avec la DG II et Marjolin sur la base d'un document rédigé par Boyer. Dans une note transmise à Bobba le 5 février 1965, il marque son accord avec les propositions de la Commission mais y ajoute ses commentaires. Pour la Commission, le moment est venu d'agir et de prendre des initiatives car les difficultés de la livre ne sont résolues que très provisoirement. Une initiative est d'autant plus justifiée que Triffin aperçoit des points d'accord sur le fond entre la France, l'Italie et la RFA. La solution proposée est globalement conforme à celle exposée dans la lettre que Triffin adresse au général le 22 février : un Fonds européen dans le cadre d'une réforme globale. Mais Triffin est plus précis quant à la dimension communautaire. La monnaie unique est impossible immédiatement. Il fonde donc son schéma sur une unité de compte (dont l'origine remonte aux premiers plans de Triffin des années 1946-1947 en vue de résoudre la question des paiements inter-européens) commune aux Six associée à la coordination des parités internes devant permettre une évolution progressive vers la fixité. Ce plan doit être mis en relation avec l'activation des procédures de concours mutuel prévues par le traité de Rome, les obligations représentatives des interventions réalisées à ce titre prenant la forme d'obligations fédérales mises sur le marché[8]. On se limite ainsi dans un premier temps, pour des raisons politiques, à une logique de coordination (RT 2.

[8] Triffin en parle à C. Segré en charge des questions relatives à la mise en place d'un marché européen des capitaux. Voir rapport Segré.

3, 5 février 1965). À terme, les abandons de souveraineté seront pourtant indispensables. Leur coût en termes d'autonomie des politiques sera moindre que la perte de contrôle imposée par le marché.

Le 17 mars, Triffin précise à Marjolin que de Gaulle et les Allemands peuvent s'entendre y compris sur la question de la structure des réserves des banques centrales et la part que l'or, les devises et des autres instruments de paiement internationaux devront y représenter. Il plaide pour l'urgence d'un accord visant à définir une position commune aux Six au sein du G-10. Triffin confirme à Marjolin qu'il est bien conscient de la résistance des gouverneurs à un Fonds de réserve et de leur fidélité à l'espace des Dix. Il y a cependant urgence, faute de quoi on risque de voir se développer les effets dévastateurs du dilemme : soit la mise en place d'une politique restrictive des États-Unis accompagnée d'une déflation mondiale, soit la chute de la livre et du dollar avec comme issue en Europe des politiques du chacun pour soi et le retour à l'âge d'or du nationalisme économique des années 1930 (RT 2. 3, 17 mars1965).

À l'échelle européenne Triffin précise son schéma de construction monétaire des pays de la CEE. Il souhaite notamment l'utilisation des monnaies des pays membres – et non du dollar – dans le financement des déséquilibres internes à la Communauté, l'utilisation de l'unité de compte (UC) à créer pour les règlements entre banques centrales européennes, l'extension de l'utilisation de cette UC par les banques privées puis les particuliers avec notamment pour avantage de préparer, à terme, l'évolution vers la monnaie unique : c'est déjà la solution que préconise Triffin dans les années 1980 et qui débouche sur la promotion de l'écu privé (RT 2. 3, 6 avril 1965).

La réforme du SMI et la discussion qui se développe en 1966-1967 autour des conditions de la création d'un nouvel instrument de réserve venant compléter les réserves d'or dans le bilan des banques centrales (DTS) placent à nouveau Triffin au premier plan des débats. Il est à nouveau très sollicité par la Commission (Boyer, Marjolin), tandis que Raymond Barre, nommé vice-président en charge des questions économiques et financières en remplacement de Marjolin en juillet 1967, ne lui semble pas hostile (RT 2. 4, 1967) au point que Boyer envisage son retour possible comme conseiller au début de 1969 (RT 4. 2, 3 mars 1969). Triffin bénéficie surtout de sa position d'indépendance entre l'Europe et les États-Unis. Il rencontre les principaux responsables en charge des questions monétaires à Paris et Bruxelles au début de 1968, en outre, il est à nouveau très sollicité avant la conférence de Stockholm qui doit statuer sur le futur DTS et joue les médiateurs officieux entre les principaux responsables européens et Henry H. Fowler, secrétaire au

Trésor américain entre 1965 et 1968 (RT 5. 3, 1968). Durant les premiers mois de 1968, ses échanges avec de Gaulle s'intensifient[9].

Son régionalisme monétaire européen s'affirme une fois de plus comme la composante d'un système universel rénové conçu selon une perspective historique (élargissement progressif des espaces économiques) mais aussi selon une logique de proximité (géographique, de structures) et d'efficacité. Cette perspective est dès lors plus que jamais posée comme mode d'organisation des relations monétaires dans un cadre universel dominé par de grandes entités présentes et en devenir : États-Unis, Amérique latine, Asie, Europe. Il envisage même l'émergence d'un ensemble monétaire autour du CAEM. Son régionalisme ainsi conçu doit mettre un terme à la domination américaine dans la perspective d'une Europe indépendante des USA comme de l'URSS (RT 0. 5, 1967).

Sur le plan international, Triffin croit en un compromis, possible et indispensable, autour de la création du DTS, entre de Gaulle et les États-Unis. Il s'emploie à le faire émerger. Lorsqu'il expose que de Gaulle ne doit pas être lu au premier degré et que ses propositions ne relèvent pas d'un simple retour à l'or, c'est qu'un accord lui semble possible sur la nature et les conditions d'émission des DTS. Mais le communiqué publié par l'Élysée le 12 mars 1968, rédigé par Haberer, durcit la position française (« Haberer, a nearly religious conviction ») au point d'embarrasser Debré lui-même selon les contacts de Triffin à l'Élysée (RT 5. 3, 1968). Le DTS ne constituera pas la base de la réforme que Triffin attendait. Le développement de la crise du système de Bretton Woods à partir de 1968 devait en conséquence renforcer la priorité accordée par Triffin à la solution européenne.

## II. Crise finale du système de Bretton Woods et priorité à l'Europe, 1968-1978

À partir de l'été 1968, c'est la question de la chute du dollar et de l'effondrement proche du SMI qui sont en cause. Triffin anticipe le scénario de 1971 dans une lettre à de Gaulle le 8 juillet 1968 :

> Il est fort à craindre que n'importe quelle crise, intérieure ou extérieure, puisse acculer les États-Unis à prendre soudainement et unilatéralement, au

[9] Papiers RT 2. 3, Message du général convoquant Triffin « pour parler des problèmes d'actualité ». Sera attendu par Tricot et Prate, document non daté mais référence à cette entrevue par Tricot le 6 avril 1968. Triffin invité à voir Tricot autant que Triffin le jugera utile lors de ses passages à Paris. De Gaulle à Triffin 17 avril 1968, Tricot à Triffin en vue nouvelle entrevue avec de Gaulle à la demande de Triffin, 6 mai 1968. Triffin à de Gaulle, 8 juillet 1968. Secrétariat particulier à Triffin 15 juillet 1968, Tricot à Triffin suite télégramme Triffin à l'Élysée, 17 décembre 1968.

cours des mois prochains, de nouvelles et graves mesures concernant les taux de change ou la convertibilité effective du dollar. (RT 2. 3, 8 juillet 1968)

Pour les Européens, cette suspension aura pour effet soit de les obliger à financer les déficits américains sans limite, soit à accepter la hausse de leurs devises (choix qui se posera à Georges Pompidou lors de la crise finale du système en 1971). Les Six doivent se préparer faute de quoi ils risquent d'aller vers des choix divergents avec le risque de l'éclatement du marché commun.

La crise finale du dollar impose dès lors l'urgence de la mise en œuvre de la solution régionale. Le plan Barre, soumis au conseil le 12 février 1969, est adressé par Boyer à Triffin accompagné de ses confidences : très longues controverses au sein de la Commission, formulation simple et modeste en raison du contexte politique dans lequel la Commission évolue (RT 4. 2, 3 mars 1969).

Le rapport que Triffin rédige pour le Comité d'Action pour les États-Unis d'Europe de Jean Monnet, qui sert de base aux propositions du chancelier Willy Brandt lors du sommet de La Haye en décembre 1969, fournit à nouveau à Triffin l'occasion d'une formulation d'ensemble de son projet (Bossuat, 1999, pp. 369-398)[10]. Le rapport de Robert Triffin daté du 1er décembre 1969 pose comme objectif l'union monétaire des Six. Il part des propositions de la Commission : soutien monétaire à court terme multilatéralisé, concours financier à moyen terme attribué sur une base conditionnelle. Conformément à ses schémas antérieurs, Triffin préconise la création d'un Fonds européen de réserve pour la gestion des facilités en interne et la régulation des relations avec les pays non membres. Ce Fonds comporterait une partie des réserves des pays membres – or, devises –, sa gestion se ferait en UC et comporterait une garantie de change pour les avoirs de ses membres. Il serait alimenté par le dépôt d'une partie des réserves des banques centrales, définie comme l'excédent accumulé par ces dernières au-delà d'un niveau « normal » établi sur la base des activités internationales des pays-membres. Il serait complété par le dépôt de tout ou partie des DTS attribués à chacun. Le Fonds émettrait dans le public des obligations à moyen terme, contreparties des opérations de soutien. Si la finalité devait être à terme la stabilité absolue des taux de change et la substitution d'une monnaie européenne aux monnaies nationales, s'imposerait entre-temps la nécessité d'ajustements monétaires et économiques gérés de manière symétrique. La livre sterling devrait participer au dispositif sous condition de

---

10 Voir également ce qu'en dit Triffin lui-même dans Ferrant C., Sloover J., Dumoulin, M., Lefebvre, O. (dir.), *Robert Triffin, conseiller des princes. Souvenirs et documents*, Bruxelles, P.I.E. Peter Lang, 2010.

la mise en place d'un système de résorption et de gel des balances-sterling (Archives BNB, 1969).

La crise du dollar de l'été 1971 démontre une nouvelle fois l'urgence de la situation et fournit à Triffin l'occasion d'une remise en perspective globale de son schéma. À l'échelle mondiale, le FMI gère en concertation la création de réserves en fonction de la croissance économique. Il conviendra à cette fin d'ajuster l'accord de 1967 sur les DTS : unifier les différents instruments monétaires en un seul, préciser leurs conditions d'émission et d'utilisation, revoir les modalités de vote au FMI en faveur de l'Europe, son principal contributeur net. Le rôle des monnaies de réserves sera maintenu mais dans des proportions limitées aux besoins du commerce international, l'or verra son rôle progressivement réduit. Sur le plan régional, l'action immédiate s'impose désormais car la réforme du SMI peut prendre du temps mais sera d'autant plus rapide, efficace et équilibrée si elle s'appuie sur des constructions régionales déjà engagées. Au total, Triffin consolide sa vision d'un système international décentralisé, le FMI régulant principalement les déséquilibres entre zones régionales. On se dirige ainsi vers un système organisé en pôles monétaires dialoguant entre eux : Europe, USA, Amérique latine, Asie (Japon).

Triffin précise dans cette perspective d'ensemble le rôle du cadre régional européen qu'il définit comme une constellation négociée des changes intra-européens : taux de change modifiés par accord mutuel en fonction de critères objectifs, défense intra-zone en monnaies communautaires, symétrie des charges, débits des interventions en UC, réglés en or, dollars ou autres instruments. Multilatéralisation du soutien par un Fonds européen de réserve. Le fonds européen de réserve qu'il place au cœur du système sera alimenté par les pays-membres mais aussi certains pays non membres qui y déposeront une part de leurs réserves. Les interventions sur marché du dollar se feront en accord avec les USA. Le risque de hausse des monnaies européennes induite par la faiblesse d'un dollar détaché de l'or depuis août 1971 sera moins élevé dans le cadre européen qu'en cas de gestion isolée des monnaies. Les responsabilités des choix à réaliser reposent dès lors sur les responsables politiques européens : Triffin exprime avec force son « angoisse devant les atermoiements et les querelles qui paralysent depuis le 15 août la Communauté européenne » (Triffin, 1971).

À partir de mars 1973, le flottement général des monnaies génère une nouvelle série d'interventions de Triffin, notamment en France : intervention devant la commission des Finances de l'Assemblée nationale dont le résumé est publié dans la *Revue du Marché Commun* en novembre 1973, interview dans *L'Express* en mars 1973. La crise de mars débouche sur un programme d'action qui fait la synthèse des projets antérieurs en les adaptant aux nouvelles données économiques et politiques. Triffin part d'un constat : le flottement général des monnaies représente une crise majeure du SMI comparable à celle qu'avait engendrée la chute de la livre en septembre 1931. Triffin en appelle à une réforme fondamentale du système :

> S'ils ne le font pas, ils perpétueront l'impuissance des soi-disant « autorités monétaires » nationales, aussi bien qu'internationales, à diriger le cours des événements et empêcher une rechute dans le chaos économique et monétaire qui suivit l'effondrement de la livre sterling en 1931.

En l'absence de réforme, le flottement des monnaies sera affecté par les interventions des banques centrales, avec le risque de mesures de contrôle des changes prises au niveau national afin d'éviter l'afflux inflationniste de dollars dépréciés et la remise en cause du libre mouvement des capitaux, phénomène particulièrement grave en Europe. C'est enfin, comme dans les années 1930, le risque de mesures protectionnistes sur le plan commercial. En cas d'inaction, Triffin parle de la « prolifération cancéreuse de mesures nationales ».

Une double action est donc nécessaire : sur le plan mondial comme européen. Sur le plan mondial, la création d'un étalon international du type DTS, des règles d'ajustement plus symétriques, un système de recyclage des excédents. Mais la mise en œuvre d'un tel accord sera longue, elle nécessitera la coopération transatlantique en vue du retour à la convertibilité du dollar qui passera par une consolidation des balances dollar, le retour des USA aux excédents de leur balance des paiements. En Europe s'impose la nécessité d'accélérer les étapes vers l'UEM qui « permettra (aux Européens) de jouer le rôle qui leur incombe dans les négociations mondiales et de préserver le maximum de stabilité possible dans leurs relations entre eux et avec les autres pays ». La nouvelle situation implique donc de donner la priorité aux relations des monnaies européennes entre elles afin de provoquer le déplacement de gravité du système vers plus d'équilibre. Triffin pense que le rôle du Fonds européen de coopération monétaire (FECOM), créé en mars 1973, doit être accru à travers le développement d'interventions en monnaies européennes et non plus en dollars, la mise en commun de la gestion d'une partie des réserves, la multilatéralisation de ces opérations en UC de sorte à faire de l'UC un instrument de réserve transférable entre banques centrales des pays européens, un instrument diffusé dans le public à travers le placement sur le marché d'obligations en UC par le FECOM (plus sûres que les obligations en dollars pour leurs détenteurs). Il propose une nouvelle dénomination de l'UC : l'Europa afin de la populariser. L'Europa sera un panier de monnaies qui permettra de ne pas ancrer le système sur la monnaie la plus forte. À terme, l'Europa est destiné à remplacer les monnaies nationales (RT 1. 1, 1973).

La réalité ne traduit pas les ambitions de Triffin qui revient régulièrement sur son projet tout en l'adaptant. En avril 1974, il constate qu'« il est lamentable de devoir constater que la deuxième étape du programme d'union économique et monétaire de la Communauté est aujourd'hui en panne » et il évoque la « recrudescence du nationalisme et le refus d'abandonner quelques vestiges que ce soit de souverainetés nationales totalement illusoires et mutuellement destructrices des intérêts nationaux comme de l'intérêt commun ». Il revient sur la nécessité de la création d'une unité de change européenne (Europa) qui serve de numéraire à l'ensemble des pays participant au « serpent », d'instrument de règlement et d'intervention, et d'instrument de règlement et de placement entre particuliers, l'Europa étant elle-même articulée sur la nouvelle unité en cours d'élaboration sur le plan international (Archives BNB, 1974).

En novembre 1974, il pense qu'il n'est plus possible d'envisager rapidement la réalisation d'un grand projet d'UEM et préconise des mesures intermédiaires préparant un programme plus ambitieux. La nouvelle unité de change doit être un panier de monnaies, avec un marché privé sur lequel les banques centrales pourraient intervenir. Une telle création représenterait à la fois un signal politique et un amortisseur des fluctuations de change pour les entreprises. Au départ, il s'agirait d'un ECU européen limité aux monnaies du serpent. Il compte pour réaliser ce programme sur l'entente franco-allemande et pense qu'une zone de stabilité de change européenne attirera d'autres monnaies : monnaies européennes non membres du serpent, monnaies africaines, du Proche-Orient, probablement d'Europe de l'Est. Le tout pourrait susciter l'émergence d'un centre de gravité facilitant ainsi une négociation globale avec les États-Unis. Un tel schéma suppose toutefois le renforcement des moyens du FECOM, le remboursement des soutiens en obligations libellées en UC et émises sur le marché, les ajustements de taux de change intra-européens indispensables, et la gestion commune des relations de change avec le dollar (Triffin, 1974).

Cette nouvelle situation implique des relations suivies avec la Commission. En juin 1974, il voit le commissaire Simonet, Boyer de la Giroday et Gautier Sauvagnac au cabinet d'Ortoli (RT 1. 2, 1974). Les échanges de Triffin se densifient avec la direction des affaires monétaires de la Commission à la fin de 1975. Triffin est toujours favorable à son projet de « *parallel exchange unit* » plus qu'à une unité monétaire pleine. Il s'agit de faire face aux besoins des acteurs économiques de la Communauté d'un instrument qui les rende moins vulnérables vis-à-vis du dollar et remplace les euromonnaies au développement incontrôlé (RT 4. 2, 11 décembre 1975). Boyer de son côté travaille sur l'évolution du serpent et adresse à Triffin le papier *Réformer le Fecom* en cours de préparation par son service. On notera le rôle spécifique de Francis Woehrling, collaborateur de Boyer, qui développe les réflexions sur l'Europa, la nouvelle unité préconisée par Triffin. Boyer envoie ce dernier à Triffin aux États-Unis pour échange de vues en décembre 1975. Les bases du projet sont évoquées fin novembre : monnaie parallèle émise par conversion des euro-dollars détenus par les Européens, politique commune à l'égard des eurodevises, gestion de ces deux politiques par le FECOM, possibilité d'émissions d'Europas par le FECOM en contrepartie d'actifs remis au FECOM, stricte coordination des politiques monétaires (RT 4. 2, 28 novembre 1975).

Triffin reste durablement fixé sur son schéma de monnaie parallèle. En décembre 1977 à Leuven, il en développe à nouveau les objectifs (RT 1. 6, 1977) : faire en sorte que la CEE soit capable de participer avec ses partenaires dont les USA à une réforme du SMI viable, indispensable pour combattre l'inflation, l'instabilité des changes et les déséquilibres économiques qui affectent le monde. La réalisation de cet objectif prendra du temps, même au sein de la CEE, pour des raisons politiques. Il faut donc opter pour des objectifs immédiatement réalisables : une *european exchange union* ancrée sur une monnaie parallèle, l'Europa, première étape vers l'UEM pure et simple. Triffin n'envisage donc pas la substitution de cette monnaie aux monnaies nationales dans un futur proche. Mais dans le contexte d'instabilité des taux de change que connaît alors l'Europe, la monnaie parallèle apportera aux acteurs économiques la stabilité dont ils ont besoin en intervenant dans les contrats en remplacement des devises affectées par l'instabilité. L'Europa prendra la forme d'un panier pondéré de monnaies sur le modèle qui existe déjà à travers l'unité de compte européenne, utilisée par les Communautés et qui figure déjà dans les opérations et les dépôts des banques. Il s'agira cependant de le rendre plus attractif pour les pays à monnaie forte en écartant dans un premier temps les monnaies trop faibles et en les réintégrant au fur et à mesure qu'elles gagneront en stabilité. L'Europa devra à terme comprendre toutes les monnaies de la CEE.

En relation avec sa stratégie de monnaie parallèle, Triffin songe de plus en plus à une initiative des acteurs privés afin d'appuyer un projet qui prend ainsi l'aspect d'une stratégie de contournement des décideurs politiques et des banques centrales. Cette stratégie qui naît de la crise de 1973 annonce la promotion de l'Ecu privé par Triffin et la Commission au début des années 1980.

Mettre en œuvre ce schéma suppose pourtant une série de décisions officielles : que l'on attribue le même statut à cette monnaie (Europa) qu'aux euromonnaies, que les autorités communautaires et les gouvernements libellent leurs émissions en Europa, que l'Europa serve de base pour les opérations de soutien et d'intervention des banques centrales et de pivot aux réajustements monétaires des pays membres. Le passage à l'union monétaire représentera la phase institutionnelle du processus à travers le transfert de réserves et le développement du FECOM (une sorte de FED). Mais la phase institutionnelle ne viendra qu'en son temps. Entre-temps, l'Europa se substituera progressivement aux monnaies nationales dans les usages domestiques. Il faut ici souligner que ce projet est formulé quelques mois avant l'initiative Giscard d'Estaing-Schmidt qui débouche sur la création du SME en mars 1979. Si la vision de Triffin est par certains aspects proche de ce que sera le SME, elle repose sur un processus doublement inverse : monnaie parallèle et appui sur le secteur privé.

## III. Transformer le SME en union monétaire régionale, la méthode Triffin

Le tournant des années 1980 représente sans aucun doute l'une des périodes les plus intenses de l'engagement de Robert Triffin dans le débat monétaire international. Ses prises de position publiques se multiplient par exemple lors de la conférence de la LECE (Ligue européenne de coopération économique) à la salle Medicis au Sénat à Paris le 5 juillet 1978, à l'occasion d'une série d'auditions devant le Parlement européen en mars 1979, ou au colloque organisé à la Société générale à Paris le 14 juin 1979. C'est que le nouveau contexte international le conduit à l'affirmation renforcée de ses options en faveur de l'unification monétaire européenne. Il a été en effet très affecté par l'échec de la réforme du SMI qu'il croyait possible, et ce malgré les efforts déployés en ce sens au cours des années 1970. Il s'en explique ainsi le 5 juillet 1978 :

> En ce qui concerne la toile de fond mondiale, la situation est désespérante. Le second amendement à la charte du FMI [...] renvoie aux calendes grecques toutes les réformes du système monétaire international précédemment proclamées indispensables, après dix ans de débats intenses et continus des pays membres au sein du conseil d'administration du FMI, du Groupe des Dix, du Comité des Vingt, etc. Cet amendement légalise tardivement le chaos hérité de la répudiation illégale et généralisée des principaux engagements internationaux en vigueur jusqu'à la suspension – « temporaire » – de la convertibilité du dollar en août 1971[11].

Il a la même réaction lors du colloque organisé à la Société générale en juin 1979 où il parle du deuxième amendement du FMI comme d'une « sinistre plaisanterie » et de la nécessité de « secouer » la dépendance

---

[11] Papiers RT, LECE, L'Europe face au chaos monétaire international. Une monnaie européenne, le souhaitable et le possible. Sénat, 5 juillet 1978.

excessive de l'Europe vis-à-vis des États-Unis et du dollar (RT 4. 1, 1979). Il s'agit de sortir du piège interventions de soutien au dollar et inflation ou non intervention et perte de compétitivité par rapport à un dollar qui chute.

Triffin n'en présente pas moins le SME comme une pièce majeure d'un SMI réformé et non comme une stratégie isolée voire d'opposition au dollar (RT 12. 2, 1979). Le SME est la réponse européenne à l'échec des changes flottants qui favorisent l'inflation et les déséquilibres plus qu'ils ne facilitent les adaptations. Il est la réponse à la baisse du dollar qui risque d'entraîner des réactions protectionnistes en Europe. Sa création doit être conçue dans le cadre d'une coopération USA-Europe. Il évoque cette exigence au colloque de la Société générale en juin 1979. L'Ecu nouvellement créé sera l'instrument de la coopération entre monnaies européennes et jouera un rôle régional élargi, étendant son influence à l'Afrique et au Proche-Orient, mais le dollar conservera également un rôle international. Les réformes américaines sont par conséquent indispensables et un préalable à la stabilisation d'ensemble du système. Elles doivent aboutir à la stabilisation des équilibres externes aux États-Unis mais aussi être épaulées par l'Europe à travers la souscription d'emprunts extérieurs américains libellés en devises, et la consolidation des avoirs du FECOM en dollar sous forme d'obligations américaines libellées en Ecus. À l'échelle du monde se dégagerait un système décentralisé où l'écu jouerait son rôle aux côtés du dollar, en un système adapté à un « monde hétérogène et diversifié ».

À l'échelle européenne, Triffin s'en tient à sa priorité en faveur d'une monnaie parallèle. S'adressant aux milieux économiques privés devant la LECE en juillet 1978, Triffin présente à nouveau son projet de monnaie européenne, comme « une suggestion [...] immédiatement applicable par les banques commerciales et les intermédiaires financiers [...] dans les contrats internationaux » afin de permettre à leurs clients de se prémunir contre les risques de change. Ce qu'il dénomme à l'époque encore l'Europa jouera ainsi le rôle de dénominateur des opérations des institutions européennes et des opérations entre banques centrales que le FECOM centralisera. À plus long terme, il sera possible de transférer les opérations des banques centrales nationales à un FECOM transformé en pivot d'un système fédéral d'émission et de réserve.

À partir de 1979-1980, Triffin oriente donc son propos sur le thème de la défense et de la promotion du SME : « il a fallu attendre jusqu'en mars 1979 pour rendre à l'Europe un système monétaire européen moins dépendant d'un dollar or ou papier de plus en plus ébranlé par des crises prévisibles et prévues » (RT 20. 3, 1981). Cette option s'insère dans ses réflexions à long terme sur le régionalisme monétaire et l'articulation de ce régionalisme avec un système international rénové.

En 1980-1982, Triffin contribue tout particulièrement à la promotion de son modèle en France. Il le fait à l'occasion d'une intervention à l'Assemblée nationale le 31 mars 1980 dans le cadre de la « Fondation du futur » où il s'exprime en faveur du passage à la phase institutionnelle du SME avant que les circonstances ne soient moins favorables (lorsque le dollar entamera une phase de baisse). Le passage à cette phase institutionnelle imposera cependant de passer les obstacles allemand et néerlandais (RT 17. 1, 31 mars 1981).

Il intervient surtout à l'occasion de conférences associant universitaires et représentants de la Commission comme le 23 mars 1981 dans le cadre de la Chaire Paul-Henry Spaak. Il participe le 24 avril 1981 à une conférence associant des représentants de la Commission (Tommaso Padoa-Schioppa, Fréderic Boyer, Michael Emerson) à des universitaires de plusieurs pays-membres de la CEE, et où interviennent Jean-Yves Haberer, directeur français du Trésor, sur l'identité monétaire européenne ainsi que Tommaso Padoa-Schioppa (DG II) et Jacques van Ypersele sur les évolutions à venir du SME. C'est durant ces quelques mois que Jean-Yves Haberer multiplie ses prises de position faisant la pédagogie du SME et de l'identité monétaire européenne, prenant position dès mars 1981 en faveur de l'usage élargi de l'Ecu par les institutions européennes et de l'usage privé de l'Ecu y compris sa diffusion dans le public. Les positions d'Haberer rejoignent ainsi l'action entreprise par Triffin en faveur de l'usage privé de l'Ecu à travers une série de séminaires soutenus par la Ford Foundation. C'est ainsi que les 13 et 14 juin 1981 se tient une conférence à Louvain-la-Neuve réunissant des représentants de la Commission, de la Banque nationale de Belgique, de banquiers et d'assureurs qui exposent les bases d'un programme relatif au développement des usages de l'Ecu : compensation interbancaire de comptes en Ecu, emprunts, chèques de voyage… (RT 17. 2). Cette initiative est à l'origine du développement de l'Ecu privé à partir de 1981.

La LECE n'est pas en reste qui organise le 14 octobre 1981 autour de Triffin une vaste manifestation à laquelle assistent pour la France Pierre Calvet et Christian Valensi (RT 17. 1, PV réunion du 14 octobre 1981.) C'est encore un séminaire à Paris les 23-25 novembre 1981 sur le SMI, réunissant des journalistes comme Paul Fabra, de nombreux économistes comme Christian de Boissieu, des représentants du FMI, de la Commission (Boyer), de la Banque de France, de la Banque d'Italie, de la BNB, de la BRI (Lamfalussy), du Trésor (Camdessus) (RT 17. 1, 23-25 novembre 1981).

Le cœur du débat est celui du passage à la phase institutionnelle du SME à la suite du report décidé par les gouvernements en mars 1981 et du fait des résistances de plusieurs banques centrales au premier rang desquelles celles de la RFA et des Pays-Bas. Loin de se contenter de regretter blocages et résistances, Triffin fixe les objectifs et définit les voies à suivre : acceptation totale de l'Ecu comme monnaie parallèle des pays de la communauté, utilisation de l'Ecu par le secteur privé comme alternative aux eurodevises, simplification des dispositifs de soutien monétaire et financier, multilatéralisation des accords swaps avec les USA, désormais libellés en Ecu, participation du Fonds monétaire européen (FME) à créer aux interventions intramarginales sur le maché des devises. (RT 17. 1, 23-25 novembre 1981 ; Triffin, 1981).

Triffin s'attache à définir les rôles respectifs des banquiers centraux et des gouvernements au sein du FME. Il opte pour un système associant un comité de direction exclusivement composé de représentants des banques centrales et un comité des gouverneurs mixte (banques centrales et ministères des Finances). Le comité de direction chargé de la gestion au jour le jour sera désigné par les banques centrales afin d'affirmer l'indépendance des autorités monétaires de la Communauté « lesquelles doivent être mises le plus à l'abri possible des pressions journalières auxquelles ne peuvent échapper les dirigeants politiques et qui tendent trop fréquemment à les incliner vers des compromis excessivement laxistes et inflationnistes... » En fin et réaliste observateur de l'histoire monétaire Triffin balance cependant cette position de principe : « les décisions finales resteront influencées, demain comme hier, dans la Communauté comme dans chaque pays membre, par les traditions héritées du passé, par les conflits idéologiques, et par divers groupes de pression » (*ibid.*, et intervention à Bruges).

Au cours des années qui suivent, les interventions de Triffin marquent sa fidélité au schéma de fédéralisme monétaire. Il présente sa conception globale dans un article de *l'Encyclopaedia Universalis* de 1984 où il définit « un Fonds monétaire international rénové et décentralisé » devant encourager au maximum les efforts régionaux et sous-régionaux susceptibles de développer une coopération – voire une intégration – économique et monétaire aussi étroite que possible [...] » et dont la seconde mission serait de « concentrer ses propres activités sur la solution de problèmes véritablement mondiaux qui surgissent entre ces divers groupes [...] » (Triffin, 1984).

Sur cette base, ses interventions s'adaptent à un contexte en pleine évolution. À la suite du sommet du G-7 de Williamsburg tenu au mois de mai 1983, il constate la faible crédibilité d'une réforme prochaine du SMI malgré les souhaits exprimés par François Mitterrand, et par conséquent la nécessité de mettre la Communauté à l'abri des « flux énormes, indésirables et déséquilibrants, de capitaux entre l'Europe et les États-Unis ». Il défend le SME comme « une oasis de stabilité », même relative, en termes de taux de change et de taux d'intérêt (RT 20. 6, 10-6-1983).

Deux années plus tard, à la suite du G-7 de Bonn de mai 1985 et à nouveau de l'absence de décision en vue d'une réforme du SMI il présente les mêmes arguments en faveur d'une réforme progressive dont la première étape serait l'approfondissement du SME (RT 19. 2, 1985). Ses interventions se développent en mars 1984 lors d'un colloque organisé à Turin par *l'Istituto bancario San Paolo* dont il assure les conclusions (RT 3. 9, 1984.) puis en mai 1984 à l'occasion du colloque organisé par Eurepargne sur l'Avenir de l'Ecu (RT 3. 0, 1984). À la fin de 1984 il rédige, avec Alfred Steinherr, une note destinée à l'allocution de départ du président de la Commission, Gaston Thorn à travers laquelle il expose, à nouveau, ses principales idées (RT 19. 2, 1984). L'obstacle à dépasser est l'opposition des banques centrales allemande et néerlandaise à l'institutionnalisation du SME. Triffin s'emploie à identifier les objections de ces deux institutions et à y opposer les solutions indispensables. Parallèlement à une meilleure coordination des politiques économiques « réduisant les craintes d'un financement excessif des pays les plus laxistes par les pays les plus opposés à l'inflation », il préconise une coordination des politiques de change et de taux d'intérêt associée à des mesures visant à freiner les mouvements de capitaux spéculatifs. Il souhaite le développement des usages publics et privés de l'Ecu, ces développements passant par l'assimilation de l'Ecu aux devises étrangères, ce que refuse toujours la Bundesbank (RT 20. 6, 22-2-1983).

Il salue rapidement l'arrivée de Jacques Delors à la tête de la Commission et constate les évolutions apportées par les réunions du Plazza, en septembre 1985 puis du Louvre en février 1987 vers une meilleure coordination des relations monétaires notamment transatlantiques. Il constate la nécessité d'un renforcement accéléré du SME à la suite de la signature de l'Acte unique et de la mise en œuvre du grand marché à échéance de 1992. Il prend également en compte les évolutions de la Buba en faveur d'une évolution du rôle de l'Ecu à la suite des accords de Nyborg. Il n'en reste pas moins attaché à sa vision d'une monnaie parallèle jusqu'à la publication du rapport Delors en 1989, et surtout d'une réforme d'ensemble du SMI selon son schéma d'origine.

Les toutes dernières années de la vie de Triffin, malgré une certaine réduction de son activité, témoignent pourtant de son implication persistante dans le débat qui s'engage à la charnière des années 1980 et 1990 autour de la mise en route du processus d'unification économique et monétaire de l'Europe. Dans la préface qu'il donne en 1986 à l'ouvrage publié sous la direction de Michel Aglietta, *L'écu et la vieille dame*, il souligne d'une part les continuités qui existent entre ses propres analyses depuis les années 1950 et les analyses développées aussi bien par Christian Ghymers (« Réagir à l'emprise du dollar ») que par P.B. Ruffini (« Fonder sur l'Ecu l'espace financier européen ») et Michel Aglietta (« Faire de l'Ecu une monnaie parallèle ») ou encore, de manière plus notable par Daniel Cohen (« Imaginer la monnaie unique ») (Aglietta, 1986). Le ralliement ultime de Triffin au projet de monnaie unique mérite d'être mentionné. La monnaie unique n'est pas nécessairement l'aboutissement logique de la monnaie parallèle qu'il n'a cessé de préconiser depuis les années 1950. Comment Triffin envisageait-il cette transition qui, on l'a vu, n'allait pas de soi ?[12] Il l'indique dans l'un de ses derniers textes rédigé en décembre 1988 et publié au printemps de 1989 dans le contexte de la préparation puis de la publication et enfin de l'adoption par le Conseil européen du rapport du comité Delors (Triffin, 1989, p. 13-18). Triffin, dans ce texte qui a un peu valeur de testament, replace son action dans la longue durée du processus d'intégration monétaire de l'Europe depuis l'UEP,

> l'accord monétaire le plus compréhensif et le plus fructueux jamais conclu entre les pays de notre vieille Europe jusqu'aux plus récents développements de « l'Union monétaire européenne » qui permettrait, peut-être, de « transformer le FECOM en un Système fédéral de réserve indispensable à la gestion de l'Ecu, initialement comme principale « monnaie parallèle », et aussi rapidement que possible comme « monnaie entière » de l'Europe de demain.

La substitution de l'Euro à l'Europa n'avait donc rien d'inéluctable pour Triffin au soir de sa vie. Il semble bien avoir pourtant envisagé cette évolution comme une solution pour dépasser de manière radicale la résistance historique des « bureaucraties » des États – et notamment des banques centrales nationales, en particulier la Deutsche Bundesbank – à tout nouveau progrès sur la voie de l'intégration monétaire de l'Europe (comme en décembre 1978 au moment du lancement du SME, « ce combat d'arrière-garde des bureaucraties en place »).

## IV. Conclusion

La contribution de la réflexion et de l'action de Robert Triffin au processus historique d'intégration monétaire européen ne fait pas de doute. De la fin des années 1940 au lancement de l'UEM, il a développé sans relâche le projet original d'une Europe monétaire. Mais son régio-

12 Nous remercions Alfred Steinherr pour son témoignage lors du colloque d'où ce texte est issu, qui confirme cette analyse de la position spécifique de Triffin à la fin de sa vie vis-à-vis de l'union monétaire européenne.

nalisme monétaire, loin de correspondre à un néo-protectionnisme, est inséparable du projet d'une architecture monétaire mondiale, assurant en particulier la résolution du dilemme du dollar des États-Unis qu'il formule dès les années 1950 et que la rupture du système de Bretton Woods ne fait que confirmer.

La force du projet monétaire européen de Triffin est fondée sur un double postulat : monnaie européenne parallèle plutôt qu'unique et dynamique de marché plutôt qu'étatique. Ainsi conçu, le projet de Triffin constituait une solution possible au triangle d'incompatibilité de Mundell puisqu'il permettait à la fois de réguler les taux de changes non seulement à l'échelle régionale mais également mondiale (*pegged exchange rates*), de confirmer la libre circulation des capitaux mais aussi de ménager, dans la première phase du processus, la souveraineté monétaire des États.

Le tournant de l'unification monétaire européenne à la charnière des années 1980 et 1990 ne s'inscrit pas exactement dans le projet de Triffin. Mais il s'y rallie pourtant car il y voit le moyen de dépasser de manière radicale les résistances des États, en particulier des banques centrales nationales. Les évolutions les plus récentes de la zone euro depuis 2010 et les tensions auxquelles est soumise la monnaie unique donnent toutefois à penser que l'actualité du projet monétaire européen de Triffin n'a jamais été aussi grande.

## Bibliographie

Aglietta, M., *L'Écu et la vieille dame, un levier pour l'Europe*, Paris, Economica, 1986.

Archives Banque nationale de Belgique (Archives BNB), note de Robert Triffin, Convertibility and EPU, 31-7-1953.

Archives BNB, Études économiques. Propositions de M. Triffin pour un « clearing house » ou reserve fund européen, 22-11-1960.

Archives BNB, Note pour le gouverneur, signée Jacques Mertens, 31-1-1962.

Archives BNB, Comité d'action pour les États-Unis d'Europe. Rapport sur la création d'un fonds européen de réserves présenté par le Pr Robert Triffin. 1er décembre 1969.

Archives BNB, Robert Triffin, L'Europa : unité de change ou unité monétaire ? Avril 1974.

Bossuat, G., « Monnet et l'identité monétaire européenne », in Bossuat G. et Wilkens A. (dir.), *Monnet et les chemins de la paix*, Paris, Publications de la Sorbonne, 1999, p. 369-398.

Bussière, É., « D'une Europe inachevée à l'affirmation du régionalisme européen dans la mondialisation », in Varsori A. et Migani G. (eds.), *Europe in the international arena during the 1970s*, Bruxelles, PIE Peter Lang, 2011.

de Gaulle, C., *Discours et Messages T. 4*, Paris, Plon, 1970, p. 330-334.

de Lattre, A., *Servir aux Finances*, Paris, CHEFF, 1999, p. 178-179.

Feiertag, O., *Wilfrid Baumgartner, un grand commis à la croisée des pouvoirs*, Paris, CHEFF, 2006, p. 649-678.

Feiertag, O., « La conversion de la Banque de France à l'Europe (1978-1992) », in Feiertag, O. et Margairaz, M. (dir.), *Les banques centrales à l'échelle du monde du XX^e^ au XXI^e^ siècle*, à paraître.

Ferrant, C. et Sloover, J., « Interview de Robert Triffin par Catherine Ferrant et Jean Sloover », in Ferrant C., Sloover J., Dumoulin, M., Lefebvre, O. (dir.), *Robert Triffin, conseiller des princes. Souvenirs et documents*, Bruxelles, P.I.E. Peter Lang, 2010, p. 47.

Henning Loedel, H., Deutsche *Mark Politics : Germany in the European Monetary System*, Londres, Lynne Rienner, 2000.

Kaplan, J. J. et Schleiminger G., *The European Payments Union, Financial diplomacy in the 1950s*, Oxford, Clarendon Press, 1989.

Papiers RT, LECE, L'Europe face au chaos monétaire international. Une monnaie européenne, le souhaitable et le possible. Sénat, 5 juillet 1978. Interventions de Olivier Giscard d'Estaing, président du comité français de la LECE, de MM. Triffin, Fourçans (ESSEC), Merlin (Saint-Gobain), Riboud (Revue politique et parlementaire), de Lattre (Crédit national), Schlogel (Crédit lyonnais), Valensi (LECE), Lazard.

Papiers RT 0. 5, Direction, avril 1967.

Papiers RT 1. 1, Entretien avec Marc Ullmann, *l'Express*, 26 mars-1^er^ avril 1973. Le système monétaire international, Résumé de l'intervention devant la Commission des finances de l'Assemblée nationale de M. Robert Triffin, professeur à Yale University (E.-U.).

Papiers RT 1. 2, Commission des Communautés européennes, cabinet du président. Note pour le président, CR d'entretiens avec le Pr Triffin, Bruxelles, le 25 juin 1974. Signé D. Gautier Sauvagnac.

Papiers RT 1. 6, Robert Triffin, A european parallel currency as a shelter against exchange rate instability, bulletin de l'IRES, n° 45, Dec 1977.

Papiers RT 2. 3, De Gaulle à Triffin, Yale University, 17 mars 1965. Triffin à Marjolin, 17 mars 1965, 6 avril 1965.

Papiers RT 2. 3, Triffin à Bobba, 5 février 1965.

Papiers RT 2. 3, Triffin à Marjolin, 17 mars 1965.

Papiers RT 2. 3, De Gaulle à Triffin, Yale University, 17 mars 1965. Triffin à Marjolin, 17 mars 1965, 6 avril 1965.

Papiers RT 2. 3, Message du général convoquant Triffin « pour parler des problèmes d'actualité ». Sera attendu par Tricot et Prate, document non daté mais référence à cette entrevue par Tricot le 6 avril 1968. Triffin invité à voir Tricot autant que Triffin le jugera utile lors de ses passages à Paris. De Gaulle à Triffin 17 avril 1968, Tricot à Triffin en vue nouvelle entrevue avec de Gaulle à la demande de Triffin, 6 mai 1968. Triffin à de Gaulle, 8 juillet-1968. Secrétariat particulier à Triffin 15 juillet 1968, Tricot à Triffin suite télégramme Triffin à l'Élysée, 17 décembre 1968.

Papiers RT 2. 3, Triffin à de Gaulle, 8 juillet 1968.

Papiers RT 2. 3, De Gaulle à Triffin, Yale University, 17 mars 1965. Triffin à Marjolin, 17 mars 1965, 6 avril 1965.

Papiers RT 2. 4, Boyer à Triffin, 2 août 1967.

Papiers RT 3. 0, Colloque Eurepargne, 4 et 5 mai 1984.

Papiers RT 3. 9, Il sistema monetario internazionale e la ripresa economica, Torino, 30-31 mars 1984.

Papiers RT 4. 1, Colloque Société générale, Paris, 14 juin 1979. Intervention de Triffin, résumé.

Papiers RT 4. 2, Boyer à Triffin, 3 mars 1969.

Papiers RT 4. 2, Triffin à Boyer, 11 décembre 1975.

Papiers RT 4. 2, Boyer à Triffin, New Haven, US, 28 novembre 1975.

Papiers RT 5. 3, Triffin à Henry H. Fowler, Secretary of the Treasury, 27 mars 1968 (« dear Joe »).

Papiers RT 12. 2, Parlement européen. Le SME et l'UEM. Auditions organisées les 1, 2 février, 23 mars, 6 avril 1979.

Papiers RT 17. 1, Assemblée nationale, table-ronde de la Fondation du futur, allocution de M. Triffin, 31 mars 1981.

Papiers RT 17. 1, LECE, secrétariat général, Bruxelles ; 13 novembre 1981. PV réunion du 14 octobre 1981.

Papiers RT 17. 1, Séminaire sur le SMI, Paris, 23-25 novembre 1981.

Papiers RT 17. 2, Séminaire international sur les utilisations privées de l'Ecu, Louvain, 13-14 juin, CR.

Papiers RT 17. 4, Robert Triffin : Triffins's Methodological and Policy Guidelines, fiche destinée à ses étudiants, novembre 1978.

Papiers RT 19. 2, First Draft for President Thorn's Speech, by RT and Alfred Steinherr. Fin 1984.

Papiers RT 19. 2, Before and after the Bonn Summit meeting, mai 1985.

Papiers RT 20. 3, Quelques réflexions sur quatre controverses monétaires internationales de l'après-guerre, note, 13 octobre 1981.

Papiers RT, 20. 3, Quelques réflexions sur quatre controverses monétaires internationales de l'après-guerre, 13 octobre 1981.

Papiers RT 20. 6, Réunion Tindemans, Relance du SME, Exposé des motifs et propositions concrètes, 22- février 1983.

Papiers RT 20. 6, Robert Triffin, L'Avenir de l'Ecu. Conclusion d'un débat sur l'utilisation privée de l'Ecu. Groupement pour la coopération monétaire européenne, 10 juin 1983.

Sauvagnac, G., Note, 25 juin 1974.

Triffin, R., *Europe and the Money Muddle*, Yale, Yale University Press, 1957, p. 296-297.

Triffin, R., « La monnaie et le marché commun. Politiques nationales et intégration régionale », *Cahiers de l'ISEA*, n° 74, 1958.

Triffin, R., *Gold and the Dollar Crisis*, New Haven, Yale University Press, 1960.

Triffin R. à Charles de Gaulle, 22 février 1965, in Ferrant C., Sloover J., Dumoulin, M., Lefebvre, O. (dir.), *Robert Triffin, conseiller des princes. Souvenirs et documents*, Bruxelles, P.I.E. Peter Lang, 2010, p. 131-136.

Triffin, R., *The World Money Maze, National Currencies in International Payments*, New Haven, Yale University Press, 1966, p. 418-448.

Triffin, R., *Que faire face à la dérive vers les années trente ?*, Bulletin BNB, novembre 1971.

Triffin, R., Intervention dans le cadre de la chaire Paul-Henri Spaak de l'ULB. *L'Écho de la Bourse*, 5 novembre 1974.

Triffin, R., Système monétaire européen et réforme monétaire mondiale. Conférence, 4-6 juin 1981. Collège d'Europe et IEE de l'ULB.

Triffin, R., « Le déséquilibre monétaire mondial », *Encyclopedia Universalis*, 1984.

Triffin, R., « L'histoire de l'unification monétaire européenne : de l'UEP à nos jours », in *Revue d'Économie financière*, mars-juin 1989/8-9, p. 13-18.

Triffin, R., « Lettre de Robert Triffin à Charles de Gaulle », in Ferrant C., Sloover J., Dumoulin, M., Lefebvre, O. (dir.), *Robert Triffin, conseiller des princes. Souvenirs et documents*, Bruxelles, P.I.E. Peter Lang, 2010, p. 47.

Wilson, J., « Robert Triffin, Milieux académiques et cénacles économiques internationaux (1911-1951) », thèse de doctorat en histoire de l'université de Louvain, sous la direction de Michel Dumoulin, 2009.

# Débat / Discussion

**Sylvain Plasschaert**[1]. Je voudrais interroger nos éminents historiens au sujet des opinions de Robert Triffin sur un monde de monnaies flottantes. Je m'explique : après la dévaluation du dollar, donc après la crise de Bretton Woods, c'était dans l'air du temps – j'ai dû l'enseigner aussi en mon temps – de prôner un système généralisé de monnaies flottantes. Ce système était censé présenter l'avantage de supprimer pour une large part le besoin de monnaies de réserves ; et le flottement se traduirait tout au plus par de petites fluctuations, mais pas par de grandes secousses. Quelle a été l'opinion de Robert Triffin en la matière, car il s'est bien avéré que ce rêve, qui était surtout défendu par les ultra-libéraux de Chicago et d'ailleurs, n'a pas tenu ses promesses dans la réalité ?

**Alfred Steinherr**. I would like to underline a point that seems to me important and was made in the last presentation, namely that Robert Triffin was not sure whether the euro construction was a very good idea. I had the privilege of having my office next to him for the last ten years he was at Louvain, and I had very frequent discussions with him, daily discussions, and he was very doubtful : he was a great believer in the construction of a European monetary system, but not in the single currency. And I think with the problems we have today this should not be overlooked, because very often I hear people say that he was one of the fathers of the euro, and that is not at all the case.

**Christian de Boissieu**. J'aurai l'occasion de parler tout à l'heure, mais je voudrais suggérer une interprétation aux historiens. J'essaye d'être économiste et j'ai beaucoup d'admiration pour les historiens. On nous a rappelé que Triffin avait fait sa thèse sur les problèmes de concurrence imparfaite. Je vois une certaine unité entre ce travail et ses travaux monétaires. Quand il aborde les questions monétaires, il s'intéresse – il ne le dit pas toujours comme ça – aussi au problème de la concurrence entre les monnaies, et donc j'aimerais bien que les historiens, au lieu de considérer sa thèse peut-être comme un accident de parcours, se demandent s'il n'y a pas une certaine continuité entre sa thèse, qui porte sur l'économie industrielle, et sa problématique de la concurrence monétaire : Triffin n'est pas Hayek, il ne fait pas la théorie de la concurrence entre monnaies – mais quand il aborde les problèmes

---

1 Professeur émérite, Université d'Anvers et KUL.

de son dilemme, ce n'est pas uniquement un argument quantitatif, c'est aussi un argument sur ce qui fait la qualité d'une monnaie, l'or, le dollar et les autres, et donc je pense qu'on a aussi touché, même si ce n'est pas frontalement dit, à des problèmes de concurrence monétaire.

**Jérôme Wilson**. Sur la question des changes flottants, je peux juste ajouter que pour le Triffin des années 1940 il n'y a absolument pas de vision idéologique pour dire qu'il faut des monnaies flottantes ou des monnaies fixes. Je pense que sa pensée ensuite évoluera dans les années 1950 et 1960 pour dire qu'il est impossible d'avoir une monnaie flottante par rapport à des objectifs politiques, mais sur un plan, disons, mécanique il n'arrive pas par exemple dans les pays d'Amérique latine en disant « vous devez avoir un taux de change fixe tout de suite et maintenant », il le voit tout à fait comme une possibilité et n'a pas de vision idéologique par rapport à ce problème.

**Éric Bussière**. La concurrence entre monnaies se voit quand même assez nettement dans les effets d'asymétrie du flottement et toutes les conséquences que cela peut avoir : ces effets d'asymétrie et de domination avec toutes leurs conséquences économiques, sociales et politiques sont effectivement au cœur de la réflexion et de la démarche de Triffin.

**Ivo Maes**. L'article de 1947 est très clair et montre vraiment comment Triffin applique la théorie de la concurrence imparfaite à l'analyse du système monétaire international. La Grande-Bretagne constituant dans les années 1930 le principal centre commercial et financier du monde, les politiques économiques de Londres ont immédiatement pesé sur l'économie et sur les prix, non seulement en Grande-Bretagne, mais également dans d'autres pays. Cela s'applique très clairement aux producteurs de produits agricoles et de matières premières, dont les prix sont plus sensibles aux fluctuations de la conjoncture et du crédit que l'économie britannique. La dominance du marché de l'escompte de Londres et le fonctionnement des différents marchés de produits font que les prix vont s'ajuster davantage dans ces pays qu'en Grande-Bretagne.

## Deuxième séance

## Table ronde sur l'héritage intellectuel de Triffin : témoignages et perspectives d'action future

## Second Session

## Round Table on Triffin's Intellectual Heritage: Testimonies and Perspectives for Future Action

*Présidence / Chair: Bernard Snoy*
*Vice-président de la Fondation Internationale Triffin*
*Vice president, Triffin International Foundation*

# The Triffin Dilemma Revisited

Lorenzo BINI SMAGHI

*European Central Bank (Frankfurt am Main, Germany)*

## I. Introduction[1]

The intellectual heritage of Robert Triffin begins with the relevance of his 'dilemma' to our days. We still have a situation in which one national currency – the US dollar – serves as the main international currency. It remains at the heart of the international monetary and financial system (or IMS). And we still have a fundamental tension between the currency demands of rapidly growing economies, the domestic policy incentives of reserve issuing/holding countries, and global economic and financial stability: in Triffin's words, the system remains "highly dependent on individual countries' decisions".

This tension – the Triffin dilemma – was linked to the specific modalities of the gold-exchange standard in 1960, when his *Gold and the Dollar Crisis* was first published. Today we are in a much more flexible system, where the demand for global liquidity can be more easily accommodated. But even if the mechanics have changed, the dilemma is still valid if we capture its essence and formulate it in broader terms, as I will do in the first part of this essay. In the second place, I will briefly recall how the dilemma came into being and was addressed in Triffin's times. This will allow me to better identify the main differences and similarities compared with our times, which will lead me to conclude that it is indeed correct to talk about a "Triffin dilemma revisited". Finally, I will look ahead and ask whether and how it is possible to escape the dilemma today.

My main policy conclusion is that we need a number of incentives for the major reserve issuers and holders so as not to cause negative externalities for other countries, thereby helping to ensure global stability.

1 I wish to thank Ettore Dorrucci for his contributions to this essay. I remain solely responsible for the opinions contained herein.

## II. Triffin Dilemma: a General Formulation

Each international monetary and financial system has to rely on one or more international currencies in order to allow economic agents to interact in the global economy by using such currencies as a means of payment, a unit of account or a store of value. When these international currencies are also domestic ones, the supply of global liquidity stems from one or more 'core countries'. And when the core countries operate as a monopoly or quasi-monopoly, over time they tend to take advantage of other countries' high dependence on their domestic money. By exploiting this 'exorbitant privilege', the core countries develop policy incentives to accommodate shocks (e.g. the financing of a war) or growth models (e.g. based on over-consumption) that can ultimately be sustained only if the rest of the world unconditionally demands their own liquid, safe assets. However, when policies become too short term-oriented and inward-looking, they tend to produce negative spillovers on the rest of the world (e.g. inflationary pressures or an environment with relatively low yields) and over the longer run may, if there are no re-balancing measures, prove unsustainable and impair the smooth functioning of the IMS.

For some time (or even a very long time), however, this behaviour has not jeopardised the international status of the core currencies. This is not only because there are no alternatives, but also because certain systemic countries in the rest of the world have in the meantime developed incentives to increasingly demand assets denominated in the core currencies. Such countries in the 'IMS periphery' tend to pursue growth models that match, with opposite sign, those of the core countries and may likewise produce negative externalities: think of the current account surpluses and reserve accumulation, which conflicted with the IMS rules during the period of Bretton Woods and which contribute to excessively low yields and trade distortions at the present time.

Hence the tension, which sooner or later can become a genuine dilemma involving short-term domestic policy incentives in the key reserve issuing/holding countries on the one hand, and the longer-term stability of a given international monetary and financial system on the other.

Given this general formulation, however, there is no single way to address the tension here. And indeed many different types of IMS have existed over time. In Triffin's day, some set stringent rules on the system's adjustment and on the availability of global liquidity. Others, as at present, have instead made it easier to create global liquidity and to finance imbalances while neglecting the system's longer-term stability.

## III. Triffin Dilemma in Triffin's Times

During the Bretton Woods system, the dollar was *the* international currency, and the international currency was mainly needed as a means of payment and a unit of account to purchase foreign goods. Given largely closed capital accounts and underdeveloped financial markets, the store of value function was limited, and mainly related to the need to cover any temporary shortage of dollars to import goods from abroad. The other key features of the system were fixed exchange rates vis-à-vis the dollar, the gold convertibility of the dollar, and a mechanism of adjustment of imbalances based on a symmetrical correction of domestic absorption and relative prices in the relevant countries. However, there was no mechanism to impose symmetry in the adjustment process, and adjustment through exchange rate realignments was possible, although it rarely happened.

When the Bretton Woods system was launched, in the second half of the 1940s, the huge economic gap with the United States made it difficult for other countries to acquire dollars without US help. By the end of the 1950s, however, the global shortage of dollars was over, thanks to rising dollar-denominated exports. This was welcome since it implied that countries no longer needed American assistance to obtain dollars in order to address post-war economic problems. Yet it was not entirely good news, as Triffin realised. Countries such as Germany and Japan had indeed started accumulating large current account surpluses and, therefore, dollars in the form of rising official reserves. This implied an accumulation of US monetary liabilities vis-à-vis non-residents. The problem was that the supply of such liabilities by the United States at a fixed exchange rate was elastic to the growing demand, but the American commitment to supply gold upon request at an equally fixed price was not (Eichengreen, 2011).

Already by the early 1960s, US monetary liabilities towards non-residents exceeded US gold holdings. Hence the dilemma, which in Triffin's day took the well-known, specific shape: if the United States refused to provide other countries with US dollars, trade would stagnate and the world economy would eventually be trapped in a deflationary bias; but if the United States provided an unlimited supply of dollars, the belief that it would convert them into gold would decline and this would erode confidence in its currency (Triffin, 1960).

The dilemma could, however, be formulated in more general terms. Given the Bretton Woods rules, there were domestic policy incentives in the key reserve-issuing and holding countries not to comply with these rules, at the expense of the system's sustainability. This is mainly because using the exchange rate as an alternative rebalancing tool was always a temptation which, especially in case of large shocks, offered a politically more palatable option than lengthy and costly domestic adjustment. At the end of the 1960s, the largest of all shocks – the Vietnam War – was financed by the United States with expansionary policies that resulted in high inflationary pressures and took no account of global monetary stability. As a result, the US dollar-denominated reserve assets lost 40% of their purchasing power, thus making the creditors to the United States increasingly reluctant to finance the war by accumulating reserves denominated in dollars. The system eventually collapsed, as Triffin had predicted: faced with the dilemma, the system's core country preferred not to maintain its commitment to keep the value of the dollar in terms of gold, but rather to pursue its internal needs while providing the other countries (which were not adjusting either) with its reserve currency.

## IV. The Dilemma Today: What Has Changed? What Is Still Valid?

What has changed since Triffin's times? Well, the way in which the IMS works and thus the modalities through which the dilemma operates have changed considerably; but the fundamental tension between short-term domestic policy incentives and the stability of the IMS has not. Hence the Triffin dilemma is, in its essence, still alive and well.

There have been three major changes. First, we have learned that the Bretton Woods rules were too stringent. Over the past 40 years, a new informal IMS has been developing which has turned out to be much more elastic in nature than the previous ones. The dollar no longer needs to be "as good as gold"; exchange rate adjustment has become an important element in the rebalancing toolkit; and the IMS has been adapting to the different economic conditions and policy preferences of individual countries. In particular, the exchange rates of all advanced economies and some emerging economies are now freely floating, whereas a new dollar area encompassing systemically relevant creditors has emerged, thus making the IMS an hybrid floating/fixed system.

Second, a new globally important currency, the euro, has appeared on the stage. This has had important consequences, but has not meant a shift to a genuine duopoly in the supply of international currencies. While the euro has become a credible alternative to the dollar, this has had little impact on the dollar's centrality in the IMS. In particular, the exorbitant privilege remains largely the dollar's attribute. To be sure, it is undeniable that the very low yield spreads associated, until approximately 2008, with the debt of certain European countries were mainly a by-product of the '*privilege*' of being part of the Eurozone. And it is also true that this was one of the factors that contributed to underestimating the crucial importance of fiscal discipline and competitiveness in the monetary union. But it is equally accurate that the idiosyncratic negative shocks stemming from such Eurozone countries in the past two years have led to a major re-pricing of their sovereign risk. This is opposite of what has happened on the occasion of similar negative shocks originating from the United States. The current stability of the exchange rate of the euro is more attributable to the overall good fundamentals of the whole Eurozone than to any exorbitant privilege.

But the third and most significant change, from a Triffin perspective, is the following: there is no longer a fundamental global liquidity[2] shortage that is intrinsic to the very functioning of the system. The accumulation of global external imbalances in today's world should not be seen as a necessary precondition for the provision of global liquidity and the expansion of world trade. The explanation is as follows.

Today, the United States and the Eurozone are not obliged to run rising current account deficits to meet the demand for dollars or euros[3]. This is for two main, interlinked reasons. First, well functioning, more liquid and deeply integrated global financial markets enable reserve-issuing countries to provide the rest of the world with safe and liquid financial liabilities while investing a corresponding amount in a wide range of financial assets abroad. The euro has indeed become an important international currency since its inception and the Eurozone has been running a balanced current account. In a world where there is no longer a one-to-one link between current accounts, i.e. net capital flows and global liquidity, a proper understanding of global liquidity also needs to include gross capital flows. Second, under Bretton Woods

---

2 Borio and Zhu (2008) insightfully define liquidity is "the ease with which perceptions of value can be turned into purchasing power".

3 It should be noted that in BW times the United States had managed to keep a sustainable current account position. The US current account indeed recorded surpluses (though declining ones after the onset of the Vietnam war) or, at most, minor deficits over the whole BW period. On the capital account side, this was mirrored by large long-term capital outflows from the United States, especially foreign direct investment (FDI) by American multinationals, which were financed with short-term capital inflows in the form of bank deposits and Treasury bills and bonds. The United States was, therefore, acting as 'banker of the world', and the accumulation of US net long-term foreign assets was reassuring foreign investors (Eichengreen 2011). However, assuming that capital flow restrictions and underdeveloped financial markets elsewhere in the world would have persisted, the country would likely have soon reached a limit in its ability to engage in maturity transformation in the capital account. Triffin's prediction that the core country would have had to eventually run increasing current account deficits to allow for world trade expansion was, therefore, basically right under the BW rules.

global liquidity and official liquidity[4] were basically the same thing, but today the 'ease of financing' at global level also crucially depends on private liquidity directly provided by financial institutions, for instance through interbank lending or market making in securities markets. Given the endogenous character of such private liquidity, global official and private liquidity have to be assessed together for a proper evaluation of global liquidity conditions at some point in time, and there is no endemic shortage of global liquidity, as the empirical evidence confirms. This is not to deny that temporary shortages can occur, as happened after the bankruptcy of Lehman Brothers in September 2008. But such shortages are a by-product of shocks and boom-bust cycles, not an intrinsic feature of the IMS, and can be tackled with an appropriate global financial safety net.

What is still valid?

First, there remain factors that create Triffin-dilemma-like pressures on the IMS. In particular, the official sector of several emerging market economies (EMEs) still consistently adds its own demand for safe US assets to the market-based private demand for US dollars. Even when a shock originates from the United States, sizeable and persistent official capital flows to that country to seek out the dollar as a safe store of value and a precautionary source of liquidity. As a result, total net capital stemming from EMEs taken as a whole flows uphill to advanced economies (the Lucas paradox), even though private capital continues to flow downhill, as the theory would predict. This would not be a problem if it did not increase the fragility of the US financial system by pushing down risk premia and real interest rates, thereby boosting financial innovation and encouraging upswings in the degree of leverage (Caballero and Krishnamurthy, 2009). But it does increase that fragility.

Three core drivers of reserve accumulation can be identified, in particular:

1. A few surplus EMEs buy dollars as a by-product of a strategy aiming to keep systematically their real effective exchange rate undervalued;

2. Other EMEs with largely open capital accounts, which are exposed to capital flow volatility, purchase dollars to build up precautionary reserves in the event of a reversal of capital inflows;

3. The commodity exporters recycle their current account surpluses into safe dollar-denominated assets.

---

4 Official liquidity can be defined as the amount of funds that is unconditionally available to settle claims through monetary authorities, mainly consisting of central bank money in reserve currencies and foreign exchange reserves.

As in Triffin's day, however, this cuts both ways. The demand for safe assets feeds that exorbitant privilege enjoyed by the United States. This contributes to a weakening of US policy discipline as the country tends to rely excessively on easy credit in normal times and very expansionary macroeconomic policies in times of crisis. The outcome is excessive US indebtedness. The corporate sector was in debt prior to the burst of the dot-com bubble in 2001; so were the household and financial sectors before the eruption of the sub-prime crisis in 2007-2008; and the official sector is in debt today.

This leads me to the second valid element of the Triffin dilemma. The IMS is not in a better situation today. The quandary under the Bretton Woods system – the lack of a credible anchor for international monetary and financial stability – continues to exist. Key issuers and holders of reserve currencies pursue domestic objectives independently of what would best serve the global system and even their longer-run interest. To the extent that these policies pay insufficient attention to negative externalities for other countries and longer-term macroeconomic and financial stability concerns, they tend to produce unsustainable imbalances and fuel vulnerability in the global financial system. In particular, a large body of literature supports the view that a worldwide glut of both liquidity and planned savings over investment – stemming from, respectively, reserve-issuing and reserve-accumulating economies – was a key driver of the hazardous environment at the root of the global financial and economic crisis which broke out in summer 2007 (Dorrucci and McKay, 2011).

All in all, as in Triffin's time, there is no credible mechanism for symmetric adjustment of imbalances at work today, even though we now have more flexible exchange rates, more financial innovation, more capital mobility and more private international liquidity.

## V. Is It Possible to Escape Triffin?

In the event, Triffin was proved right not in the strict sense, but in a broader sense. Short-sighted policies that support unsustainable growth models not only tend to fuel the booms that precede financial crises, but may also, over the longer run, undermine the confidence that is the basis for the reserve asset status of one or more national currencies. Even the more flexible IMS of today may therefore, in this sense, prove inherently unstable.

To obtain the missing link between the policy discipline of major reserve issuers and holders on the one hand, and global stability on the other, we need incentives to prevent them from causing negative externalities. And such incentives can only stem from a mix of:

i) internationally cooperative policy actions, ii) proper crisis responses and iii) structural developments.

First, regarding international cooperation, we have seen significant progress in IMF and regional multilateral surveillance, as well as in G-20 mutual policy assessment, in the aftermath of the crisis. Countries have indeed been looking for a platform to exert some influence on those policies of partner countries that were producing negative spillovers – be they fiscal profligacy, lack of financial sector reform, unconstrained reserve accumulation or the reintroduction of capital controls. To obtain this platform, countries have at the same time to allow their partners a platform to influence their own policies. This is the moment when things might start to change (Rajan, 2010).

Second, experience suggests that cooperative policies, unfortunately, are not enough, and crises do play a part in producing fundamental changes in the system of policy incentives. For instance, it was not until the Eurozone sovereign debt crisis erupted that EMU's economic governance started to be seriously enhanced – and the list of examples is of course very long.

Third, not only crises, but also longer-term, largely market-driven structural developments may eventually alter the system of policy incentives. One such development could be, according to some, a shift towards a truly multi-polar currency system (Angeloni *et al.*, 2011). In such an IMS, it is argued, there would be credible alternatives to dollar-denominated investments, which in turn would inevitably enhance policy discipline in the United States. Also, a multi-polar currency world would allow for greater monetary policy autonomy in EMEs such as China, which would thus be in a position to better address their imbalances and overheating pressures.

I broadly share the view that a truly multi-polar IMS would imply better policy incentives for stability-oriented policies. But how do we get there? And would a multi-polar currency system be stable, or would a new hegemon eventually emerge, as the United States did in the past century? To deal with possible dollar shortages, Triffin preferred the issuance by a global central bank of a new supranational currency serving as 'outside fiat money' and floating against national currencies, which countries would be obliged to accept in international transactions. Wouldn't this be the best pattern to follow?

## VI. Conclusion

These questions are very relevant ones, and the responses to them are far from straightforward. They can be complemented by a few final thoughts:

How do we achieve a truly multi-polar IMS? The role of further financial market development, capital account liberalisation and exchange rate flexibility in EMEs is often underestimated in this context. The more progress EMEs make in this direction, the lower their official capital outflows to advanced economies will be. This would progressively reduce the demand for safe debt instruments issued by advanced economies and eventually contribute to greater financial stability worldwide (Bini Smaghi, 2007). It would also allow a better channelling of domestic credit to investment and consumption, which in turn would promote growth driven by domestic demand, thereby reducing the incentive to pursue export-led models based on undervalued exchange rates. Such a process would probably be, by its very nature, gradual and driven by a myriad of autonomous and independent decisions by private and official actors. Hopefully this would make possible an orderly transition towards a multi-polar IMS, with the dollar still remaining 'first among equals' for a long time. But in the meantime, a lot will, of course, depend on the ability of policy-makers to take the right decisions.

Would a multi-polar IMS be a stable one? Greater symmetry in financial globalisation would certainly go in this direction. But would economic weight and policy credibility – the other key ingredients for a currency to acquire an international status and start enjoying incumbency advantages – also materialise in such a way that there would be a sufficient number of currency competitors around the table? Once again, the response is to a significant extent in the hands of today's policy-makers.

Finally, would not a bancor-based IMS, as Keynes was hoping for in the 1940s and Triffin in the 1960s, be the best response? This type of solution had very few advocates in the 1960s – an attitude that has hardly changed 50 years later. I remain very sceptical about the bancor proposal, and not only because of its doubtful feasibility. Indeed, some have said that a supranational currency would need to be kept strong in order not to depreciate against the other major existing currencies. Any weakening would undermine its attractiveness, and hence its function as a reserve asset. However, if the supply of a supranational currency were to be restricted, it might fail to meet demand and so fall short of its function (Landau, 2009).

It is unclear even whether a new supranational currency could solve the dilemma once and for all, or whether the dilemma would simply take on a different form.

## References

Angeloni, I., Bénassy-Quéré, A., Carton, B., Darvas, Z., Destais, C., Pisani-Ferry, J., Sapir, A. and Vallée, S., *Global currencies for tomorrow: A European perspective*, Bruegel Blueprint Series, 2011, Vol. XIII.

Bernanke, B., *The Global Saving Glut and the U.S. Current Account Deficit*, Sandridge Lecture delivered to the Virginia Association of Economists, Richmond, 10 March 2005.

Bini Smaghi, L., *Reserve accumulation: the other side of the coin*, speech delivered at the 5th High-level EMEAP-Eurosystem Seminar, Sydney, 10 February 2010.

Bini Smaghi, L., *Global capital and national monetary policies*, speech delivered at the European Economic and Financial Centre, London, 18 January 2007.

Borio, C. and Zhu, H., *Capital regulation, risk-taking and monetary policy: A missing link in the transmission mechanism?*, BIS Working Paper No. 268 (December 2008).

Caballero, R., *The 'Other' Imbalance and the Financial Crisis*, paper for the Baffi Lecture delivered at the Banca d'Italia, 10 December 2009.

Caballero, R. and Krishnamurthy, A., *Global Imbalances and Financial Fragility*, NBER Working Papers, No. 14688, National Bureau of Economic Research, 2009.

Dooley, M.P., Folkerts-Landau, D. and Garber, P., *An Essay on the Revived Bretton Woods System*, NBER Working Papers, No. 9971, National Bureau of Economic Research, September 2003.

Dorrucci, E. and McKay, J., *The International Monetary System after the Financial Crisis*, Occasional Paper Series, No. 123, ECB, Frankfurt am Main, February 2011.

Eichengreen, B., *Exorbitant Privilege – The Decline of the Dollar and the Future of the International Monetary System*, Oxford University Press, January 2011.

Gourinchas, P.-O. and Rey, H., *From World Banker to World Venture Capitalist: US External Adjustment and The Exorbitant Privilege*, CEPR Discussion Papers, No. 5220, Centre for Economic Policy Research, 2005.

Keynes, J.M. (1944), The Collected Writings, Volume XXV: Activities, 1940-44 – Shaping the Post-war World: The Clearing Union, Basingstoke, 1980.

Landau, J.-P., *Some thoughts on the international monetary system*, note presented at the G-20 Workshop on the Global Economy – Causes of the Crisis: Key Lessons, Mumbai, 24-26 May 2009.

Mateos y Lago, I., Duttagupta, R. and Goyal, R., *The Debate on the International Monetary System*, Staff Position Note, No. SPN/09/26, IMF, 11 November 2009.

Mendoza, E.G., Quadrini, V. and Rios-Rull, J-V., *Financial Integration, Financial Deepness and Global Imbalances*, NBER Working Papers, No. 12909, National Bureau of Economic Research, February 2007.

Padoa-Schioppa, T., *The Ghost of Bancor: The Economic Crisis and Global Monetary Disorder*, speech delivered at Louvain-la-Neuve, 25 February 2010.

Rajan, R.G., *Fault Lines – How Hidden Fractures Still Threaten the Global Economy*, Princeton University Press, 2010.

Triffin, R., *Gold and the dollar crisis*, Yale University Press, New Haven, 1960.

Warnock, F. and Warnock, V., *International capital flows and U.S. interest rates*, Journal of International Money and Finance, 2007.

Zhou, X., *Reform of the International Monetary System*, essay posted on the website of the People's Bank of China, 9 April 2009. http://www.pbc.gov.cn/english/detail.asp?col=6500&id=178.

# La réforme du système monétaire international

## L'actualité de Robert Triffin

Christian DE BOISSIEU

*Université de Paris-I*

La réforme du système (ou, par certains côtés du non-système) monétaire international est venue à l'ordre du jour du G-20 en 2011, parmi d'autres sujets également « lourds ». On s'en doutait, ce n'est pas en quelques trimestres que l'on pouvait prétendre apporter des solutions à des défis qui se posent depuis des décennies, et que Robert Triffin avait lui-même parfaitement anticipés au moment où tout paraissait aller de soi et où, de façon prémonitoire et isolée, il avait détecté les défauts dans la cuirasse.

Un système monétaire international (SMI) est identifié à partir de plusieurs traits : la détermination et le rôle des monnaies de réserve, le système de change, le dispositif de fourniture de liquidités internationales et les possibles déséquilibres entre l'offre et la demande de telles liquidités, les déséquilibres internationaux et la répartition de la charge de l'ajustement entre pays excédentaires et pays déficitaires, enfin les mécanismes de surveillance multilatérale et les règles du jeu applicables aux pays « déviants ».

Par-delà les multiples incertitudes, plusieurs faits stylisés s'imposent. Pour bien des raisons, le monde n'est pas près de revenir au système de Bretton Woods et aux changes fixes mais ajustables abandonnés en 1973. Les changes vont demeurer, pour longtemps encore, flottants sur le plan mondial. Les déséquilibres internationaux (déficits américains, excédents chinois, japonais, etc.) ne vont pas se rétrécir par un coup de baguette magique. Mais il est important, autour de la table du G-20, de se mettre d'accord sur les indicateurs à surveiller et sur les seuils à partir desquels des doutes sérieux sur la soutenabilité dans le temps de tels déséquilibres se font jour. Le G-20 a déjà bien progressé en 2011 sur la liste des indicateurs, mais il reste encore du chemin à parcourir pour arriver à un accord sur les valeurs-seuils de ces indicateurs.

L'objet de cet article est d'évaluer certains aspects cruciaux du fonctionnement du système (ou du non-système) monétaire international, en prenant comme points d'ancrage certains questionnements qui jalonnent l'œuvre anticipatrice de Robert Triffin.

## I. L'actualité du dilemme de Triffin

La confiance, ou plutôt la perte de confiance dans la monnaie est au centre du dilemme de Triffin. Ce dilemme naît de l'utilisation d'une monnaie nationale (en l'occurrence le dollar) dans le système monétaire international (SMI). D'un côté, les États-Unis doivent afficher des déficits extérieurs pour alimenter en liquidités le système, mais de l'autre côté l'accumulation des déficits et des liquidités fragilise le pays-centre et sa monnaie et crée, au-delà d'un certain seuil, une crise de confiance vis-à-vis de l'un et de l'autre. C'est dès 1959, donc en plein fonctionnement du régime de Bretton Woods et en changes fixes (mais ajustables), que Triffin enfonce le clou. Je juxtapose deux citations du rapport présenté en octobre 1959 devant le Congrès américain et repris dans l'ouvrage *Gold and the Dollar Crisis* :

> ... l'élimination des déficits de notre balance globale entraînerait, par définition, la fin de la détérioration continue de nos réserves monétaires. Mais elle priverait le reste du monde de la source principale... des montants de liquidité internationale nécessités durant ces dernières années par une économie mondiale en expansion...

et, plus loin

> ... le problème naît des incohérences entraînées par l'utilisation de monnaies nationales comme réserves internationales.

Durant l'âge d'or de Bretton Woods, ces incohérences ont été aggravées par la fixité des changes et la convertibilité en or des balances dollar. L'arbitrage entre la fourniture des liquidités indispensables à la croissance mondiale et le maintien de la confiance dans le dollar est devenu encore plus aigu lorsque les balances dollar ont nettement surpassé les réserves d'or de Fort Knox. La réponse prévisible a été alors la décision du président Nixon d'août 1971 déclarant de manière unilatérale l'inconvertibilité du dollar en or.

Le dilemme de Triffin s'applique aussi en changes flottants, donc dans la configuration de l'économie mondiale depuis mars 1973, même si la mécanique n'est pas tout à fait la même qu'en changes fixes. Il renvoie, de façon générale, aux critères de soutenabilité ou non de la dette, qu'elle soit publique ou extérieure (ou les deux à la fois).

Depuis 2009, s'est ouvert un nouvel épisode de la crise du dollar, avec un billet vert contesté sans être vraiment remplacé. Le dollar est contesté, d'abord pour des raisons objectives. Le creusement du déficit budgétaire fédéral (près de 9 % du PIB sur l'exercice fiscal 2011, se terminant fin septembre 2011) et de la dette publique américaine (près de 100 % du PIB) débouche sur un scénario de non-soutenabilité et d'explosion : l'augmentation de la dette gonfle les charges d'intérêts, qui nourrissent toujours plus de déficits et de dettes. Contesté depuis trois ans par la Chine, principal créancier des États-Unis, le dollar n'est pas vraiment remplacé si l'on s'en tient à ses parts de marché sur la scène mondiale, représentatives de son rôle international (cf. ci-après). Vu les imbrications étroites entre déficit public et déficit extérieur, entre dette publique et dette externe, ce n'est pas s'écarter du dilemme de Triffin que de l'appliquer aujourd'hui à l'effet boule de neige né du gonflement de la dette souveraine américaine.

C'est, en partie, dans cette fragilité structurelle du dollar qu'il faut trouver l'origine du niveau élevé de l'euro vis-à-vis du dollar malgré plus de deux ans de crise dans la zone euro. Une crise qui a commencé à la fin de 2009 avec la Grèce et qui s'accompagne, à la fin de 2011, d'un euro proche de 1,30 dollar. Même si le raisonnement sur le taux de change effectif réel est plus significatif que celui sur le taux de change bilatéral nominal, il n'en reste pas moins que, calculée à partir d'un taux d'équilibre de PPA d'environ 1,10 dollar pour un euro, la devise européenne reste surévaluée, à fin 2011, de près 20 % contre le dollar. Cherchez l'erreur ! L'explication se trouve dans les différences de politique monétaire entre la Fed et la BCE, la première ayant été et étant plus activiste face à la crise que la seconde, dans le différentiel des taux courts entre les États-Unis et l'Europe, mais également dans la fragilité structurelle du dollar engendrée par cette nouvelle version du dilemme de Triffin.

## II. La gestion des liquidités internationales

### *A. Entre la pénurie de liquidités et la surliquidité, un équilibre indéterminé*

Dans l'histoire du SMI depuis 1945, les phases de surliquidité et de pénurie de liquidités se sont succédé sans qu'il soit possible de les identifier avec netteté. Cela tient à plusieurs facteurs. D'abord, il ne suffit pas de rapprocher la masse monétaire mondiale – concept dont la mesure même suppose de nombreuses approximations – du PIB mondial ou du commerce mondial, ou bien la croissance de la masse monétaire de la croissance du PIB ou du commerce mondial, pour en inférer une sous ou une surliquidité. Ensuite, et l'argument est lié au précédent, tout déséquilibre entre l'offre et la demande de liquidités internationales est susceptible d'engendrer des variations de la vitesse de circulation de ces liquidités, montrant que le système est en mesure de gérer de façon endogène, en partie du moins, des situations d'excès ou d'insuffisance de liquidités. Enfin, la relation entre l'état des liquidités internationales et l'inflation mondiale s'est distendue, tout comme la liaison entre la masse monétaire et les prix (au sens habituel de prix des biens et services). Cela tient à l'instabilité évoquée de la vitesse de circulation de la monnaie mais aussi aux nouveaux visages de l'inflation, tenant à l'inflation des prix d'actifs et à la fréquence des bulles financières, immobilières, énergétiques... En complétant dans ces différentes directions des modèles monétaristes à la Milton Friedman qui prétendaient expliquer les variations des prix par les mouvements de la masse monétaire, on en réduit considérablement le côté mécanique et la portée prédictive. Je n'ai jamais été monétariste au moment où il était de bon ton de l'être, c'est-à-dire dans les années 1970 et 1980. Je ne vais pas le devenir au moment où la mode est passée...

Sur le terrain plus précis des réserves des banques centrales, qui ne représentent aujourd'hui qu'une fraction décroissante des liquidités internationales du fait de la « privatisation » tendancielle du SMI, Robert Triffin retient dans *Gold and the Dollar Crisis* un indicateur largement accepté : « Le rapport des réserves brutes aux importations annuelles sera retenu, dans tout ce qui suit, comme un premier moyen – sans doute grossier – d'apprécier le caractère adéquat des réserves ».

L'indétermination est à coup sûr levée lorsque les déséquilibres atteignent des seuils reconnus par tous. Ainsi, l'abondance de liquidités dans le monde a été l'un des facteurs de la crise mondiale enclenchée depuis 2007. L'un des facteurs, cela ne veut pas dire nécessairement la cause causante (d'autres éléments ont joué le rôle décisif, et il n'est pas possible de s'y attarder ici), mais cela évoque le rôle de catalyseur rempli par cette situation d'excès de liquidités, elle-même due au caractère très accommodant, pendant trop longtemps, de la politique monétaire américaine, au bas niveau des taux d'intérêt et aux conséquences observées : montée de l'endettement, prise de risque excessive pour chercher des rendements au-dessus des taux de marché (canal du « *risk taking* »), etc. La gestion même de la crise mondiale n'a fait qu'accentuer l'abondance de liquidités, avec l'intervention massive des banques centrales comme « prêteurs de dernier ressort », avec l'explosion du bilan des banques centrales (cas de la Fed, avec un bilan multiplié par trois depuis 2007-2008) et donc aussi de la base monétaire, l'accélération de la masse monétaire jusqu'à une période récente. L'inflation au sens habituel s'est fortement accélérée dans les pays émergents, mais elle est restée et demeure globalement sous contrôle dans les pays les plus avancés malgré le choc enregistré sur les prix des matières premières depuis la mi-2010. Plusieurs éléments l'expliquent :

la chute de la vitesse de circulation de la monnaie en liaison avec le cycle économique et le recul des taux d'intérêt, la diminution du multiplicateur de la base monétaire (qui relie la base à la masse monétaire), l'investissement des liquidités dans des marchés d'actifs conduisant à passer d'une bulle à l'autre. Comme le disait sir Dennis Robertson, « *The money which is nowhere must be somewhere* », et, depuis 1995, chaque explosion de bulle a alimenté la formation d'une autre bulle, le chat se déplaçant ainsi sous le tapis. Le dégonflement de la bulle Internet a nourri la bulle immobilière, dont l'explosion a suscité la bulle matières premières, également une bulle sur une partie du marché obligataire…

### *B. Les DTS et la gestion des liquidités internationales*

Lorsqu'ils ont été créés à partir de 1969-1970, les DTS répondaient à l'époque à la crainte d'une pénurie de liquidités internationales. Ils étaient également, directement ou indirectement, une parade partielle au dilemme de Triffin, en découplant (juste un peu…) l'offre de liquidités internationales de la situation de la balance des paiements des États-Unis. Le DTS étant défini comme un panier de monnaies, le fait de le promouvoir est une manière de se projeter dans un système monétaire multipolaire, même si le poids du dollar y demeure respectable. Sans retracer ici l'histoire mouvementée des allocations de DTS depuis le début des années 1970, on peut s'en tenir à trois remarques. D'abord, face à la crise mondiale, le G-20 a décidé à partir de 2009 d'accroître les ressources à la disposition du FMI via de nouvelles allocations de DTS. Dans cet exemple, les nouvelles tranches de DTS n'ont pas pour objectif de répondre à une pénurie de liquidités internationales (qui n'est pas avérée, loin de là !), mais de renforcer la place du FMI dans la gouvernance mondiale. Ensuite, l'effet de la création de DTS – addition aux liquidités existantes ou substitution ? – dépend du contexte général, et en particulier de la connexion ou de la déconnexion, sur le plan mondial, entre la sphère financière et l'économie réelle. Enfin, force est de reconnaître que le DTS ne joue pratiquement aucun rôle actif dans le SMI. Il n'a rien à voir avec la fonction éminente qu'aurait remplie le bancor si le plan Keynes avait à l'époque triomphé.

## III. Conditions et conséquences du passage à un système monétaire multipolaire

### *A. Le dollar contesté…*

Dès mars 2009, le gouverneur de la Banque centrale de Chine a affirmé l'ambition de ce pays de passer à un SMI moins dépendant du dollar, à terme multipolaire. Une ambition confirmée depuis à l'occasion de chaque sommet du G-20, et autour de laquelle se retrouvent un certain nombre de pays avancés (dont la France) et de pays émergents.

La position chinoise doit aussi prendre en compte le principe de réalité. En octobre 2011, les réserves de change de la Chine à l'exclusion de l'or se montaient à l'équivalent de 3 200 milliards de dollars, dont 70 % en dollars. La Chine a intérêt à diversifier ses placements pour moins dépendre des États-Unis, et l'argument est à la fois géopolitique et financier. Mais elle serait perdante à court terme si la transition devait se traduire par un recul brutal du dollar et des pertes massives de change pour elle. De l'art de manier la carotte et le bâton dans la diplomatie monétaire internationale, en l'occurrence dans les relations bilatérales multiples et compliquées entre les États-Unis et la Chine.

### *B. … sans être remplacé*

Lorsqu'il s'agit d'évaluer le rôle international des différentes devises, les parts de marché sont les juges de paix les plus légitimes. Mais il faut alors envisager les différentes fonctions de la monnaie.

Dans les réserves de change des banques centrales (à l'exclusion de l'or), sur le plan mondial, le dollar représentait en 2011 encore 61 %, et l'euro 27 %. Il y a vingt ans, la part du dollar était d'environ 70 %, ce qui confirme un recul mais très lent de la monnaie américaine. Il existe des phénomènes d'inertie ou d'hystérésis, qui donnent un avantage durable à la devise qui fait la course en tête. Pour confirmer le temps long des transitions monétaires, faut-il rappeler qu'il a fallu dans l'entre-deux-guerres dix à quinze ans pour que le dollar remplace la livre sterling dans le SMI ? Les autres devises ramassent les miettes : un peu plus de 4 % de part de marché pour la livre sterling, un peu plus de 3 % pour le yen. La devise japonaise est tombée en deuxième division du point de vue de son rôle international. Et cela semble irréversible, à la différence du football…

Pour la facturation du commerce mondial, le dollar a une part de marché autour de 40 % (les statistiques sont ici beaucoup plus incertaines), et l'euro atteint 15 à 20 %. Sur le marché des changes, le dollar est dominant, et l'euro encore second. C'est sur le marché obligataire international que, dès son lancement en 1999, l'euro a fait jeu égal avec le dollar : 40 à 45 % de part de marché pour chacune des deux devises, ce qui laisse encore quelques miettes pour les autres. Point important, jusqu'à présent (fin 2011), les parts de marché de l'euro n'ont pas baissé malgré la gravité de la crise des dettes souveraines dans la zone euro. À l'inverse même, la part de l'euro dans les réserves de change des banques centrales et dans celles de la Chine a plutôt augmenté. Ce constat ne préjuge pas de la suite, et du fait que la crise de la zone euro, si elle devait se prolonger, finirait par rétroagir sur l'image et le rôle international de l'euro.

À l'aune des chiffres précédents, il apparaît donc que le SMI correspond aujourd'hui à un duopole monétaire, asymétrique vu les positions du dollar.

## *C. Vers une nouvelle triade ?*

Lors de l'apogée du système de Bretton Woods, le SMI correspondait à une triade dollar/deutsche mark/yen. Il devrait passer du duopole monétaire actuel à une nouvelle triade dollar/euro/yuan à l'horizon de dix à quinze ans. Le temps que la devise chinoise devienne pleinement convertible. Combien de temps faudra-t-il ? De cinq à dix au minimum à partir de maintenant, le délai nécessaire pour que la Chine consolide et privatise son système bancaire, et renforce et sécurise la place financière de Shanghai. Une fois le yuan rendu pleinement convertible, il faudra quelques années pour qu'il s'installe confortablement dans cette nouvelle triade. Un tel scénario repose sur une hypothèse que je partage comme quoi la crise de la zone euro va être surmontée et qu'à partir de là l'euro pourra reprendre sa marche en avant dans l'affirmation de son rôle international.

## *D. Quel avenir pour le DTS ?*

Jusqu'à présent, le rôle du DTS a été plus que limité : unité de compte des opérations du FMI et de quelques autres organisations internationales, support d'une fraction des réserves des pays membres du Fonds.

Défini et calculé comme un panier de monnaies (dollar, euro, yen, livre sterling), il a l'attrait et les limites d'une monnaie-panier. Comme l'était en Europe l'Ecu, autre monnaie-panier, durant le SME (1979-1998), il peut constituer un moyen commode et peu coûteux de gérer le risque de change : si je suis très incertain sur l'évolution de la parité euro/dollar, le fait de faire appel à un panier comprenant les deux devises permet de lisser les mouvements de change. Mais une monnaie-panier n'est guère avantageuse sous l'angle de la fonction principale de la monnaie, sa fonction transactionnelle (ou d'intermédiaire entre les échanges), car elle oblige à d'incessantes opérations de composition, décomposition et recomposition du panier, impliquant des coûts de transaction élevés. Même si les innovations technologiques comme Internet ont pour conséquence d'abaisser les coûts de transaction unitaires, la monnaie-panier risque d'être systématiquement dominée, pour la fonction transactionnelle, par telle ou telle de ses composantes. Là encore, l'expérience de l'Ecu est riche d'enseignements, même si elle ne doit pas être exploitée trop loin puisque, sous le SME, l'Ecu n'a pas bénéficié du pouvoir libératoire de la monnaie pour les règlements courants.

Faut-il élargir le panier du DTS pour y ajouter le yuan ? Certainement oui, avec la Chine devenue déjà la deuxième puissance économique mondiale. À quel moment ? Le débat est ouvert. D'aucuns proposent une intégration rapide, avant même la pleine convertibilité de la monnaie chinoise et pour la catalyser. Je fais partie de ceux qui privilégient la séquence inverse, peut-être plus respectueuse de la nature du DTS : d'abord la pleine convertibilité et la totale libéralisation du compte capital par la Chine, ensuite l'élargissement du DTS. Une telle opération pourrait faciliter la transition vers la nouvelle triade monétaire évoquée plus haut. Une monnaie-panier renouvelée pourrait aider à une telle transition. Affirmer cela est compatible avec les doutes émis sur la possibilité pour le SMI de s'organiser durablement autour d'une monnaie-panier telle que le DTS. Revoir la définition du DTS pour surmonter ce handicap ouvrirait un débat fécond, et trop vite esquivé au début des années 1940 lors de la préparation de Bretton Woods, sur les avantages et les limites du bancor keynésien.

## *E. Système multipolaire et stabilité*

On a compris que la transition vers la nouvelle triade prendra des années. Elle relève de la « dynamique grandiose » au sens de Schumpeter, ce qui n'empêche pas d'anticiper certaines de ses implications. J'évoque deux points. Un système multipolaire représente-t-il a priori une configuration stable au cours du temps ? Un tel système engendre-t-il de la stabilité ou de l'instabilité pour le SMI ?

À propos de la stabilité de la configuration multipolaire, tout dépend de ce que l'on imagine. Ainsi, une triade dans laquelle les parts de marché pour les différentes fonctions de la monnaie seraient à peu près équitablement réparties entre le dollar, l'euro et le yuan, correspondant donc à environ un tiers pour chaque devise, aurait peu de chances de durer. Des travaux monétaires de Hayek, je retiens non pas l'idée de « dénationaliser » la monnaie, mais le thème de la concurrence entre les monnaies. Une concurrence inévitable, vu les comportements et les préférences des opérateurs, et qui débouche sur des préférences marquées en faveur de tel ou tel instrument monétaire, donc sur une hiérarchie exprimée soit par la loi de Gresham (« la mauvaise monnaie chasse la bonne »), soit par son contraire (« la bonne monnaie chasse la mauvaise »). Selon les circonstances, c'est l'une ou l'autre des deux formulations qui s'applique.

Cela veut dire qu'il convient de dissocier l'objectif de « rééquilibrer » le SMI de l'idée d'avoir durablement un SMI équilibré entre plusieurs devises comme entre plusieurs zones auxquelles elles s'adossent. Lorsque la Chine, depuis 2009, évoque son ambition d'un SMI rééquilibré, c'est-à-dire concrètement moins centré sur le dollar, elle retrouve des accents de la période de Gaulle/Rueff : dénonciation des déficits américains « sans larmes » car financés dans la devise américaine, mais aussi volonté de partager les bénéfices du « seigneuriage », c'est-à-dire l'ensemble des avantages et des privilèges de la monnaie de réserve internationale par excellence. Une telle ambition ne signifie pas qu'un système multipolaire fonctionnera paisiblement, en harmonie grâce à la coexistence pacifique entre les trois monnaies de référence. Le jeu inévitable de la concurrence et de la hiérarchie entre monnaies pourrait très bien transformer le système multipolaire en une configuration unipolaire, organisée autour de l'une des trois devises qui serait dominante. Cela pourrait correspondre aussi bien à l'hégémonie du yuan, à l'affirmation de l'euro ou au retour du dollar après la longue phase de rééquilibrage en cours. Tout se mêle alors pour déterminer le contenu de cette dynamique grandiose, le monétaire et l'économique certes mais aussi le militaire, la géopolitique, la démographie bien sûr, et l'économiste ne peut prétendre en aucune façon détenir à lui seul les clefs de la prospective.

Un système multipolaire fournit-il plus de stabilité, est-il par exemple plus contracyclique, qu'un système unipolaire ? Les conclusions des économistes et des politologues sont très incertaines. D'un côté, la théorie de « l'hegemon » prétend que le système unipolaire produit plus de stabilité et de régulation. De l'autre côté, d'autres arguments concluent en faveur du système multipolaire. Des analyses complémentaires, forcément pluridisciplinaires, sont requises. Un récent rapport du CAE (Benassy-Quéré *et al.*, 2011) fait avancer le débat qui est loin d'être clos.

### *F. Pour une théorie qualitative de la monnaie*

Le 20$^{e}$ siècle a vu l'approfondissement théorique et empirique de la théorie quantitative de la monnaie. Tel a été le principal apport du monétarisme, et en même temps la source de ses propres limites.

Le dilemme de Triffin, à travers le paramètre de la confiance et des liens entre liquidité et confiance, proposait d'emblée une passerelle intéressante entre la quantité et la qualité de la monnaie. Il peut servir de point de départ à l'élaboration, au 21$^{e}$ siècle, d'une théorie qualitative de la monnaie.

## IV. Et l'Europe dans tout cela ?

### *A. La recherche de la stabilité par parties : l'avenir de la coopération monétaire régionale*

De l'expérience de l'Union européenne des paiements à la transition vers la monnaie unique, Robert Triffin aura consacré beaucoup de son énergie et de ses travaux à la coopération monétaire en Europe. Plutôt que de choisir *a priori* entre une démarche « top down » partant du mondial pour retrouver le régional et l'approche « bottom up » qui fait l'inverse, il a combiné les deux.

L'Europe est la zone qui a poussé le plus loin la coopération et l'intégration monétaires. Rien de comparable jusqu'à présent en Asie : les accords de *Chiang Mai* tissent seulement des accords de swaps entre un certain nombre de banques centrales asiatiques. Pour une multiplicité de raisons historiques, géopolitiques, culturelles, économiques, rien de comparable à l'expérience européenne n'est attendu en Asie à l'horizon des dix prochaines années. Le pronostic est le même pour l'Amérique, du Nord comme du Sud. Les accords commerciaux régionaux comme l'ALENA, le Mercosur ou l'APEC n'ont pas la vocation ni l'ambition d'engendrer une coopération monétaire régionale renforcée. Seule l'Afrique, à travers la zone franc et certains accords régionaux entre pays non francophones, se rapproche de l'expérience européenne. Comme indiqué, l'hypothèse privilégiée ici est que la zone euro et l'euro surmonteront la crise actuelle, et donc que l'Europe restera pendant encore longtemps la zone la plus intégrée du point de vue monétaire, bancaire et financier.

Par delà les défis évidents de dettes souveraines et de sous-compétitivité d'un certain nombre de pays-membres, la zone euro aura traversé la crise mondiale depuis 2007 sans instabilité monétaire intra-zone. La monnaie unique a évité des ajustements de parités intrazone, un avantage pour la stabilité monétaire régionale et un défi pour certains pays-membres qui doivent regagner de la compétitivité-prix sans faire appel à l'arme du taux de change. La stabilité monétaire régionale est un atout pour la zone concernée. Elle ne rapproche pas nécessairement de la stabilité monétaire mondiale. D'où, si l'on se place sur le plan mondial et dans la position du G-20, les limites d'une approche « bottom up » dont l'ambition serait de généraliser l'expérience européenne. Nous avons vu qu'en pratique, un tel scénario a même à long terme une très faible probabilité d'occurrence.

### *B. L'Europe dans la « guerre des monnaies »*

La guerre des monnaies désigne une situation dans laquelle aucun pays (ou aucune zone) ne souhaite que sa monnaie s'apprécie de façon significative et où, au contraire, chaque pays encourage d'une façon ou d'une autre la sous-évaluation de sa devise afin d'améliorer sa compétitivité-prix. La tentation d'un tel comportement est accentuée par la crise mondiale et les difficultés de la sortie de crise : vu la décélération de la demande intérieure, il devient essentiel pour chaque pays de doper la demande étrangère (les exportations) par le taux de change.

Or, toutes les monnaies ne peuvent pas baisser en même temps. Au moins l'une d'entre elles doit s'apprécier relativement aux autres. Les Américains jouent le recul du dollar, tout en prétendant l'inverse à en croire les multiples déclarations officielles en faveur d'un « dollar fort ». Une baisse du dollar alimentée par le déficit budgétaire et la dette des États-Unis. La Chine, régulièrement priée au G-20 et ailleurs de réévaluer le yuan, pourrait bien pour l'essentiel suivre le dollar dans son recul. Nombre de pays émergents cumulant excédents extérieurs et abondantes réserves de change résistent à la revalorisation de leur devise. Dans ce jeu non coopératif (au sens de la théorie des jeux), l'Europe pourrait bien être perdante. Si la fragilité et le repli du dollar se confirment, avec comme résultat mécanique une hausse de l'euro contre dollar qui pourrait se produire malgré les défis de la zone euro, cette zone devra se donner les moyens d'intervenir activement dans cette guerre des monnaies. Les questions liées de la politique de change de la zone euro et du rôle de la BCE dans cette politique seront alors à nouveau posées.

## Bibliographie

Benassy-Quéré, A., Farhi, E., Gourinchas, P.O., Mistral, J., Pisani-Ferry, J. et Rey, H., *Réformer le Système monétaire international, rapport du Conseil d'Analyse Économique*, n° 99, Paris, La Documentation Française, 2011.

# Actualité de Robert Triffin

Jorge BRAGA DE MACEDO

*Universidade Nova de Lisboa*

Premier point, d'une émotion extrême pour moi : je viens d'être installé comme membre correspondant étranger de l'Académie royale de Belgique où nous nous trouvons ; j'ai accepté cet honneur au cours d'une cérémonie récente avec Philippe Maystadt. Je suis donc très ému d'être ici, d'autant plus que ce matin j'ai eu accès à un texte de l'Académie sur Triffin, qui était également académicien, texte de 4 pages intitulé « la vie hyperactive de Robert Triffin, économiste et associé de la classe des lettres » et qui contient un peu tout ce qu'on aurait voulu savoir.

J'ai connu Robert Triffin il y a quarante ans et quelques jours, dans les circonstances suivantes : je venais d'être accepté à Yale, où il enseignait, mais comme la Kredietbank luxembourgeoise avait alors pas mal d'opérations au Portugal, un de mes professeurs m'a présenté à Triffin au FMI juste après que John Connolly soit arrivé et ait confirmé qu'il n'y avait plus de convertibilité-or du dollar : on le savait déjà depuis le mois d'août, mais en 1971 les choses ne se passaient pas d'une manière aussi agitée qu'en 2011, et ceci reste donc un souvenir très prenant pour moi.

Contrairement à ce qu'a dit Jérôme Wilson, on pourrait défendre que ce fut alors le moment-pinacle de la carrière de Triffin – pas tellement les années 1960 où il jouait le rôle de Cassandre mais où rien ne se passait. Je ferai allusion tout à l'heure à la réunion de Rio qui a consacré le DTS. C'était le moment où le dilemme de Triffin avait explosé puisqu'en fait l'or ne suffisait pas aux besoins : en mars 1968 les banques centrales ont décidé de ne plus intervenir sur le marché libre de l'or, donc séparant effectivement les deux marchés et coupant l'or marchandise de l'or monétaire. Ceci dit, c'est le 15 août 1971 que le monde a changé et que Triffin aurait pu être au pinacle de sa gloire. Il avait donc la soixantaine.

Ce que je retiens c'est qu'après toute l'émotion de la salle où étaient les délégués et ma présentation à Triffin, quand il a su que j'allais suivre son séminaire à Yale il y a eu une étincelle, *a spark* : ah ! un étudiant, quelqu'un pour faire les travaux sur « le lancinant problème de la balance des paiements » américaine (pour reprendre le titre du livre de Jacques Rueff). Naturellement j'ai fait ce travail, c'est un mémo injustement oublié, qui doit se promener quelque part dans mes papiers, mais le souvenir de son attention aux « international financial statistics » du FMI reste vif.

Triffin m'a également invité à être *graduate assistant* à Berkeley College à Yale dont il était le *Master* et nous sommes restés amis tout au long de sa vie. Ce moment-là cependant était très prenant car on était dans les grands hôtels où se tenaient les réunions annuelles du FMI, mais c'est l'académique qui refait surface.

J'ai repris, comme tout le monde j'imagine, un vieil exemplaire de *Gold and the dollar crisis*, il a coûté un peu plus d'un dollar quand je l'ai acheté à Cambridge en novembre 1971, j'ai écrit ici « Départ pour un week-end – que je me rappelle toujours – au New Hampshire : live free or die ! » C'était l'époque ! Ce livre est ainsi dédié : je me permets de vous lire la dédicace en anglais : « following the time-hallowed custom, the author regretfully warns the reader that the views expressed in this book do not necessarily reflect the opinions, if any – là, c'est la cruauté belge –, held by the official organizations with which he has been or is now associated ». Donc, le *contrarian* complet. Je dis ironiquement cruauté belge sachant qu'il était Américain à l'époque car nous avons tous conscience de ce qu'il n'a jamais quitté la Belgique dans ce sens-là.

Il y a un livre qu'il a fait ensuite, qui est un peu dérivé de celui-ci et qu'il dédie à Pierre Teilhard de Chardin. Je crois que ce qu'on a entendu dans la séance précédente nous explique bien l'importance qu'a eue cette formation philosophique. Alors que son livre « *Europe and the money muddle* » est paru à un moment – 1957 – où on pensait qu'il n'y avait pas de pénurie de dollar, et donc la presse a dit : « mais quelle histoire ! », ce livre-ci au contraire, qui date de 1968, est paru au bon moment : d'ailleurs il y a une petite postface mentionnant non seulement son interview avec le président Kennedy mais aussi la réunion avec Per Jacobsson qui a été citée déjà dans la séance précédente. Ce livre, qui est un peu un livre de vulgarisation, s'intitule « *Our international monetary system yesterday, today and tomorrow* », et il a été écrit pour saluer Rio, la création des DTS. Je pense que la manière dont Triffin regardait la question déjà évoquée est révélatrice : est-ce le biais financier déflationniste, qui vient du fait qu'il n'y a pas assez de monnaie de réserve, donc l'idée du *dollar-shortage*, qui va l'emporter, ou au contraire ce qu'il appelle le biais politique inflationniste, qui fait en sorte que le pays, au lieu de s'ajuster, sachant qu'il peut se financer, continue de le faire ?

Nous voilà bien au centre de la question d'économie de la politique de Triffin : il avait une vision de la politique et de la démocratie qui rejoint celle que beaucoup d'entre nous ont également, c'est qu'il y a un *deficit bias*. Donc le biais politique va finir par vaincre, et c'est pour cela que le dilemme surgit, parce que le national et l'international sont en conflit.

Richard Cooper, Peter Kenen et moi-même avons publié en 1982 un livre – il y avait également un Belge, et non des moindres, Jacques van Ypersele, parmi les éditeurs – un livre dont le titre était justement, petite provocation de Cooper qui était son élève et ami : « *The international monetary system under flexible exchange rates* – exactement ce que Triffin n'aimait pas, mais on ajoute au titre – *global, regional and national* ». Nous retrouvons un élément qui a été également été rappelé, et qui est le domaine de la fluctuation ou de la fixation : *bottom-up, top-down and all that.*

Ce que je retiens par ailleurs du livre de 1968 que je suis en train de vous résumer, c'est quelque chose qu'avec Barry Eichengreen on a fait pour la conférence sur l'héritage de Triffin pour la stabilité internationale (Snoy, Lamfalussy, Wilson, 2001, pp. 25-42). Nous avons justement cherché dans l'héritage de l'UEP un modèle pour l'extérieur, et en particulier pour la *peer pressure*, pour voir dans quelle mesure des pays souverains pourraient s'entendre. On se rend bien compte que, même en Europe où il y a une grande proximité culturelle, cela reste difficile. Je voulais attirer votre attention sur ce point qui concerne la gouvernance internationale, et de nouveau il est cité dans le même texte à propos du partage de souveraineté à l'intérieur du FMI. Il s´agit du nouveau FMI, le Fonds G-20 avec son *Mutual Assessment Process*, mais il a fallu plusieurs décennies – et une crise mondiale – pour y arriver.

Je vais donner un dernier témoignage de l'actualité de Triffin, qui a été évoqué à l'école de Santa Cruz en Californie, laquelle défendait et défend – encore qu'à voix plus basse – le système de Bretton Woods II : nous pensons à l'idée qu'au fond nous avons ou bien des monnaies qui sont parfaitement substituables ou bien des monnaies qui ne le sont pas du tout : Chine d'un côté et Europe de l'autre.

C'est contraire à la tradition économique dans laquelle j'ai été éduqué et qui a été suivie par des économistes comme Pentti Kouri, qui insiste beaucoup sur la substituabilité imparfaite entre monnaies, dans la ligne de l'approche de Yale au portefeuille d'actifs des épargnants. Je vais citer un texte que Pentti Kouri a écrit au pinacle de sa carrière, où il refuse l'approche monétaire et montre bien à quel point l'élément de substituabilité imparfaite est central pour l'ordre monétaire international.

> With hindsight I have come to feel that there was an unnecessary overshooting in exchange rate theory in the past ten years. This is particularly true of the extreme form of the monetary approach (…) In summary, work on exchange rates is not finished. We need much less advocacy of simple minded notions and much more painstaking, time-consuming work. I expect that such work will ultimately turn us against the current system of flexible exchange rates in favor of a more orderly monetary system.

Donc la conclusion à laquelle Kouri et l'école analytique qu'il représente nous conduisent c'est que même dans un contexte où la richesse mondiale change, on peut espérer un système monétaire avec un certain ordre. C'est là à mon sens qu'est la véritable tradition de Triffin et donc son actualité.

À mon sens, son pragmatisme et son côté analytique permettent de dépasser justement le dilemme simpliste : *bottom-up* ou *top-down.*

## Bibliographie

Lamfalussy, A., Snoy B., Wilson J., « The European Payments Union and its Implications for the Evolution of the International Financial Architecture » in *Fragility of the International Financial System – How can we prevent new crises in emerging markets ?*, organisé par Alexandre Lamfalussy, Bernard Snoy et Jérôme Wilson, Brussels, PIE Peter Lang, 2001, p. 25-42.

# Besoin global de liquidités ? Paralysie du FMI ?

Jacques DE GROOTE

*Ancien administrateur du Fonds monétaire international et de la Banque mondiale*

Robert Triffin admettait la critique. Il n'ignorait pas mon point de vue exprimé lors de sa dernière conférence à Bruxelles, que j'avais partagée avec lui. Il aurait certainement accepté que j'apporte une précision, qui paraîtra critique, à ce qui a été dit jusqu'à présent.

Triffin lance sa campagne pour la réforme du système monétaire mondial en prenant comme point de départ le risque d'un repli majeur du revenu mondial qui résulterait d'une insuffisance de la liquidité internationale. Ce thème frappe l'opinion. Invité par le président Kennedy qui vient d'être élu, Per Jacobsson, directeur général du FMI, lui propose une réforme fondamentale du FMI en vue de créer des réserves internationales sous une forme nouvelle pour répondre au risque prévisible d'une insuffisance de la liquidité mondiale. La correction du déficit extérieur des États-Unis s'impose. Elle entraînera un effet déflationniste majeur. Le nouvel instrument de réserve, qui sera créé par le Fonds, aura l'effet correctif indispensable. La photo de Jacobsson paraît en couverture d'un des principaux hebdomadaires américains au-dessus de la question : « *Danger of Global Liquidity Shortage ?* » La réforme du système monétaire mondial partira de ces prémisses et en restera jusqu'à présent prisonnière. Subsidiairement, un thème complémentaire est suggéré par Triffin : le nouveau système mondial doit aussi pouvoir continuer à répondre à des besoins temporaires de liquidité. Aucun problème fondamental ne se pose à cet égard, estime-t-il, puisque le Fonds s'en occupe.

Au milieu des années 1960 jusqu'au milieu des années 1970 la réforme du Fonds est mise en chantier, seule réforme fondamentale depuis Bretton Woods. Dès le départ, les travaux enfermeront le Fonds dans une problématique qui tiendra peu compte de la manière dont se présentent concrètement les besoins de liquidité. Pendant cette période, les médias et les milieux académiques ne prennent d'ailleurs guère en considération la nécessité de doter l'Institution des moyens qui lui permettraient d'agir sur des déséquilibres systémiques se manifestant de façon imprévue.

À l'insistance du ministre français des Finances, Giscard d'Estaing, le groupe des Dix établit, au milieu des années 1960, un comité chargé d'étudier la création de réserves internationales sous une forme nouvelle, le Comité Ossola, du nom de son président Renato Ossola. Ce comité a la responsabilité de proposer les modalités du nouvel instrument de réserve à créer par le Fonds. L'impossibilité pour celui-ci de pouvoir émettre ses propres engagements pour intervenir dans des situations non couvertes par les quotas était déjà implicitement admise par les Accords généraux d'emprunt de décembre 1961. De façon inattendue, les États-Unis et l'Allemagne adoptent au Comité Ossola la thèse Triffin : il s'agit de répondre à une insuffisance démontrée de la liquidité internationale. Sans contester que ce cas puisse être aussi envisagé, les autres délégations insistent sur les moyens dont le Fonds doit disposer pour intervenir rapidement lors de crises concrètes imprévisibles qui pourraient menacer le système dans son ensemble. Ce point de vue est soutenu, en tête de file, par la France et l'Italie et par le président Ossola lui-même, aussi par le Royaume-Uni, les Pays-Bas et, bien entendu, la Belgique. Les réserves internationales doivent essentiellement couvrir les incertitudes et risques que l'on ne peut prévoir en raison même de leur nature et qui ne sont pas nécessairement le résultat de déséquilibres de balance des paiements. Cette approche, d'une étonnante actualité aujourd'hui, est présentée au Comité Ossola par Cecil de Strycker, à l'époque vice-gouverneur de la Banque nationale de Belgique. Ossola lui aussi demande à plusieurs reprises que l'on examine si c'est bien d'un besoin global de liquidité dont le comité doit s'occuper. Cette discussion sur l'option fondamentale est toutefois largement occultée par les conflits traditionnels entre les principaux acteurs. L'Unité collective de réserve proposée par la France est, non sans raison, perçue par les États-Unis comme une tentative pour évincer le dollar tandis que le spectre de l'inflation persuade l'Allemagne que toute création de réserves nouvelles par le Fonds serait maléfique.

Sur l'essentiel, la collision entre le point de vue US-Allemagne et celui des autres pays est frontale et laisse des dégâts définitifs. En effet, les nouveaux statuts du Fonds qui établissent le DTS soumettent l'allocation du nouvel instrument de réserve à des conditions très strictes : le besoin global de liquidité doit être démontré statistiquement, et, puisqu'il s'agit d'un besoin global, les liquidités nouvelles doivent être distribuées proportionnellement aux quotas. Le Fonds n'aura donc pas les moyens d'intervenir dans une crise immédiate de grande importance. L'accroissement de ses ressources dépendra d'un calcul de plus en plus problématique. Comment déterminer un besoin global de liquidité après la suspension de la convertibilité du dollar, la libéralisation des mouvements de capitaux et l'extraordinaire développement des dérivés financiers ? Il paraît absurde actuellement de se référer à une notion de stock optimal de liquidité mondiale, un stock défini à l'avance indépendamment des nécessités du moment. Peu de temps après la création du DST, cette notion est d'ailleurs abandonnée dans les faits sous l'influence des autorités américaines elles-mêmes. Au début des années 1970, un besoin de réserves se constate dans le chef des pays en développement, distinct de leurs besoins continus en capitaux d'investissement. Puisqu'on ne pouvait démontrer un besoin global de réserves, on a trouvé le déplorable expédient d'une vente d'une partie de l'encaisse or du Fonds. Actuellement, l'insuffisance des ressources de l'institution a fait envisager des avances de la part de certains pays membres. On ressuscite, après une prétendue réforme fondamentale du Fonds, les Accords généraux d'emprunt de 1961.

Les conditions présentes fournissent l'occasion idéale pour faire sauter le carcan qui entrave l'action du Fonds. Une option franche et rapide de la part des dirigeants politiques est nécessaire. Le conseil d'administration du Fonds, représenté ici par Willy Kiekens, et la direction générale de l'institution trouveront les solutions pratiques et institutionnelles si les options fondamentales sont adoptées. Willy Kiekens est un juriste reconnu. Lui-même et ses collègues pourront trouver la formule pour faire adopter les décisions voulues par le conseil d'administration sans pour autant passer par la procédure complexe et longue d'un amendement des statuts. Il est grand temps de reconnaître que les quotas des pays individuels ne permettent pas d'agir sur des crises à caractère systémique. Le Fonds doit avoir ses propres moyens à utiliser à des fins générales et non seulement pour soutenir la correction des déséquilibres de balance des paiements des pays individuels. Une allocation importante de DTS au profit du Fonds lui-même en adaptant les modalités d'émission de cet instrument si mal nommé ? Ou une utilisation élargie de la technique qui régit actuellement les quotas par une allocation au Fonds de bons du Trésor des pays membres encaissables uniquement pour des interventions de caractère systémique auprès des banques centrales des pays émetteurs ?

Une réforme de cette ampleur ne se fera que si les principaux pays y trouvent leur avantage. Or, on est bien obligé d'admettre aujourd'hui que chaque pays trouverait avantage à soutenir les paiements internationaux par l'action d'un prêteur en dernier ressort disposant des moyens indispensables à sa fonction dans un régime multipolaire. Nous savons aussi qu'une solution dans cette ligne ne sera adoptée que si du même coup la Chine, l'Inde, le Brésil et la Russie obtiennent une part dans les quotas reflétant mieux leur importance. Je ne prétends évidemment pas ici que la transformation du Fonds en prêteur en dernier ressort au niveau mondial serait la solution unique. Plusieurs contributions à notre réunion le démontrent, et Triffin lui-même en a eu la conviction première : une remise en ordre n'est pas possible sans une coordination efficace des politiques d'ajustement de balance des paiements et de change. Accorder au Fonds les moyens de soutenir cette coordination en rapprochant ses fonctions de celles d'une banque centrale mondiale pourrait singulièrement y contribuer.

# Robert Triffin, penseur systémique

Christian GHYMERS

*DG EC/FIN, Commission européenne*

Ma première rencontre avec Robert Triffin remonte à 1971 lorsque le professeur Dupriez, avec lequel je travaillais à ce moment à l'IRES, m'avait incité à me rendre à une conférence de Triffin organisée avec la Banque nationale de Belgique sur le système monétaire international et intitulée « Comment faire face à la dérive vers les années trente ? » Je connaissais déjà par Dupriez certains des travaux de Triffin et sa thèse principale sur les asymétries néfastes du système dollar, mais c'est de cette conférence que date ma conviction profonde de l'importance du dilemme qui porte son nom. Je fus d'emblée convaincu par la clarté et la simplicité étonnante de ses idées sur la monnaie internationale, et devins résolument adepte de son analyse sur l'instabilité inhérente au système dollar car basé sur l'usage international d'une monnaie nationale. Je considère d'ailleurs – contrairement à certains – que ce dilemme est resté d'une actualité entière, car inhérent à la définition même de ce qu'est la monnaie (et non au régime de change), à savoir un engagement parfaitement liquide d'un acteur spécifique qui fonctionne dans la mesure où cet acteur reste crédible. Dès lors, comme Triffin l'a expliqué toute sa vie d'économiste, seule une monnaie mondiale (multilatérale) émise par un agent (« n+1 ») additionnel aux « n » économies nationales existantes, permet d'émettre un passif parfaitement liquide sans créer de dette nette puisqu'en contrepartie cet agent global « n+1 » détient un montant équivalent d'avoirs « globaux » sur les « n » économies nationales du monde. L'avantage est alors que la liquidité mondiale devient gérable rationnellement, sans demander à aucune économie de renoncer à ses objectifs internes et sans placer aucune économie en situation asymétrique face à la contrainte de liquidité externe. En revanche avec une monnaie nationale comme le dollar servant de monnaie de réserve, il y a nécessairement création de dette externe dès que les « n-1 » autres économies nécessitent d'accumuler des réserves de change, ce qui tend à déséquilibrer la liquidité mondiale et provoque des ondes monétaires difficiles à contrôler comme le monde en connaît depuis un demi-siècle, et surtout, aboutit à ce paradoxe (dit de Lucas) mais qui devrait être rebaptisé « Triffin Paradox » en hommage à celui qui le dénonça vigoureusement le premier, à savoir que le SMI actuel aboutit à ce que « les pauvres financent la consommation des plus riches ».

Ce dilemme de Triffin et son corollaire paradoxal constituent l'apport principal de Robert Triffin – bien qu'il n'ait jamais prétendu l'avoir inventé, citant d'ailleurs des précurseurs comme Emmanuel Kant, Wicksell et le ministre belge Delacroix des années 1920, et surtout le (défunt) plan Keynes du Bancor de 1943-44 – et je considère que mettre en évidence cette tautologie utile qu'au niveau mondial les dettes et les créances se contrebalancent reste une nécessité urgente si l'on veut stabiliser le système mondial. Triffin passera sa vie à répéter cette vérité simple que la seule manière de placer toutes les économies objectivement sur le même pied, de s'émanciper ainsi des conflits de politiques nationales et des dangers d'instabilité d'un système international basé sur une monnaie nationale, est de créer au niveau mondial vis-à-vis des économies nationales la même institution qu'au niveau national vis-à-vis des banques commerciales. Cette banque centrale mondiale gérée collégialement par les « n » pays à l'instar du FMI peut alors émettre et maîtriser la liquidité internationale en fonction de critères objectifs sans créer aucun déséquilibre mondial, sans modifier la contrainte externe ou de liquidité d'aucune économie, et donc sans créer aucune dette nette ni conflit d'objectifs.

Dans la ligne de cet apport principal, si je devais synthétiser la pensée de Triffin, je soulignerais son effort inlassable pour contribuer à la paix par la mise en place d'une gouvernance plus rationnelle dans nos sociétés à tous les niveaux, et notamment au niveau de l'économie mondiale, en résolvant ce qu'il qualifiait de dilemme fondamental du 20e siècle, à savoir l'incohérence entre les souverainetés nationales et les interdépendances non maîtrisées entre les économies nationales.

Triffin se sentait profondément disciple du Père Teilhard de Chardin et toute sa vie d'économiste comme de citoyen s'inscrit dans cette démarche systémique pour contribuer à une « remontée d'entropie » par des progrès d'organisation des sociétés et de responsabilisation des acteurs et des personnes. Robert Triffin est avant tout un penseur systémique : il vise à concevoir des mécanismes institutionnels qui permettent de stimuler la coopération entre décideurs et de réduire les situations dites de « *moral hazard* » (c'est-à-dire de déresponsabilisation des acteurs). En ce sens, il correspond parfaitement à la définition que je me fais du vrai rôle social d'un économiste. La principale caractéristique de sa démarche est la recherche d'un monde meilleur par des améliorations systémiques, non pas jacobines (pour faire le bonheur des peuples malgré eux) mais celles mues par les intérêts propres des acteurs ou des pays en débloquant les obstacles à la coopération entre eux c'est-à-dire en les libérant du « dilemme du prisonnier » de la théorie des jeux par des mécanismes de responsabilisation des acteurs et des personnes.

Triffin est un créateur de « *win-win games* », comme il l'a prouvé à maintes reprises, par exemple au niveau de l'Union européenne des paiements (UEP) qui lui doit son succès, comme Christian de Boissieu vient de le rappeler, ainsi que par des innovations apparemment modestes, que nos historiens – dont plusieurs sont ici présents – devraient étudier de plus près car elles ont été oubliées ou négligées. Un autre exemple typique de cet apport, est celui de l'Ecu du SME – qui est une invention de Triffin – mais trop souvent perçu par les économistes comme une complication, lorsque ceux-ci négligent d'y reconnaître une innovation institutionnelle géniale permettant – sans changement de traité ni de constitutions – de rendre collégiale et communautaire la sacro-sainte décision souveraine de changement de parité de change. En effet, avec l'Ecu-panier, tout changement de parité d'une monnaie passait nécessairement par une décision collégiale avec l'accord de tous les autres, puisque cela modifiait la valeur de l'Ecu et donc de chaque monnaie. L'innovation n'est pas bénigne car c'est en fait à partir de cette discussion collégiale sur les parités que s'est imposé un vrai dialogue macroéconomique entre autorités souveraines, permettant ainsi la construction progressive de la confiance nécessaire pour assurer ultérieurement la convergence vers l'euro.

Comme ces deux exemples l'illustrent, l'autre combat inlassable que Triffin a mené et en partie réussi, et qui est complémentaire du premier, est la dimension régionale et la valeur ajoutée potentielle qu'elle représente en matière de gouvernance. Face aux difficultés pour résoudre les questions de gouvernance démocratique au niveau mondial, Triffin a développé une approche régionale, étant persuadé que des régions mieux intégrées pourraient ensuite faciliter la coopération et améliorer la gouvernance mondiale. Cette vision – également très teilhardienne – a produit des résultats très concrets, grâce aux mécanismes subtils qu'il conçut et à ses tractations habiles pour mettre en place des conditions de coopération entre pays souverains.

Si je puis affirmer l'importance de ce genre d'apports de Triffin t aux progrès de l'intégration européenne et de la gouvernance en général, c'est tout particulièrement dû au fait que j'ai eu la chance, comme d'autres ici présents, de participer aux travaux du petit groupe académique que Triffin avait constitué avec Albert Kervyn de Lettenhove lors de son installation à Louvain-la-Neuve en 1977. Atteint par l'éméritat à l'Université de Yale en 1976, Triffin fut invité par l'UCL comme *Visiting Professor* à l'initiative d'Albert Kervyn, qui en outre l'installa dans un appartement contigu de sa propre maison en construction à Louvain-la-Neuve. Ces apparents détails permirent l'organisation par Albert Kervyn de déjeuners de travail chaque vendredi d'un petit groupe dans lequel Triffin m'avait fait inclure. Les membres étaient des professeurs de l'UCL tels Alexandre Lamfalussy de la BRI en ce temps, Jacques van Ypersele alors président du Comité monétaire, Alfred Steinherr professeur à l'UCL, et quelques autres. Ces échanges permirent d'aboutir à des apports significatifs pour la création du SME et l'Ecu, notamment ce qui devint le discours de Florence, étant donné que Triffin était alors aussi conseiller du nouveau président de la Commission, sir Roy Jenkins, et qui marqua le lancement de ce qui aboutira à l'UEM et à l'euro. Je me permets de signaler cela aux historiens ici présents, car il reste encore des pistes à explorer pour reconstituer l'histoire de la naissance de l'euro et les apports de Triffin.

Sur ce sujet, je ne résiste pas à appuyer ce que Alfred Steinherr vient d'affirmer, à savoir que Triffin n'aurait probablement pas approuvé l'orientation prise par l'UEM et l'euro tel qu'il a été géré. Robert Triffin, l'un des pères fondateurs de l'intégration monétaire européenne et donc de l'euro, se serait démarqué de cette vaste machine à générer des situations de *moral hazard* qu'est devenu le projet de l'euro, en raison des gestions malencontreuses de nos responsables politiques, nationaux comme communautaires. Les mécanismes décisionnels qui donnent au Conseil un rôle de juge et partie – et jusqu'à présent cette erreur systémique persiste en dépit de l'aggravation de la crise de l'euro – n'auraient jamais reçu l'aval de Triffin, qui aurait très probablement privilégié, par exemple en matière de discipline fiscale, des mécanismes de responsabilisation permettant de compenser la myopie des marchés, mais basés sur des incitants de marché dans la ligne de *blue bonds* versus *red bonds*, et non des décisions politiques (du Conseil) de sanctions, inapplicables car jamais les coupables ne s'auto sanctionnent. Il est clair que Triffin aurait œuvré à un progrès institutionnel permettant une plus grande responsabilisation au moyen de mécanismes plus cohérents rendant obligatoires au niveau national souverain la discipline budgétaire et des régulations prudentielles harmonisées.

# From the ECU to the Euro

Alfonso IOZZO

*Vice president, Triffin International Foundation*

In June 1980 Robert Triffin organized a seminar at the University of Louvain-la-Neuve, where he had moved a few years before, after leaving Yale University, to resume his campaign for a new international monetary system, starting again from the process of European monetary unification relaunched by the Werner Report at the beginning of the previous decade.

This meeting, supported by the Ford Foundation, was focused on the private use of the ECU, the new European unit of account introduced with the formula of the "open basket" by the agreements on the European Monetary System, which had entered into force by a bit more than one year.

Economists but also institutional representatives, both national and European, as well as bankers took part in the seminar. In the following years many of them played key roles in the path towards the euro.

Triffin's idea was that the diffusion of ECU-denominated financial assets would promote, in many financial and economic circles, but also in the political and institutional environment, the idea that a common currency was not only needed but also feasible.

After the meeting – which can be regarded as a sort of " solemn oath" – of Louvain-la-Neuve many initiatives were taken, from the opening of ECU-denominated current accounts to the issue of traveller cheques.

In two sectors in particular the operations in ECU made a quantum leap:

– the issue of bonds, first from banks and companies and then from states, Italy in particular;

– the setting up of a daily clearing system that, starting from the agreement between the Belgian Kredietbank and the British Lloyds Bank, evolved into a multilateral system managed by the ECU Banking Association to which more than forty banks from almost all the member states of the European Community participated. The Bank for International Settlements in Basel provided the technical structure, this being the result of a compromise between the European central banks that wanted to support the development of the ECU market and those that wanted to control and contain it.

The increasing development of the private use of the ECU led not only to the creation of the ECU Banking Association, based in Paris, but also to the Association for the European Monetary Union, promoted by many European industrial companies.

Triffin's idea proved to be successful and involved more and more not only economic operators but also European institutions, in particular the European Commission and the European Investment Bank, and it also drew the attention of political institutions and representatives.

Alongside the stream of ECU-bonds issued in increasing volumes that had reached significant shares of the world market and were 'officially' registered in the international statistics, the promoters of the European Monetary System, the former French President Valéry Giscard d'Estaing and the former German Chancellor Helmut Schmidt, resumed in 1986 the initiative by setting up the "Committee for the European Monetary Union", which included important politicians, industrials and representatives of the financial sector of the main European countries.

This 'Committee', which had immediately a strong impact on the actions of the European governments, seemed at first inclined to support the hypothesis of the ECU as a "parallel currency" but soon, also on the basis of the Report written by the former Governor of the Banque de France Renaud de la Genière, prevailed the idea that a "single currency" was needed, issued by a European central bank to be instituted by a Treaty.

The market of the ECU, after a tumultuous expansion phase – as it is understandable – settled down from 1987 onwards but its psychological and political effects, anticipated by Triffin, were already real. In the following years the program of the Giscard-Schmidt Committee was implemented step by step, first with the establishment by the European Council of the Delors Committee and then with the signing of the Maastricht Treaty in December 1991.

Triffin's plan was successful and, today Robert Triffin would probably launch a new plan: to play on the diffusion of the use of the SDR, especially among monetary authorities and states, in order to support the necessary reform of the international monetary system. The context and the conditions are, naturally, different from those of the historical experience with the ECU, but his intuition remains overall valid.

# La dimension financière au-delà des déséquilibres monétaires

Olivier LEFEBVRE

*Facultés universitaires Notre-Dame de la Paix, Namur*

Je vais commencer par une petite anecdote à propos de ma première rencontre avec Robert Triffin. Je n'ai pas eu la chance d'avoir pu suivre ses cours, étant trop jeune pour cela. Mais quand je suis arrivé comme tout jeune assistant à l'IRES à Louvain-la-Neuve, on m'a donné un bureau juste à côté du sien : je suppose que le bureau d'Alfred Steinherr était de l'autre côté, puisqu'il a lui aussi évoqué son voisinage avec Robert Triffin. Dans la pure tradition de Dupriez j'ai commencé à travailler sur les cycles économiques – américains en l'occurrence – ainsi que sur les problèmes de la balance des paiements des États-Unis, et Triffin, ayant appris cela, est entré dans mon bureau, en me donnant une de ses notes : il avait retravaillé pour la énième fois les chiffres de la balance des paiements américaine et l'évolution de la position extérieure nette des États-Unis, et il me demandait, à moi tout jeune assistant, mes commentaires et ma critique de son papier. J'étais bien entendu stupéfait et j'ai presque cru qu'il se moquait de moi, mais ce fut l'occasion de découvrir une de ses caractéristiques professionnelles et humaines, c'est-à-dire d'abord une très grande modestie, mais également le souci d'avoir toujours un regard extérieur sur ses travaux et sur les idées qu'il développait, même s'il s'agissait d'un regard très incompétent et très jeune.

Une des raisons pour lesquelles, après l'avoir beaucoup plus fréquenté par la suite, m'est venue l'idée, avec Michel Dumoulin, d'essayer de rassembler ces témoignages dans le livre « Robert Triffin, conseiller des Princes », c'était non seulement l'intérêt pour son héritage intellectuel et la transmission de cet héritage, mais aussi l'attachement à la personne de Triffin, qui sur le plan humain était quelqu'un d'extraordinairement émouvant, riche et touchant.

Pour revenir au thème d'aujourd'hui, quelle est la pertinence de son analyse et en quoi peut-elle nous aider à comprendre la crise ? Je serais tenté de dire que la vision au départ essentiellement monétaire du dilemme de Triffin ne nous apporte qu'un éclairage assez partiel de la crise où nous sommes. Je pense que si Triffin était là aujourd'hui il aurait certainement passé du temps à analyser le fonctionnement des marchés financiers parce que ce dilemme, qu'il comporte un biais déflationniste ou inflationniste, suppose finalement que la liquidité reste d'une manière ou d'une autre fortement liée à la politique monétaire, en l'occurrence celle du pays de référence dans l'étalon-dollar, et qu'il existe un lien fort de nature quantitative entre les liquidités produites et la politique monétaire du pays de référence.

Or, parmi les raisons de la crise que nous subissons depuis 2008-2009 il y a certes bien entendu cette absence d'autorité monétaire internationale et cette absence de discipline conduisant à la persistance de grands déséquilibres de balance des paiements, mais il y a aussi une distance de plus en plus grande entre la liquidité et l'expansion des crédits par rapport à la capacité de contrôle des banques centrales quelles qu'elles soient, en ce compris celle du pays qui émet la monnaie de référence. Si on regarde l'expansion de ces crédits qui a alimenté les bulles qu'on a connues, elle est largement périphérique au système monétaire et bancaire classique, avec tout le développement des *shadow banks* et des autres outils du même genre. Donc, aujourd'hui, peut-on encore véritablement se limiter à analyser le dilemme de Triffin en termes de nécessaires déséquilibres ou pas pour alimenter la liquidité internationale ? Je pense que la question se pose dès lors que cette liquidité internationale, comme l'a dit M. Bini Smaghi avant moi, a aujourd'hui d'autres sources qui sont beaucoup moins contrôlées par les banques centrales.

L'autre élément qui aurait certainement interpellé Robert Triffin, c'est cette érosion de la discipline, notamment en matière de sélectivité dans l'octroi de crédits. On a un système qui a perdu ses éléments disciplinant sur le crédit, certainement pour le crédit aux ménages comme on l'a vu dans la crise des *subprimes*, mais aussi pour le crédit aux États, avec le retour de bâton que l'on connaît aujourd'hui dans la zone euro. Ce sont des éléments qui sont beaucoup plus purement financiers que strictement monétaires et qui ont joué, conjointement avec les déséquilibres de balance de paiements, un rôle essentiel dans la crise actuelle.

Je crois donc que si Robert Triffin devait aujourd'hui reformuler sa préoccupation – lui qui était toujours à la recherche d'arrangements institutionnels permettant une expansion des liquidités et du crédit qui soit compatible avec un développement équilibré et durable de l'économie mondiale – cette reformulation impliquerait bien entendu la question de la monnaie de réserve, multilatérale le cas échéant ; bien sûr, elle impliquerait la question de la gouvernance supranationale en matière de politique monétaire ; mais aussi tous les autres éléments disciplinant non seulement au niveau des politiques budgétaires mais au niveau généralement de l'octroi de crédits, éléments disciplinant qui ont fait largement défaut.

Et ici j'avoue un peu ma perplexité car autant le débat monétaire et notamment la mise en place d'un système monétaire international multilatéral implique des concessions de souveraineté qu'on imagine difficilement acceptables politiquement par un certain nombre d'États, autant la solution des problèmes simplement financiers, qui sont plus des problèmes de régulation et de supervision, implique beaucoup moins une perte de souveraineté. Or même là on n'y arrive pas. Et ce qui est vraiment interpellant aujourd'hui c'est le peu de progrès qu'on a fait, malgré la crise, dans ce deuxième domaine, et ceci me laisse un peu sceptique quant à la capacité de relancer les idées, plus ambitieuses encore, sur le plan de la coopération monétaire.

# Que devient le plan Triffin ?

Paul MANDY

*Professeur émérite de l'Université catholique de Louvain*

## I. Notre rencontre

Dès son retour de Yale, j'ai eu régulièrement des contacts avec Triffin. Je lui ai notamment suggéré d'intervenir au grand colloque international de Paris en 1983, organisé par le professeur et doyen Alain Barrère à l'occasion du 100e anniversaire de la naissance de Keynes. Triffin a accepté d'y intervenir en présentant une étude sur le Plan Keynes dont, personnellement, je n'ai trouvé nulle part de meilleure étude[1], ouvrage coordonné par Alain Barrère et traduit en anglais chez Macmillan[2]. Aussi suis-je honoré de pouvoir évoquer ici son plan à lui, le plan Triffin, bien connu d'ailleurs, à l'occasion du 100e anniversaire de sa naissance, tout en essayant de le situer brièvement dans une vision historique et dans une perspective d'avenir.

Je connaissais donc bien Triffin, mais notre *véritable* rencontre s'est située dans le cadre d'une fondation précédant la nôtre, à savoir la « Fondation Robert Triffin – Szirak » dont Triffin était évidemment le président d'honneur et à laquelle j'ai collaboré étroitement dès son début. En effet, il me paraît utile de retourner aux sources. Cette fondation a été créée, dans les années 1980 à Budapest, par Nicolas (ou Miklos) Szabo-Pelsöczi, citoyen américain d'origine hongroise. Celui-ci a d'abord été étudiant de Triffin à Yale, ensuite son ami très proche. Après une brillante carrière aux États-Unis dans la finance, il est retourné en Hongrie et a consacré pratiquement toute son activité à la promotion de l'héritage intellectuel de Triffin. Aussi la fondation proposait-

1 « Une tardive autopsie du plan Keynes de 1943. Mérites et carences », dans *Keynes aujourd'hui : théories et politiques*, Paris, Economica, 1985, pp. 513-552.

2 Deux autres volumes complémentaires de Macmillan, intitulés respectivement *The Foundations of Keynesian Analysis* et *Money, Credit and Prices*, édités également par Alain Barrère, ont traduit ou repris les autres contributions faites lors de cette « Conférence » de Paris aux pages 90-100.

elle, après l'échec de Bretton Woods, la reconstitution du soi-disant Système monétaire international, dénommé souvent par Triffin Scandale monétaire international (Triffin, 1991). C'est ainsi que tous les deux ans, Miklos a organisé des colloques internationaux au château Szirak, qui a donné le nom à cette fondation. Triffin lui-même, bien sûr, mais plusieurs parmi nous aussi, avons assisté à ces colloques. En 1994, un grand colloque a été organisé à Bruxelles au palais d'Egmont, puis à Budapest en 1997 au palais de l'Académie hongroise des sciences où Alexandre Lamfalussy, notre président, avait fait une conférence très convaincante sur les avantages attendus de l'euro (Lamfalussy, 1997, p. 35-41). Bernard Snoy aussi y est intervenu par un exposé pénétrant sur le Plan Marshall (Snoy, 1997, p. 18-34).

Au début de 2000, vu son âge et la faiblesse de sa santé, Miklos Szabo-Pelsöczi a préconisé le « rapatriement » de sa fondation en Belgique, pays d'origine de Triffin. Comme il nous a définitivement quittés en septembre 2011, après une longue et pénible maladie, je lui rends un vibrant hommage.

C'est donc grâce à cette fondation que je suis devenu très proche de Triffin : il est arrivé qu'il me demande de répondre à son courrier pour des personnes aussi distinguées qu'un ancien participant de Bretton Woods, ou de réviser, en vue de sa publication, le manuscrit de Fernand Collin, qui fut président de la Kredietbank et qui a joué un grand rôle dans le lancement de l'Ecu privé.

## II. Et le Plan Triffin ?

Afin que mes souvenirs et mon hommage à Triffin soient vivants et actualisés, je me permets d'évoquer, dans le contexte de son plan, *deux grands problèmes* que j'aimerais lui poser, si c'était possible, mais pour lesquels je souhaiterais surtout avoir une ébauche de réponse lors des débats de nos assises.

### *A. La nature d'une monnaie supranationale*

Dans la perspective d'une refondation du SMI, le premier problème concerne le projet tellement vanté de *l'élargissement des DTS*, notamment par l'incorporation du yuan et d'autres monnaies. Certes, à la fin des années 1960, la création des DTS, très chère à Triffin, a été un énorme succès diplomatique et institutionnel. On leur a prédit un grand avenir. Ils ont été censés résoudre le problème crucial du déficit du dollar en se substituant peu à peu à celui-ci. On en connaît l'échec retentissant. Après tout cela, ces DTS peuvent-ils encore susciter l'espoir ? En effet, comment cet instrument, qu'au moment de sa création, on n'osait même pas qualifier de « monnaie », ni même de « crédit » ou de « réserve », mais qu'on a finalement dénommé simple « facilité » (Rousseaux, 1987, p. 329 ; Machlup, 1968, p. 10), pourrait-il résoudre le problème monumental du désordre monétaire mondial ? De surcroît, les DTS ne sont *ni « monnaie complète » ni « monnaie ultime »* (Dupriez, 1976) – qualités indispensables au succès, comme le montre le dollar ou l'euro. De ce point de vue, la création de l'euro est un succès manifeste. Et, à partir de 1974, les DTS sont devenus un « panier » de monnaies, soumis à une concurrence acerbe entre ses composantes, ce qui serait accentué encore avec l'introduction du yuan dans le panier. Dès lors, une telle vision et un tel cheminement aboutiraient-ils à notre grand objectif de la réforme radicale du SMI ?

Si l'on pouvait réinterroger Triffin à ce sujet, il réaffirmerait sans doute la visée de son plan surpassant *qualitativement* la nature des DTS. Grâce à une réforme statutaire, le FMI pourrait devenir une véritable « banque mondiale ». Ceci lui permettrait la *création de crédits* en monnaie supranationale, sur la base de dépôts des nations en surplus, – création d'une sorte de « *bancor* » au dire de Triffin. Ce *Nouveau FMI* remplirait ainsi la même fonction sur le plan international selon le « *banking principle* » que le système bancaire national dans sa propre économie. Grâce aux dépôts des nations en surplus, on n'aurait plus besoin des réserves en monnaies nationales ; peu à peu le déficit américain pourrait être éliminé. Hélas, au lieu de marcher vers la création d'une monnaie supranationale, on est véritablement embourbé dans le « *panier* » des DTS.

## *B. Nécessité d'une monnaie supranationale ?*

Le second problème concerne précisément la monnaie mondiale supranationale, à savoir l'idée de la *nécessité* d'une telle monnaie pour résoudre les déséquilibres monétaires gigantesques du monde. On a reproché à Triffin – mais on pourrait le faire aussi au « *bancor* » de Keynes – d'avoir

> d'emblée, hissé le problème des liquidités internationales à un niveau supranational, en ce sens qu'il a défini un problème international de liquidité distinct des problèmes nationaux [...] comme si les liquidités en question étaient requises pour les fins du commerce. Son analyse part d'une ambiguïté fondamentale à propos de la notion de « liquidité internationale ». (Dehem, 1970, p. 153)

Effectivement, son raisonnement part de l'énoncé d'un *postulat*. Car il s'agit bien d'un principe ou d'une notion que le penseur « postule » d'admettre selon ses propres préférences, mais qui n'est pas évident et qui ne constitue pas un axiome économique indiscutable. C'est sans doute une raison pour laquelle Triffin a été taxé d'« utopique » et non pas de réaliste.

Or, au lieu de ce postulat, ne faudrait-il pas entamer le raisonnement *empiriquement*, à partir des *faits historiques* des derniers siècles à ce sujet ? Car ce furent principalement des *monnaies nationales* qui ont rempli le rôle des *liquidités internationales*, et l'offre en monnaie nationale dite « véhiculaire » n'a jamais manqué aux besoins des transactions internationales. De toute évidence, elle ne manque pas non plus de nos jours (plus de 2000 milliards de USD de réserve internationale).

Pour être bref, ce fut d'abord la *livre sterling*, monnaie véhiculaire qui a permis le financement, sans failles, du commerce mondial, très largement au-delà des règlements effectués en or. Et après la « chute » de l'Empire britannique à travers les deux guerres mondiales et suite à la victoire du Plan White sur le Plan Keynes à Bretton Woods, c'est le *dollar*, monnaie nationale aussi, qui a repris le flambeau. L'endettement britannique – 250 % du PIB en 1945 – n'a plus eu de poids face aux excédents de la puissance américaine. De surcroît, après l'échec du système de l'étalon dollar-or en 1971, on a glissé, sans trop de difficultés, à *l'étalon-dollar* soutenu par une confiance renouvelée dans la puissance économique et militaire des États-Unis.

Ce bref rappel historique m'inspire une vision de l'avenir certes simple, mais que l'on pourrait percevoir selon une extrapolation linéaire. La croissance exponentielle de l'économie chinoise au cours de ces dernières décennies rend, me semble-t-il, plausible l'hypothèse que, d'ici 20 ou 30 ans, le PIB chinois dépassera de loin celui des Américains. Entre-temps, l'internationalisation d'abord, déjà en cours dans le Sud-est asiatique, la convertibilité ensuite de la *monnaie nationale* chinoise auront peu à peu la préséance sur le dollar : le *yuan* pourrait reprendre le flambeau ou tout au moins concurrencer sérieusement le dollar.

Cependant, l'histoire de l'humanité ne semble pas se dérouler d'après nos extrapolations, nos projets et finalités. *L'histoire* est « *événementielle* » plutôt que téléologique, disait souvent Jean Ladrière (Ladrière, 2004). Ce sont les événements inattendus, imprévisibles, voire inimaginables dans le présent et, partant, dont la probabilité ne peut être calculée, qui surviennent souvent et déterminent la marche de l'histoire : pensons au 11 septembre, aux *subprimes*, aux révoltes arabes… Dès lors, nous ne savons pas ce qui adviendra en Chine ou sur l'échiquier du monde. Aussi cette vision historique, plus réaliste sans doute que nos anticipations, nous permettra-t-elle *l'espérance* en la survenance d'événements pouvant déclencher un *saut qualitatif* dans l'évolution monétaire du monde : en d'autres termes, le passage d'une monnaie nationale de réserve à une monnaie supranationale émise par une banque mondiale selon le Plan Triffin. Car c'est uniquement une telle monnaie qui pourrait mettre fin au « scandale monétaire international ».

Bien sûr, des doutes à propos d'une monnaie supranationale mondiale sont pertinents en regard de la soi-disant *solidité de l'étalon-dollar* qui ne cesse de durer[3]. Pour autant, animés par l'esprit de Triffin, nous ne devons pas abandonner l'espoir d'un « *Nouveau FMI* » même si la vision de celui-ci soulève des questions délicates. À titre d'exemple, comment composer le conseil des gouverneurs de cette institution créatrice d'une monnaie supranationale, comment assurer l'impartialité d'une création monétaire selon un montant « *juste* », c'est-à-dire non inflationniste et non déflationniste, dans un monde situé encore très loin d'une intégration, voire d'une coopération, indispensables au bon fonctionnement de cette banque mondiale ? Il serait de la plus haute importance, que celle-ci fût revêtue du statut de « *prêteur en dernier ressort* », ce qui constituait la « raison d'être » même de l'émergence des banques centrales au cours de l'histoire (Dupriez, 1976, p. 253-258).

À vrai dire, le même problème se pose aussi chez nous. Comme le budget de l'UE est insignifiant (1 % du PIB) par rapport à un État fédéral comme les EU (± 20 %), c'est notre BCE qui devrait suppléer cette carence budgétaire pour assurer la pérennité de l'Union. À mon sens, aucune alternative n'est possible. Hélas, ce statut de « *prêteur en dernier ressort* », entendu dans le sens plénier du mot, manque à la BCE en comparaison avec d'autres banques centrales. La grave crise de notre Union que nous vivons actuellement nous interroge précisément au sujet de cette carence. Pourtant, un tel pouvoir aurait, me semble-t-il, pu prévenir la grande crise actuelle. Car une monnaie *unique* est appelée à créer une politique monétaire *unique* dans un *espace unique ;* elle « *transformera les États en "régions" dont les destinées seront désormais solidaires, semblables à celles qu'ont actuellement les régions particulières au sein des États* », écrivions-nous à la veille de la création de l'euro (Mandy, 1997). Encore faudrait-il, à cet effet, une réforme radicale de la BCE, proportionnelle à l'ampleur de la crise actuelle, et une solidarité sans failles de la part de *tous* les États de l'Union. De la sorte, notre BCE pourra constituer le *prototype* de l'émergence, si lente et laborieuse qu'elle soit, d'un nouveau FMI, ou, plus correctement, d'un *FMS*, soit un Fonds Monétaire Supranational, selon le plan Triffin.

---

3 Pourtant, cette « solidité » commence à être mise en doute. Cf. Eichengreen, Barry, « Why the Dollar's Reign is Near an End ? », in *The Wall Street Journal*, 2 March 2011. Même si, d'après l'auteur, les trois piliers du dollar, en tant que monnaie internationale dominante, sont érodés, il n'envisage qu'un avenir où « *several currencies compete for dominance* », sans la création d'une monnaie *supranationale*.

En conclusion, il me semble que le plus bel hommage que je puisse rendre à Robert Triffin, c'est de chercher la solution à ces deux problèmes qui lui étaient si chers.

## Bibliographie

Dehem, Roger, *L'équilibre économique international*, Paris, Dunod, 1970, p. 153.

Dupriez, Léon-H., *La monnaie dans l'économie*, Paris, Cujas, 1976, p. 34-35.

Eichengreen, Barry, « Why the Dollar's Reign is Near an End ? », *The Wall Street Journal*, 2 March 2011.

Lamfalussy, Alexandre, « Back to Fundamentals : Why a Monetary Union for Europe ? », in Báger, Gusztáv and Szabo-Pelsöczi, Miklos (eds.), *Global Monetary and Economic Convergence.* On the occasion of the fiftieth anniversary of the Marshall Plan, In Association with the Robert Triffin-Szirak Foundation, p. 35-41.

Machlup, Fritz, *Remaking the International Monetary System*, Baltimore, The Johns Hopkins Press, 1968, p. 10.

Mandy, Paul, « Monnaie unique et solidarité », *Reflets et perspectives de la vie économique*, n° 3, 1997, p. 70.

Rousseaux, Paul, *Économie politique générale*, 3e éd., Louvain-la-Neuve, Academia, 1987, p. 329.

Snoy, Bernard, « The Marshall Plan and its Relevance Today », (Keynote address). In Báger, Gusztáv and Szabo-Pelsöczi, Miklos (eds.), in *Global Monetary and Economic Convergence.* On the occasion of the fiftieth anniversary of the Marshall Plan, In Association with the Robert Triffin-Szirak Foundation, 1997, p. 18-34.

Triffin, R., « A Tardy Autopsy of the 1943 Keynes Plan for an "International Clearing Union" its Merits and Drawbacks », in Barrère, Alain (ed.), *Keynesian Economic Policies. Proceedings of a Conference held at the University of Paris I – Panthéon-Sorbonne*, Macmillan, 1990, p. 90-100.

Triffin, R., « The IMS (the International Monetary System...or Scandal ?) and the EMS (the European Monetary System...or Success) », *Bulletin de l'IRES*, Louvain-la-Neuve, décembre 1991.

# Mes rencontres avec Robert Triffin

Michel VANDEN ABEELE

*Directeur général (hon.), Commission européenne ;*
*Président, Fonds Gutt*

Ma rencontre avec Robert Triffin s'est faite en plusieurs étapes. J'ai d'abord connu ses écrits et en particulier son livre publié en français en 1962, *L'or et la crise du dollar*, traduit du fameux ouvrage qui l'a rendu célèbre aux États-Unis *Gold and the dollar crisis : the future of convertibility* (1960), et dans lequel il annonce et prévoit la grande crise du dollar de 1971 et la décision d'inconvertibilité en or du dollar prise le 15 août 1971 par le président Nixon.

Mais en 1962, la lecture du livre de Triffin a été une véritable révélation pour moi : l'économie que j'étudiais à l'Université libre de Bruxelles devait à mes yeux surtout être une *économie politique*. Certes, les enseignements de mes professeurs, au-delà de leurs exposés théoriques, s'inscrivaient également dans des perspectives historique et politique, en particulier ceux de Roland Beauvois, qui était également directeur à la Banque nationale de Belgique et qui ne s'embarrassait guère de précautions oratoires pour montrer que la gestion de la monnaie s'inscrit également dans un choix d'options politiques. Je ne sais plus si c'est lui qui nous a conseillé de lire Triffin, mais je suis persuadé que la lecture en 1962 de ce livre de Triffin a éveillé en moi comme chez beaucoup d'étudiants à l'époque une conscience politique, une ouverture à l'analyse des affaires du monde.

Nous étions certes dans la période de la guerre du Vietnam, et qu'un économiste américain de renom n'hésite pas à critiquer la politique monétaire de son pays n'était pas pour nous déplaire.

Je ne connaissais pas à l'époque l'origine belge de Triffin ni ses opinions pacifistes et son scepticisme jovial. Je voyais en lui un de ces intellectuels américains qui avec les jeunes, les artistes et les musiciens prirent position contre l'engagement de leur pays au Vietnam, mais lui l'a fait d'une manière détournée, en montrant que l'hégémonie monétaire du dollar, tout comme l'hégémonie militaire, n'était qu'illusion et qu'il fallait trouver de nouvelles réponses face à l'incertain.

Mon adhésion aux thèses de Triffin, principalement basée sur son livre majeur, m'a amené à recommander – sinon exiger ! – sa lecture par mes étudiants lorsque je fus nommé en 1969 assistant du professeur Henri Simonet pour le séminaire de questions financières dont il était titulaire. Pendant quelques années, le thème central de mes séminaires fut l'étude du développement des marchés des capitaux internationaux et l'analyse de l'émergence de l'eurodollar et des eurodevises.

Nous savons maintenant vu que le marché de l'eurodollar a vite dépassé en volume le marché monétaire domestique américain et qu'il fut un facteur essentiel de la perte du contrôle des masses monétaires dans le monde et sans doute une explication partielle de l'instabilité croissante des marchés financiers.

Je voyais alors dans l'étude des eurodevises une nouvelle raison d'adhérer aux thèmes et travaux de Robert Triffin dénonçant les contradictions du système de Bretton Woods et accusant le système monétaire international de devenir un « scandale monétaire mondial ». Car au-delà des analyses toujours bien documentées et des statistiques bien ordonnées mais parfois « arrangées » selon ses vœux, les écrits de Robert Triffin sont aisés à lire et sont émaillés de sentences qui frappent l'imagination. Ne m'a-t-il dit un jour qu'il adhérait pleinement à la formule selon laquelle « il faut faire chanter les statistiques » pour faire comprendre les phénomènes économiques complexes. Il énonçait sans cesse dans ses contacts et dans ses conférences des idées claires et simples, dont le bon sens était la base, même si ces idées lui apparaissaient comme en avance sur l'évolution politique, notamment celles qui conduisirent à la construction en Europe d'un système de changes stables qu'il a toujours appelé de ses vœux.

Ceci m'amène à ma troisième rencontre avec Robert Triffin, sous la forme de contacts avec l'homme qui se sont développés à la fin des années 1970, au fil de l'évolution de mes responsabilités à la Commission européenne.

Je connaissais les travaux de Triffin réalisés au sein du Comité d'action pour les États-Unis d'Europe avec ses comparses Jean Monnet, Pierre Uri et Jacques Van Helmont, et j'avais eu l'occasion de voir Triffin lors d'une conférence de presse à Bruxelles au début des années 1970. Quelle ne fut pas ma surprise de le voir en chair et en os ! Ainsi c'était ce vieux petit monsieur qui pouvait s'adresser aux grands de ce monde, à Charles de Gaulle, à Jean Monnet, aux présidents Kennedy et Johnson ainsi qu'à ses illustres collègues Galbraith ou Samuelson. Simple, direct, parlant clair avec cet accent wallon quelque peu rocailleux, c'était donc lui le « citoyen du monde », le partisan acharné de la paix.

C'est sur les conseils d'Hubert Ansiaux, ancien gouverneur de la Banque nationale de Belgique et président de la Fondation GUTT (ASBL) dont j'étais devenu l'administrateur-délégué, que je suis entré en contact direct avec Triffin.

Certes, en ma qualité de chef de cabinet adjoint du vice-président Ortoli en 1977 et ensuite de conseiller du président Jenkins en 1978, chargé des questions économiques et monétaires, il m'était aisé de prendre contact avec celui que l'on considérait comme un des pères du rapprochement monétaire en Europe.

Mais les entretiens les plus fascinants que j'ai eu l'occasion et la chance d'avoir avec Robert Triffin eurent lieu durant des déjeuners amicaux où il m'expliquait sa « méthode » faite d'études, de notes, de contacts, de conférences, de discussions, ne négligeant aucune opportunité ou les suscitant pour persuader et convaincre. J'avoue avoir été charmé par cet homme calme, mais je me rends compte qu'il me témoignait de l'intérêt car j'étais, comme lui, en position de conseiller les « princes qui nous gouvernent ». Il connaissait ma proximité et mon admiration pour le président Jenkins, lequel se préparait à surprendre les dirigeants européens par son fameux discours de Florence du 27 octobre 1977. Robert Triffin pouvait certes obtenir directement des rendez-vous avec Jenkins, mais il m'en informait à l'avance, par délicatesse mais aussi parce qu'il savait que les rencontres auraient alors été bien préparées, rôle essentiel d'un membre de Cabinet.

On sait quelle est l'œuvre importante de Robert Triffin dans le domaine monétaire et financier, on admire sa prescience des évènements, on salue la sagesse de ses propositions. Les leçons de Triffin sont bien vivantes et on doit s'en inspirer pour tenter de résoudre la crise actuelle. C'est tout l'intérêt du présent colloque sur le système monétaire international et sur les projets de sa réforme.

Mais je m'en voudrais de ne pas témoigner ici de l'intelligence de la « méthode Triffin » telle qu'il me l'a expliquée. Il ne s'agit pas d'avoir raison et de proposer des solutions astucieuses. Encore faut-il faire passer ses idées, convaincre et persuader. Triffin lui-même déplorait les « atermoiements répétés et les habitudes routinières ancrées dans toutes les démocraties, y compris celles des banques centrales ». Mais il ne s'arrêtait pas, il n'était jamais découragé, il était toujours prêt à tenter à nouveau de faire bouger les choses, avec calme et détermination, toute sa vie. C'est cela, pour moi, l'immense leçon que nous a laissée Robert Triffin !

# Débat / Discussion

**Jérôme Vignon**[1]. Je voudrais apporter un témoignage qui se terminera par une question à Christian Ghymers. J'ai eu la chance d'être conseiller en 1985 et 1986 auprès de Jacques Delors sur les questions monétaires. Je retiens de cette période le souvenir d'une discontinuité franche entre d'une part l'héritage de Roy Jenkins et de son discours de Florence et d'autre part la perspective de l'UEM. Je me souviens, ayant accompagné Jacques Delors tous les mois à Bâle dans les réunions mensuelles des présidents et gouverneurs des banques centrales, qu'il y avait vraiment deux choses distinctes : il y avait l'héritage de Florence et le fait de stimuler la réflexion des banquiers centraux autour de l'existence de ces eurodevises que personne ne contrôlait et qui pouvaient donner lieu à des créations monétaires qui échapperaient à leur responsabilité. Delors leur disait : « regardez cet enfant, l'Écu, qui se développe en dehors de votre contrôle ; vous devez faire quelque chose » ; l'idée était de chercher une institutionnalisation modeste en attendant mieux.

Mais la vraie rupture c'est le théorème de Padoa-Schioppa qui est venu en 1985-1986 dans le contexte d'un marché intérieur avec la libre circulation des services financiers. Ce théorème disait : on ne peut pas avoir à la fois une stabilité des changes, la libre circulation des capitaux et des services financiers, et une pluralité de politiques monétaires. C'est à partir de ce moment-là qu'a germé – même chez Delors, qui n'en avait pas initialement toute l'ambition – l'idée d'une monnaie d'abord commune et puis ensuite, quand on en a parlé aux Allemands, d'une monnaie unique car ils ne voulaient que d'une monnaie unique. Il y a eu vraiment un saut, un changement, une rupture qui était liée à l'essence même du marché unique et à la circulation et l'existence d'un marché financier européen.

D'où ma question à Christian Ghymers. Si je cherche dans notamment votre exposé un héritage de la pensée de Triffin, je la verrais plutôt dans cet effort – qui malheureusement n'a pas bien abouti – du Comité Delors de chercher à lutter contre le hasard moral dans le contexte d'une monnaie unique, pour faire en sorte qu'elle ne devienne pas un prétexte pour certains de s'affranchir de disciplines élémentaires au détriment du bien commun, donc de la stabilité. Vous avez dit que justement ça

[1] Président des Semaines sociales de France.

s'était très mal passé de ce point de vue là, vous l'avez décrit abondamment, alors, question : est-ce qu'on peut tirer de l'ingéniosité de Robert Triffin des leçons dans la recherche d'une meilleure gestion de ce hasard moral ? Le dernier paquet – les six grandes décisions adoptées par le Conseil et le Parlement et le renforcement du pacte de stabilité – est-il ou non conforme à sa pensée, ou sommes-nous encore loin de ce *win-win* qu'il essayait d'établir ?

**Gusztáv Báger**[2]. I have prepared a written contribution to this conference, entitled « The relevance of the Marshall Plan today », and I hope it reaches you soon. I would just like to bring about two parts of it very briefly. First why do I deal with the Marshall Plan in my paper ? As the predecessor of the Triffin International Foundation, the Hungarian Robert Triffin-Sidak Foundation organized international conferences from 1986 in Hungary. Robert Triffin was present as a guest of honor at the first conference on the future of the international monetary system, and he was delighted at the opportunity of discussing this issue for the first time at a conference sponsored by Eastern rather than Western institutions. The reason why I focus on the Marshall Plan is that Triffin was the intellectual builder of the European Payments Union through the committee of economic cooperation and organization of the European economic cooperation. A subreason is that there are so many parallels between the macroeconomic conditions of the Central and Eastern European countries and those prevailing in Western Europe after World War II. You, baron Snoy, have made a thorough comparative analysis at our conference in 1997, and other speakers also made suggestions as to the applicability of some concepts and techniques of the Marshall Plan. But the inability to give a Marshall-Plan type response in the 1990s made the transition process of the region more difficult, longer and left the countries more vulnerable. So in my paper I suggest how the application of the Marshall plan approach, concepts and methodology could benefit the Central and Eastern European countries as a region despite the fact there are many differences in their economies, but there are more homogeneous problems in that area. My second proposal in the paper is that weak countries such as Greece should use this methodology of the Marshall Plan with the help of the EU. Greece needs real structural transformations with the help of the Marshall Plan methodology as well. And thirdly I suggest the application of the Marshall plan as an instrument for EU coordination, taking into account the need for more complex coordination procedures : how for example to coordinate the Tobin tax now with the rest of the world and so on ?

---

2 Professor, Peter Pázmány Catholic University, Hungary.

**Bernard Snoy**. Thank you, Professor Báger, for highlighting this important part in the life of Robert Triffin, namely his keen interest for what was happening in Central Europe even before the fall of the Berlin Wall, and for the question of how to use the experience he had of the Marshall Plan to support the transition and address its financing needs.

**Alain Camu**[3]. J'ai bien connu Robert Triffin mais plutôt comme personne. Je l'ai connu avant d'aller à Yale avec Jacques van Ypersele et ensuite, mais à titre plus personnel qu'académique car il était en congé sabbatique quand j'étais à Yale. Mais je voudrais revenir au DTS, et peut-être qu'il y aura une discussion sérieuse sur ce point demain. Qu'est-ce qui bloque aujourd'hui une utilisation significative du DTS comme monnaie de réserve ? Est-ce l'Amérique ? Je crois que les Chinois ont dit plusieurs fois qu'ils le souhaitaient. Est-ce qu'une manière de le débloquer ne serait pas qu'une banque comme San Paolo ou la Kredietbank émette un emprunt international en DTS puisque nous hésitons très fort maintenant : faut-il investir en dollar ? en euro ? les paris sont ouverts. Ne serait-ce pas une manière de lancer le DTS ?

**Ramiro Hidalgo**[4]. Je suis fonctionnaire à l'ambassade de l'Équateur, et je me réjouis de la tenue de cette réunion. Nous croyons que cette réflexion sur le dilemme de Triffin est très importante : il y a une contradiction irrémédiable entre les exigences internes du pays qui émet la monnaie de référence et les exigences externes du monde qui l'utilise. En Amérique latine, nous connaissons très bien les effets négatifs de cette contradiction. Nous l'avons vécue à plusieurs reprises depuis des décennies. Depuis Bretton Woods, on a connu plusieurs crises et on en est sorti. La bonne nouvelle est que grâce à cette expérience nous avons appris pas mal de choses sur le système ; pas mal de propositions ont été faites depuis le Sud, et elles méritent d'être prises en compte. Maintenant même il y a une nouvelle architecture financière régionale qui se dessine en Amérique latine : le Système unique de compensation régionale (le SUCRE), la Banque du Sud, et le Fonds du Sud. Tout ceci pour faire passer deux messages : (1) il faut plus de présence des pays du Sud dans la gouvernance monétaire internationale et (2) il faut mieux impliquer les pays du Sud dans cette discussion et considérer leurs propositions dans la réforme du système monétaire international. À Bretton Woods nous n'avions pas été invités, et nous aimerions participer aujourd'hui à cette réforme.

**Bernard Snoy**. Merci pour cette note très pertinente. Je rappelle aussi combien Robert Triffin s'est toujours intéressé à l'Amérique latine depuis les années où, travaillant au Trésor américain et puis au Fonds

3 Mouvement européen international.

4 Deuxième secrétaire, ambassade d'Équateur à Bruxelles.

monétaire international, il avait conseillé le gouvernement du Paraguay et peut-être aussi celui de votre pays. Je me tourne maintenant vers les membres du panel en leur demandant de réagir à ces quatre interventions.

**Christian Ghymers**. Je réponds à la question de Jérôme Vignon, question complexe à laquelle je n'ai qu'une réponse très courte et malheureusement négative : la réponse est non. Et si Robert était là – j'essaye de traduire ce fil rouge de sa pensée –, il nous dirait que pour faire du *win-win game* il faut des sanctions de marché. Nos dirigeants étaient incapables de faire passer cette idée, ils ont préféré des « pactes de stabilité » dans lesquels les malfaiteurs sont aussi les juges ; donc c'est systémiquement une erreur gravissime, et le dernier « paquet » certes améliore à la marge un certain nombre de processus mais ne résout pas systémiquement ce problème : ce sont toujours les coupables qui sont juge et partie, et donc ce sont les marchés qui dans le désordre sanctionnent alors que nous aurions pu faire cela autrement, avec un autre pacte de stabilité qui aurait été basé sur des sanctions de marché, avec des *blue bonds* et des *red bonds* pour prendre l'image au goût du jour.

**Jorge Braga de Macedo**. Je voulais d'abord rappeler, suite à l'intervention de M. Hidalgo, que la dernière mission de Robert Triffin – c'est mentionné dans le document de l'Académie Royale de Belgique que j'ai cité tout à l'heure – s'est faite précisément en Équateur : un succès ; juste avant en République dominicaine : un succès ; au Paraguay : un succès. Par contre en Honduras, il n'a pas été écouté. Je voulais rappeler aussi l'importance de Rio et du lien entre Triffin et le monde entier : par exemple le commentaire qu'il a fait sur Rio a été publié dans un journal japonais. Donc il avait vraiment cette compréhension. Mais il y a un point analytique sur lequel Triffin a beaucoup insisté et qui continue d'être décisif : c'est l'asymétrie entre un pays en déficit et un pays en excédent. C'est cela qui crée ce biais politique dont j'ai parlé, et qui a été assez ignoré dans la théorie. Je crois que le premier travail – non publié encore – où on analyse d'une manière systématique des réévaluations (donc non associées à des crises) a été fait par Barry Eichengreen et Andy Rose : et justement, ils disent – malgré l'importance que ça peut avoir pour certains pays, non seulement en Europe mais la Chine vient également à l'esprit – qu'on associe toujours les changements de taux de change à des catastrophes, à des dépréciations, à des crises financières : ce n'est pas le cas à l'inverse, et ça, c'est exactement le point de *Gold and the Dollar Crisis* page 81 que j'ai lu en accélérant un peu.

**Christian de Boissieu**. Le débat s'est amorcé sur le DTS, et je voudrais dire deux choses. Je salue la présence ici de Michel Camdessus, car nous nous sommes retrouvés sur ce sujet avec nos amis chinois à Pékin dans une conférence il y a deux ans exactement sur cette question, car les Chinois s'intéressent au DTS. Ils ne sont pas convaincus, comme moi, tant mieux pour eux, et je vais expliquer pourquoi je suis moins convaincu. Sur le premier sujet, si on pense que le DTS est une solution transitoire pour accélérer la convertibilité du yuan, ça peut servir. Il y a cette histoire de la poule et de l'œuf dont il faut sortir : on ne peut pas élargir le panier du DTS tant que le yuan n'est pas pleinement convertible, et le yuan n'est pas totalement convertible tant qu'il n'est pas dans le DTS. Madame Lagarde, quand elle était ministre des Finances en France, avait souhaité, il y a deux ou trois ans, accélérer l'entrée du yuan dans le DTS ; personnellement et intuitivement, je pense qu'il faut une bonne dose de convertibilité préalable avant d'envisager qu'il soit dans le panier. Donc si on dit : c'est une formule transitoire qui peut durer quelques années pour faire le rééquilibrage et passer à un système multipolaire qui fasse la place qu'elle mérite à la Chine dans le domaine monétaire comme conséquence de son importance politique et économique, pourquoi pas ?

Là où je diverge avec M. Iozzo, c'est sur le point suivant : vous parlez de Tobin, de la diversification du portefeuille (1958). Je parle aussi de Tobin mais vous évoquez ici la fonction de réserve de valeur de la monnaie, le rôle financier du DTS. Je n'ai jamais nié cela. Ou plutôt je le nie, car il n'existe pas encore, ce rôle financier : le DTS aujourd'hui est la monnaie de compte du FMI et de la Banque mondiale, rien de plus. L'écu a eu un succès dans le domaine financier pour des raisons en partie réglementaires, mais il n'a pas connu de développement en matière commerciale. Dans le débat que j'ai ouvert, vous me répondez « financier » et moi je vous dis « commercial ». Ceci rejoint ce que disait Paul Mandy : le dollar aujourd'hui dans le domaine mondial est une monnaie complète, l'euro est une monnaie complète, le yen est tombé en seconde division – il représente 3 % des réserves de change des banques centrales, la livre fait 4 % – donc le monde est un duopole monétaire asymétrique : ce n'est pas moi qui le dis, ce sont les chiffres qui parlent. Si on arrive à passer à un monde multipolaire, tant mieux pour des raisons de rééquilibrage, avec le yuan pleinement convertible dans quelques années. Peut-on concevoir qu'une monnaie panier – si le DTS reste une monnaie-panier ; peut-être qu'un jour ou l'autre le DTS deviendra une sorte de Bancor à la Keynes – s'impose comme monnaie de transaction ? Un panier, il faut constamment le composer, le décomposer et le recomposer, donc vous avez des coûts de transaction à la clef, on l'a bien vu avec l'écu, et même si ces coûts ont baissé avec l'innovation financière, du point de vue de la monnaie transactionnelle, de la fonction commerciale de la monnaie, je doute qu'une monnaie-panier puisse l'emporter sur certaines de ses composantes.

**Lorenzo Bini Smaghi**. J'ajouterai une réflexion sur les conséquences d'une monnaie de réserve. Une monnaie de réserve, comme on l'a vu ces derniers temps et comme l'est peut-être potentiellement l'euro, comporte la nécessité de faire face à des chocs provenant des marchés financiers, qui sont procycliques. Ceci pose des contraintes à l'intérieur de la zone de la monnaie de réserve. On le voit aux États-Unis, ou on observe un flux de capitaux qui finance l'État à des taux très faibles, alors que les marchés financiers pénalisent les banques. En Europe, il y a un déplacement de l'épargne des titres publics plus risqués vers les moins risqués. Si on veut avoir une vraie monnaie de réserve, il faut avoir des mécanismes de stabilité à l'intérieur même du système, auxquels on n'avait pas pensé lors de la création de l'euro. C'est un élément sur lequel il faut réfléchir : si l'euro doit être une monnaie de réserve qui puisse à l'avenir avoir un rôle stabilisateur à côté du dollar, il faut qu'il puisse faire face à des chocs financiers énormes comme ceux auxquels nous assistons. Il faut créer un *safety net* suffisant pour faire face à des chocs qui détruisent la cohésion du système. On est en train d'y travailler, mais évidemment le *moral hazard* est une contrainte importante, car un *safety net* où tous les poissons peuvent passer à travers, c'est-à-dire où il n'y a pas suffisamment de conditionnalité, est naturellement inefficace : il faut trouver la dimension optimale. On n'y est pas encore.

**Alfonso Iozzo**. Je partage l'opinion de M. de Boissieu : si on peut utiliser le DTS comme instrument financier, même si c'est une solution transitoire, pourquoi pas ? C'est en tout cas un usage qui permet de faire beaucoup de choses avec les Chinois, et je pense qu'on peut commencer à résoudre le problème de la convertibilité du yuan dans et par le DTS. C'est un point important de l'enseignement de Robert Triffin : il faut parfois être capable de faire des petits pas qui vont dans la bonne direction. Je voudrais également revenir sur le problème de la liquidité : je ne partage pas l'idée que le marché peut créer la liquidité ; seules les banques centrales peuvent le faire. Car lorsque tout va bien, il y a beaucoup de liquidité ; lorsque la méfiance s'installe, la liquidité s'évapore. On l'a bien vu dans cette crise : il y a eu des moments où tout le monde se tournait vers la banque centrale pour obtenir de la liquidité car entre elles les banques ne voulaient plus se prêter d'argent. Le marché, oui, lorsque tout va bien, mais dès qu'il y a de la méfiance, seule la banque centrale est capable d'amener la liquidité. Si aujourd'hui nous avons un problème d'excès de liquidité, c'est parce que les rotatives de la Fed travaillent beaucoup : c'est un vrai problème qu'avait posé Triffin et qui est toujours là.

**Olivier Lefebvre**. Je voudrais faire juste un petit commentaire sur ce qui vient d'être dit. Je crois que les banques centrales ne contrôlent pas la liquidité, elles ne l'ont pas contrôlée pendant la période de bulle et d'expansion et maintenant elles ont été obligées de créer massivement cette liquidité simplement parce que tout le marché interbancaire s'est « réintermédié » par leurs bilans. Mais ce n'est pas un choix. Les banques centrales subissent une situation plutôt que de la piloter. Effectivement aujourd'hui la liquidité est redevenue de la monnaie de banque centrale parce qu'il n'y a plus de confiance dans le marché, mais en période normale je crois que les banques centrales ont perdu, pour des raisons de régulation et d'organisation du système financier, la capacité de maîtriser quantitativement l'expansion du crédit.

**Bernard Snoy**. Nous avons eu un échange extrêmement productif. Pour ma part, je crois que l'idée-clef que nous devons retenir – outre toutes les considérations sur le caractère emblématique de Robert Triffin – est la question de la pertinence du dilemme qui est son principal héritage intellectuel, et nous devons avoir à l'esprit particulièrement la réflexion de M. Bini Smaghi : qui gère la discipline et qui gère la monnaie de référence ? Fondamentalement, je crois que le débat aujourd'hui sur le dilemme de Triffin est un débat sur la gouvernance – ou la non-gouvernance – du système monétaire international et sur la recréation de conditions qui permettraient quand même aux banques centrales et au FMI, comme l'était l'intuition fondamentale de Robert Triffin, d'avoir une influence et de gérer l'évolution des liquidités pour qu'elles soient réellement au service de l'économie réelle. Demain matin, ce sujet sera approfondi, en particulier dès la première session où sera étudié de façon plus précise un thème qui a déjà été abordé incidemment par les panélistes, à savoir le lien entre le système monétaire international – ou le non-système – dans lequel les banques centrales et les institutions semblent avoir un peu perdu le contrôle de la liquidité et la très grande crise que nous subissons aujourd'hui. Nous aurons aussi à réfléchir sur ce que nous avons appris d'expériences intéressantes comme l'Union européenne des paiements ou le plan Marshall.

# A New International Monetary System?

Dinner speech by Luc Coene

*Governor of the National Bank of Belgium and*
*Member of the Governing Council of the European Central Bank*

Robert Triffin is generally considered to be Belgium's greatest economist. He is famous for arguing that the Bretton Woods system was not sustainable, the well-known Triffin dilemma: the increase of foreign dollar balances to meet international liquidity needs made the system dynamically unstable. Accumulating dollar reserves was attractive only as long as there was no doubt about their convertibility into gold. But once foreign dollar balances loomed large relative to US gold reserves, the credibility of this commitment was threatened.

In the restructuring of the international payment system, Triffin's role has been seminal and decisive, but had also its limitations. In his first and best-known publications, Triffin pleads for a strengthening of the role of the Fund as lender of last resort. He bases his demonstration on the risk of a global shortage of liquidity likely to lead to world deflation. But the liberalisation of financial markets and the suspension of gold convertibility of the dollar have imposed, to the contrary, an abundance of liquidity in complex and hard to define modalities. But because of Triffin's dominant role at the time in the discussion of the international payments system, the work of institutions and governments remained captive of his premises. As a result the SDR can only be allocated on the basis of a demonstrated global liquidity need. The allocations have therefore to be distributed proportionally to quotas, not in function of the effective and demonstrated needs of countries. The US receives large amounts of unwanted reserves.

The reform of the international monetary system figures highly on today's international policy agenda. Persistent current account imbalances, exchange-rate misalignments, unprecedented reserve accumulation, volatile capital flows and liquidity floods and droughts, contributed to this renewed debate. Moreover, the debate was further fuelled by the financial crisis. What began as a crisis of subprime mortgages turned into the deepest global recession since World War II. It made painfully clear how tightly the economies and financial markets of the world are tied together. The inability to grasp the strength and pervasiveness of macro-financial linkages, and their interrelationship with the international monetary system, was a major failing.

During the last decade, the world economy has changed dramatically. With the growth of China and other emerging economies, we are experiencing a transition from a uni-polar to a multi-polar system. However, this transition is taking place at significantly different speeds in different areas: the real economy, the financial markets and economic policy.

Firstly, there is a clear difference in growth between emerging markets and developed countries. This implies that emerging economies now account for half of global output, up from just over a quarter in the early 1970s. So, in terms of production, the world economy has indeed become multi-polar.

Secondly, from a financial markets perspective, the world is far from multi-polar. Indeed, the dollar remains the world's most used currency. This is the outcome of decisions by economic agents to use the dollar as a means of exchange, store of value and unit of account.

Thirdly, also from a policy perspective, the world is far from multipolar. In particular, many countries in Asia do not follow independent monetary policies but peg their currencies to the US dollar. They follow an export-led growth strategy, preventing an appreciation of their currencies.

The central role of the dollar then not only transmits the direction of US monetary policy to a large part of the world, but also exempts the United States from external discipline. Furthered also by the globalization of finance, payments imbalances in the world economy have grown dramatically in the $21^{st}$ century. They were not corrected with macroeconomic policies. On the contrary, an accommodative US monetary policy was a significant factor in the abundance of liquidity at the beginning of the century, keeping interest rates and risk premia down, and stimulating risk-taking and a massive debt build-up.

However, there was a huge gap between the type of assets which were offered by US creditors and those demanded by foreign investors. Foreign investors expected their US investments to be liquid and safe, preferably triple A. Borrowers in the US, especially households, needed long-term credit but offered only low or even substandard credit standing. To bridge this gap, a huge transformation in terms of maturity and credit risk was undertaken by the financial sector. Financial innovation created, out of long-term substandard loans, seemingly highly liquid assets of the highest credit quality. Financial innovation seriously complicated a proper assessment of the nature and size of liquidity and credit risk. The reserve currency status helped in preserving creditor confidence in US assets.

The present international monetary regime can then be characterized as a hybrid. It comprises countries with a floating exchange rate regime and countries whose currency is pegged to the US dollar. Consequently, there are significant asymmetries. The international monetary system does not provide incentives to countries in external surplus to adjust, nor does it give incentives to the United States, who issues the international reserve currency. This all raises the risk of inconsistent policy choices. Moreover, what may be convenient at the national level can be globally suboptimal.

As the late Tommaso Padoa-Schioppa argued, in his Triffin lecture last year, Triffin's analysis transcends the Bretton Woods system and can also be applied to the current system:

> What we might call Triffin's 'general dilemma' can thus be expressed as follows: the stability requirements of the system as a whole are inconsistent with the pursuit of economic and monetary policy forged solely on the basis of domestic rationales in all monetary regimes devoid of some form of supranationality

Which policy conclusions can we draw from this analysis?

It is clearly necessary to build a more stable and resilient international monetary system. This is a multi-faceted task. A crucial condition is a stronger coordination of macroeconomic policies, applying to all countries.

The unprecedented international policy cooperation during the global financial crisis, which helped prevent a much deeper global recession, was a fine first example. However, policy cooperation is equally important today, as we have to secure the global recovery and create the conditions for strong, sustainable and balanced growth.

The emergence of the G-20 as the de facto primary forum for economic and financial cooperation contributed only partially to fill the void in international policy cooperation. The G-20 functions indeed on an informal basis without binding powers and it cannot speak for all countries in the global economy. Indeed, it is often the smaller countries, not represented at the G-20, that are the victim of ill-suited policies in larger countries. This aspect is often overlooked in the emerging new framework of global governance. It shows the importance of restoring the IMF's role as the central institution of the international monetary system.

A significant deficit of the IMF's surveillance of the world economy in the run-up to the global crisis was that the Fund's peer review, overall, failed to have much influence over the policies of the largest member states. Strengthening IMF surveillance is therefore crucial. Stronger multilateral obligations, backed by clear objective norms or quantitative benchmarks, as also proposed by the Palais Royal Initiative, could be an important element of the new system. There should further be assessment procedures to analyse the causes and implications of deviations from those policy norms. Finally, one might ask whether an approach such as the one introduced in Europe, which also includes the possibility of sanctions if a country persistently violates its obligations, could be considered.

Another major issue for a new international monetary system, as became abundantly clear with the financial crisis, is the need for a better measurement and surveillance of global liquidity.

As is well known in the economic literature, liquidity has always been an elusive concept. Naturally, global liquidity conditions are influenced by monetary policy in the major economies, exchange rate arrangements, and the behaviour of the financial system. However, liquidity has many dimensions and can change quickly, since it is also influenced by perceptions and states of confidence or fear, as we have seen all too often in the last few years.

In the international economy, the concept of liquidity has also evolved significantly. Traditionally, the term *international liquidity* tended to be interchangeable with *foreign exchange reserves*. More recently, in the context of a more globalized economy and deeper financial markets, the concept has become fuzzier. Indeed, gross financial flows have become much larger, currency swaps and hedges are more prevalent, and borrowing can occur either domestically or abroad. All this multiplies the potential sources of liquidity creation.

Consequently, as noted by the *Palais Royal Initiative*, "the search for the appropriate approach to the management of liquidity conducive to balanced monetary and financial conditions at the global level is thus particularly challenging".

International policy-makers have taken up this challenge. In the context of G-20 workstreams, the central banks and the BIS are currently developing new sets of global liquidity indicators. These could serve as the basis for a better monitoring of the global liquidity situation and the associated risks for liquidity *floods and droughts*. These indicators should be used in future surveillance exercises. Naturally, they will need to be reviewed on a regular basis, as financial innovation will always lead to new forms of *shadow banking*.

The role of central bank reserves is to cover risks that cannot be predicted accurately. They provide insurance against uncertainty. The magnitude of such risks has increased massively because of the size of pure financial transactions compared to real transactions, the intricacy of financial markets and the overreaction of these markets to current information. The American bank crisis and the European debt crisis took the world by surprise. Their magnitude was beyond anything that could have been forecasted and beyond anything that was assumed initially. The reaction was therefore bound to be fragmentary, late and insufficient.

The entire burden of global demand stabilisation rests now primarily on the monetary authorities of Europe and the US. Their role has to be buffeted by possible recourse to a last resort source of liquidity, independent from the national budgets and from domestic monetary considerations.

It is important to provide countries with an insurance mechanism, at a lower cost for themselves and the system, rather than stimulating reserve accumulation.

When designing this additional layer of liquidity provision, it is important to make sure that institutional arrangements grant it the same independence that the central banks enjoy. When thinking about the IMF to fulfil this role one should be aware that this goes against the recent trend whereby politics is assuming a greater role at the IMF, as witnessed by the growing role of the IMFC compared to the Executive Board. This is an issue that demands further reflection.

However, let me be clear, sound, stability-oriented economic policies are the first and best line of defence to preserve global stability. More effective surveillance, including financial sector surveillance is essential.

Let me conclude. The discussions about a new grand design are certainly interesting and stimulating, but one should not forget that the process to such a new system is evolutionary, step by step. Pragmatic steps forward in the direction of the grand design are as important. In this field, central banks have an important role to play, based on their practical experience.

This was also the case in the discussions that lead to the creation of the SDR. The first specific proposal in the direction of the SDR was submitted by Cecil De Strycker, who later became governor of the National Bank of Belgium, in the framework of the Ossola group, which was the committee on the creation of reserve instruments, a committee created in the mid-sixties at the insistence of the French Minister of Finance Giscard d'Estaing. The proposal would give the IMF the power to create additional central bank reserves in the form of IMF-liabilities. It broke the deadlock between competing views advanced by the French, American and German delegations.

Much later the National Bank contributed through its Executive Director at the IMF Jacques de Groote to the discussions which Jacques de Larosière had launched on the substitution account and on the allocation of SDR's to the IMF. Also this time central banks will continue to contribute actively to this debate.

# Seconde Partie

# Robert Triffin : une inspiration pour les défis du 21e siècle

# Second Part

# Robert Triffin: An Inspiration for the Challenges of the 21st Century

# Introduction

Alexandre LAMFALUSSY

*President, Triffin International Foundation*

I have to start with an apology. I imprudently accepted, first, to deliver a short speech on the broad topic of our whole meeting, and after that to chair a session on a crucial topic of the colloquium. Not a particularly comfortable position. The easy way out of this dilemma is to ask you to allow me to take off my chairman's hat for my initial remarks and share with you my deep concern about global financial and monetary developments which have been taking place over the past ten to fifteen years.

I shall try to spell out the reasons for my concern in a telegraphic style under the following headings: *geography*; *numbers*; *the missing structural banking reform*; *moral hazard*; *innovation and opacity*; *and the challenges facing central banking.* The listing of these trouble spots is not exhaustive; nor did I try to put them in a neat logical order.

As for *geography*, there is good news: the long awaited accelerated growth of a number of very large developing countries, the pride of place going to China, India, Brazil – and in that order. And there are half a dozen additional candidates for this list. I do not remember anyone who, say, twenty years ago, would have taken the professional risk of announcing that this was going to be a likely scenario.

However, as it happens with all good things, the emergence of these countries as major players *does* throw up novel problems. The handling of global imbalances requires globally coordinated action, but as far as I can judge this is not about to happen. Successful global action requires rules, tools, incentives and (at least the possibility of) sanctions. The obstacles are not simply the obvious ones: perceived (or even real) national interests prevailing over the common good. The major emerging countries are very far from being a homogeneous lot. This is evident at first sight when you compare oil producers with the rest. But, more importantly, their degree of participation in financial globalization varies considerably both among themselves and also in comparison with the G-7. The key question is this: will it be easier to achieve major progress in bringing global imbalances under control within the G-20 framework than by the more or less defunct G-7/8 – bearing in mind that the performance in this field of the latter has been close to miserable.

If not – which is what I fear – we will be facing even more trouble than we have witnessed so far. I am particularly worried when I look at the chances of systemic crisis prevention, which badly needs global action to avoid the repetition of "we are awash with liquidity" followed by severe drought. Let me put to you a short and therefore simplistic reminder. Broadly speaking, global liquidity creation has three sources: first, payments imbalances, second, monetary policy by the reserve currency central banks, third the route of "endogenous", market-created liquidity by financial markets and the shadow banking system. If payments imbalances are not brought under control, the burden falling on central bank policy and financial regulation will be overwhelming. And since the endogenous route easily escapes controls, this leaves the matter in the hands of a few central banks, which understandably do not seem enthusiastic to accept this assignment.

Under the cryptic "*numbers*" I have two distinct observations in mind. One is on the size of the financial industry in comparison with the "real" economy. Over the past twenty-to-twenty-five years the financial sector has grown in size way beyond the level that would be justified by providing services to the rest of the economy. If so, what to do? The other observation concerns the size of individual banks: concentration has been going on since decades, but it has now been accelerating as various crisis management methods are leading to mergers and acquisitions. All this tends to increase the size of systemically relevant banks. Is there a risk that this will make it hard to bail them out and perhaps even harder to let them fail? And in such a situation what are the merits and feasibility of the narrow bank proposals?

It is for such reasons that I have come to believe that we cannot satisfy ourselves with the pace and ambitions of the current reforms under way. This is not to deny that there is real progress, of which the prime example is the re-design of the European financial supervisory architecture which implied the setting up of two new institutions, following the innovative recommendations made by Jacques de Larosière. These institutions are now operational. And we should not underrate either the numerous initiatives taken by the Financial Stability Board (FSB), hosted at the BIS, under the active chairmanship of Mario Draghi.

Let me mention just two of moderately encouraging examples. With the objective in mind to improve the operation of the derivatives markets, the FSB published already in October 2010 a series of recommendations which, if and when implemented, would amount to substantial reforms. The FSB has reasons to believe that implementation is proceeding according to timetable. On the same date – I am quoting here *the 81$^{st}$ Annual BIS Report* – the "FSB issued principles for reducing the reliance of market participants on ratings by Credit Rating Agencies and requested standard setters and regulators to consider next steps to translate the principles into more specific policy actions". Incidentally, I warmly recommend reading the progress reports of the BIS on the nine working parties hosted at the Bank. They are drafted with precision and a good deal professional integrity.

All this being acknowledged, I submit that *structural reforms of the banking industry* should now receive priority treatment. Unfortunately this does not seem to be the case – and for understandable reasons. One reason is that structural reforms have to be implemented globally at a time when financial structures vary considerably between the US and Europe. The major well known example is that the share of banking in financial intermediation is more than seventy per cent in Europe, while in the US is less than one third. Another very powerful reason is that structural reforms touch substantial vested interests, and you can count on the fierce opposition of the beneficiaries of those interests. The remaining few, but very large investment banks have a lot of ammunition.

I am worried by the fact that Europe is just nowhere in this field, in contrast with the US. Experts are working hard on these topics, but we are very far from being able to discuss operational designs, let alone to proceed to implementation. We run the risk of having to take for granted the US initiatives, which does not seem to be the best way of protecting our interests.

Let me now turn to our major *moral hazard issue.* The widespread belief that systemically important financial institutions will always be bailed out has two devastating consequences: it encourages reckless risk-taking by such institutions, and provides them with an unfair competitive edge over the rest of the financial industry by ensuring cheaper financial resources for them. To avoid this happening, it has to be made clear that no financial firm, and especially banking firm, should be able to count on being protected from failure. But no such statement will appear credible unless ways and means are found to ensure that the absence of bailout has no systemically disruptive consequences. Trying to find and agree globally on such crisis resolution processes should rank very high on the political agenda.

The FSB has designed and undertaken over the past year a work program which has explored, among many possibilities, resolution techniques that allow the organized dismantlement of (almost) failed institutions without running the risk of a systemic meltdown. I think we all realize that there are formidable obstacles to achieving decisive progress in this field, to a large extent because of the very little progress in Europe on the harmonization of company law, and in particular of bankruptcy procedures. Yet every effort has to be undertaken to lift these obstacles because the stakes are very high.

Without structural reforms of the banking industry and efficient crisis resolution processes, crisis prevention policy will have to focus on detailed, more and more wide-ranging and very specific regulations, which carries the risk of over-regulation. The capacity of financial market participants to innovate is overwhelming; as a result of which regulators would have to fight a battle they are unlikely to win.

Another concern I have is the daunting capacity of innovation to spread *opacity in* the system. This was not always the case. May I recall my prehistoric experience at the BIS in dealing with the Latin American crisis during the early 1980s? At the heart of the crisis was the massive overlending of western banks to major Latin American countries, granted at floating interest rates. Bankers were proud of protecting their margins, but conveniently forgot that in the event of a sharp rise in market rates, floating rates carried the risk of killing their borrowers – a risk which did indeed materialize. This was a massive miscalculation, for which they had to, and did pay a price. But at least they knew who were their borrowers, since they kept their claims on their books. There was no securitization at that time, which was quite helpful for identifying who lent what to whom. No such clarity exists today any longer, as it has become meaningless to try to find the elusive final lenders and borrowers.

This overwhelming opacity has two interconnected consequences. On the one hand, investors have an enormous amount of homework to do if they want to assess the riskiness of a specific product. No wonder that they try to hand over the responsibility of this assessment to the Credit Rating Agencies, with the consequences they have learned by now – and which I hope will not be swiftly forgotten. This is the microprudential problem. But opacity has also a crucial macroprudential dimension. It makes close to impossible to identify the network of interdependence between specific groups of financial intermediaries. How to assess in these circumstances the dangers of contamination?

A couple of concluding remarks on the *challenges facing our major central banks in today's environment.* Our current experience has confirmed something that was, or should have been expected: that whether they like it or not, central banks are in the front line when it comes to keeping crisis manifestations under control. They have the resources and can use them at high speed. Their traditional banking operations plus their oversight responsibilities in payment and settlement systems give them a proximity to the money and financial markets which finance ministers or supervisors not connected with central banks do not possess.

What *is new* in the current experience is that central banks have had to carry out their liquidity-boosting operations in an environment where the liquidity shortage turned rather quickly into solvency problems of frightening dimensions – for which there has been no precedent since the 1930s. Nor has there been any precedent for the speed of contamination at the global level. The result has been an increasing variety of "non-standard" central banking operations, ranging from the lengthening maturity for the liquidity support to quantitative easing of all shapes and sizes. In many cases this has led not only to the spectacular expansion of the balance sheets of central banks, but also to the change in the composition of their assets, including the acquisition of risky assets. As a result central banks have started navigating in uncharted waters, in terms of both operational techniques and their relations with governments.

Does this put central banking independence at risk? Yes, it does. The risk arises from the obvious fact that having to comply with two distinct mandates pushes the central banks into a much more complex world. The modalities of their independence in their monetary policy function do not follow necessarily the same model, but once agreed, the content of independence can be reasonably well defined. In the case of macroprudential independence this is much more difficult. Once it appears that the initial liquidity problem is shifting towards a solvency problem, and especially when the latter implies the risk of systemic meltdown, the central bank has to operate hand in hand with the government. But hand in hand can mean very different things – hence the need for a reasonably well defined operational framework.

The macroprudential mandate requires for the central bank a type of relationship with – and therefore a type of independence from – the government that is different in substance from the one governing monetary policy. The rules of the game on both sides have to be spelled out.

The complexity of the current situation – and the likelihood that it will remain such – means that central banks will have to continue their navigation in uncharted waters. There is no way of opting out of this complex world. Wishing that we could go back to the professional and intellectual comfort of the pre-crisis years is a pipedream.

## Première Séance

## (Non)soutenabilité et réforme du (non)système monétaire international et liens avec la récente crise économique et financière

## First Session

## (Un)sustainability and Reform of the International Monetary (Non-)system and Links with the Recent World Economic and Financial Crisis

*Présidence / Chair: Alexandre Lamfalussy*

*Président, Fondation internationale Triffin*
*President, Triffin International Foundation*

# Sustainability and Reform of the International Monetary Ssystem

Anne O. KRUEGER

*Professor of International Economics, Johns Hopkins University*

The timing of this occasion is appropriate to honor Robert Triffin not only because it is his centenary but also because the world economic system is once again at a crossroads where questions must be answered. They are much the same questions as those to which Triffin addressed his attention, despite the fact that the world economy has changed in ways that could not have been imagined fifty years ago. In many regards, the questions are even more urgent now.

Professor Triffin's concern was with the role of the key currency when reserves were not growing rapidly enough; the key currency then was in demand and had to go into current account deficit; the result of which was that its role was gradually undermined, as reserves accumulated elsewhere in the world and the liabilities of the key currency country (admittedly in its own currency) grew.

My assigned topic is "(Un)sustainability and reform of the international monetary (non-)system and links with the recent world economic and financial crisis". I start by addressing global imbalances of the past decade and the ways in which they contributed to, or perhaps even were the major factor in, generating the crisis. Global imbalances may well re-emerge as the recovery progresses, and could contribute to, or generate, another crisis. For that reason, it is crucial that they come under the purview of institutional arrangements in the international monetary system, with appropriate tools to address them.

But, of course, there are other major concerns in the international monetary system that are in significant part linked to the Great Recession. These include the governance of the system (and here I shall mean the International Monetary Fund), and problems associated with sovereign debt sustainability, each of which I shall address in turn. The final issue, which is clearly more important than the time I will give to it, is the issue of financial regulation and supervision, to which I shall briefly turn. It is a sufficiently complex subject, both at national level and internationally, that there is no way of doing it justice in the time allotted to me.

## I. Global Imbalances

At the end of World War II, the United States emerged economically dominant, with over 40% of the world's GDP and a much higher share of the world's gold reserves. The US was also the only country with adequate productive capacity to meet the demands for imports from the countries embarking on post-war reconstruction and growth.

Although the Bretton Woods architects had envisaged a gold-exchange standard, the US dollar became the world's reserve currency, and US exports mounted. At first, US foreign investments, foreign aid, and a welcome slow depletion of gold reserves financed them. But over time, as the volume of trade rose and postwar reconstruction was successful, the rest of the world demanded reserves in increasing quantities. The US current account went into deficit as the demand for dollars as reserves rose, and dollar holdings of the rest of the world increased. This trend continued, and became increasingly pronounced after the Asian crisis of 1997-98. This acceleration in dollar reserve accumulation was the result in part of the successful growth strategy of China, and in part of the determination of most East Asian countries never to be caught again by foreign exchange difficulties as they had been in 1997-98.

To satisfy this demand for dollar reserves of course required a US current account deficit, or, as we all know, an excess of expenditures over income. Usually, if a country incurs cumulative current account deficits, its reserves run down and it is forced to adjust. In the American case, however, its current account deficits came about in part because of the demand of the rest of the world for additional reserves. Certainly, there was little or no pressure on the American economy to adjust.

The opposite side of the coin was that the normal pressures that result from current account surpluses did not take place with the same force as would have happened had the US adjusted. The Chinese (and others') reserve accumulations did not exert the inflationary pressure that would have arisen in the absence of US continued low savings relative to investment.

In an important way, the rest of the world's demand for reserves constituted an *enabler* for the United States, and the United States' continued low savings rate *enabled* the Chinese to continue their current account surpluses without inflationary pressure. Because there was an inflow of goods into the US, the normal pressures that would have arisen with current account deficits did not arise. The US not only could, but the rest of the world demanded that it supply dollars, and there was little observable pressure on goods prices (assets, and especially housing, are another matter that I shall discuss below). As prices seemed quiescent, the normal pressures to tighten monetary policy did not appear to be working and, of course, the US was not constrained by a depleted supply of foreign exchange reserves.

Parenthetically, I find it difficult to perform the mental experiment of going back to 2003, 2004 or 2005 with the Federal Reserve starting to tighten monetary policy. In the absence of price pressures, the political backlash would almost certainly have been enormous. It is hard to imagine the Fed having announced tighter monetary policy in the absence of price pressures or other symptoms of strain without a significant Congressional backlash.

So, unlike the "normal situation" for a deficit country (or, for that matter a surplus one, in which usually inflationary pressures are felt) the American deficit did not generate great political or economic unease. The unemployment rate stayed reasonably low (as resources shifted into non-radables, and especially construction), there seemed to be reasonable price level stability, and economic growth certainly seemed satisfactory. Indeed, there was talk of the "great moderation', in which inflation had been tamed, and there had been no serious recession in a very long time.

On the other side, the East Asians wanted to build up foreign exchange reserves as a war chest in case another 1997-98 should happen. So, while the US was shifting into low (public and private) savings mode, demand for American assets was shifting upward. The normal pressures did not make themselves felt on either the deficit country (of which the US was far and away the largest) nor on the surplus countries (of which China was far and away the largest). One would have anticipated Chinese inflation, but the Chinese ability to implement exchange control and to sterilize inflows by purchasing US treasuries and other foreign assets enabled the Chinese largely to avoid that outcome. In addition, the fact that the Chinese economy had been operating so inefficiently in earlier decades gave ample scope for output and export expansion without the usual inflationary pressure.

And, since there was a ready market for US treasuries and other US-issued financial assets, the normal pressures on the deficit country also did not arise. The two disequilibria persisted.

The result was a period during which severe imbalances between countries did not lead to clear signs of stress. The world was growing rapidly with apparent goods price stability, low inflation, and a very low real interest rate. (I should add, parenthetically, that the IMF repeatedly called attention to global imbalances, and the Chief Economist,

Raghuram Rajan, indeed gave a talk at Jackson Hole in 2005 in which he clearly spelled out the risks the international economy was incurring. His talk was, however, greeted with derision by all, and had no impact on thinking at the time. If anything, the degree of incredulity with which it was met may have somewhat toned down the IMF staff's pronouncements on the issue).

The inflow of excess savings from China, primarily to the United States, funded the large and growing American fiscal and current account deficits. During those years, the US economy was arguably close to, or even at, full employment, and the appropriate fiscal policy would have been one of modest surplus (if the structural fiscal balance was zero at full employment).

With abundant liquidity, real interest rates remained very low even as the American savings rate fell and the current account deficit rose. Low real interest rates had important consequences, especially during good (boom?) times. On the one hand, they led to a general search for yield, with capital flowing into countries such as New Zealand with higher interest rates than some others (such as Japan). The search for yield also led to creditors' acceptance of more risk than they probably would have accepted had the real interest rate been higher. And, the search for yield also probably accelerated the development of new financial instruments, as derivatives, hedge funds, CDSs, CDOs, and other vehicles sprang up. At the same time, low real interest rates also increased the demand for durable goods, especially real estate and therefore construction.

Increases in prices of the existing stock of real estate led to a boom in construction. Financing was easy, because interest rates were low, and many were eager to place their money in "safe" assets such as bundled mortgages. In the United States, the situation became so extreme that financial institutions would finance not only 100% of the purchase price of a housing unit, but also the closing costs. This could and did result in new mortgages with a face value equal to 105 or 110% of the purchase price. Moreover, many mortgages carried "teaser" interest rates for the first couple of years, with sharp increases thereafter.

The situation was further confounded by the Equal Housing Opportunity Act of 1998 which mandated that banks and some other financial institutions place at least a specified percentage of their housing loans to low-income groups – subprime mortgages. (My landscaper tells of one of his workers whose annual income was less than USD 40,000 buying a USD 350,000 house with a mortgage for 100% of the price and an interest rate of 1% for the first year. The man has subsequently lost his house, of course).

To add to the buildup of disequilibria, many home-owners discovered that they could easily take out "home equity" loans, and, as someone put it, "treat their homes as ATMs". Financial institutions were pushing these as high liquidity made such loans attractive. Many home-owners refinanced, not only to take advantage of low interest rates, but to take equity and use it for other purposes, including home remodeling, vacation homes, new cars, and more.

It is futile to ask whether real phenomena, primarily the construction bubble, or financial phenomena, excessive risk taking on the part of financial institutions, were the underlying factors leading to the Great Recession. Supply (financing) and demand (construction) were both to blame, and it is impossible to pinpoint one as the cause. One could almost argue that the Great Recession was the result of a "perfect storm" as financial and real events fed on each other.

## II. The Need to Address Incipient Global Imbalances

But regardless of what weights one assigns to financial and real variables, it is clear that the underlying global imbalances contributed greatly to the excesses. There almost certainly would have been a downturn sometime late in the decade after years of sustained growth following 2001 but it might, arguably, have been much milder had it not been for the strong stimulus resulting from the low real interest rate and its effects on incentives, especially on the real estate sector. A major challenge for the international economy, and especially for the IMF, is to devise ways that reduce the risks associated with potential global imbalances and resulting low real interest rates.

An, if not *the*, underlying problem was global imbalances. The mutual enablers, the surplus and deficit countries, each permitted the other side to persist without the usual macroeconomic effects. The fact that two very large countries were involved, and on opposite sides of capital flows, meant that normal pressures did not operate.

During the period when the post-World War II financial architecture was being considered, there was concern that there would be asymmetric pressures on surplus and deficit countries. Keynes, especially, wanted sanctions on surplus countries, and the "scarce currency clause" was included as Article VII of the Articles of Agreement[1].

---

1 Under Article VII, the Fund may issue a formal declaration to "formally declare such currency scarce" (Sect. 1a). Such a declaration would constitute an authorization to any member temporarily to "impose limitations on the freedom of exchange operations in the scarce currency". (Article VII 1b). Members were to be constrained to impose no more restrictions than were necessary to enable a member to finance its obligations in the currency.

The scarce currency clause was never invoked, however, largely because countries with financing difficulties typically had them with respect to many convertible currencies. Industrial countries tightened monetary and fiscal policy and/or altered their exchange rate, while developing countries in earlier years resorted to exchange controls under the balance of payments exception to the IMF Articles. In recent years, most developing countries followed the same adjustment paths as did the industrial countries.

When the buildup of global imbalances accelerated in the last decade, it was evident to some, including the IMF, that they constituted a significant risk to the international economy. It was clear that two-sided adjustment, more or less simultaneously, was needed. If the surplus countries alone adjusted, through easier macroeconomic policies, there would almost certainly be worldwide inflation. If the deficit countries alone adjusted, by tightening their monetary and fiscal policies, the international economy would almost certainly be thrown into recession. Hence, joint action was called for.

Indeed, in 2006, the IMF management called for "*multilateral consultations*" among the major players, the countries contributing most to the deficits and surpluses[2]. Such a role for the IMF seemed natural. First of all, the threat was to the global financial system. Secondly, there were likely to be very large spillover effects if the adjustment were delayed too long. Thirdly, adjustment on either side alone would likely be painful for the international economy, as already mentioned. Hence, international coordination was called for.

The invited participants were consulted individually and together. There was general agreement that global imbalances were sufficiently large that correction was called for, not necessarily to eliminate current account deficits and surpluses, but at least to reduce the magnitude of imbalances to sustainable dimensions.

However, representatives of those with current account surpluses insisted that it was the deficit countries that should adjust; simultaneously, the deficit countries maintained that much, if not most, of the adjustment should originate in the surplus countries. Hence, nothing was done to reduce the size of the imbalances which were, indeed, growing larger.

---

2 By 2006, the oil exporters had large current account surpluses as the price of oil had risen sharply. They were included in the consultations, as was the Eurozone because of its weight in the international economy (even though the combined current account balances of the Eurozone countries were not severely imbalanced). See International Monetary Fund, "Staff Report on the Multilateral Consultation on Global Imbalances with China, the Euro Area, Japan, Saudi Arabia, and the United States", June 29, 2007.

When the G-20 convened in the early days of the Great Recession, they recognized that global imbalances and the consequent low real interest rates had contributed significantly to the severity of the downturn. They agreed upon a Mutual Assessment Process (MAP) for the largest twenty countries (the G-20), under which macroeconomic projections would be communicated to the IMF. It was anticipated that the IMF staff would then evaluate these projections to assess the extent to which they were globally consistent and conducive to international financial stability. Presumably, inconsistencies and unsustainable macroeconomic projections would then have been addressed.

To date, countries have submitted their macroeconomic projections, but no macroeconomic policy changes appear to have been undertaken as a result of the MAP[3], as the US sought to have the G-20 specify numerical current account targets and other countries resisted. Instead, the G-20 listed a large number of factors that should be considered in assessing whether individual current account deficits were out of line. Without weights or guidance, the list carried little prescriptive power.

The IMF has been an effective institution in supporting its members when individual countries have been confronted with macroeconomic crises. Almost always, some financial support reduces the cost of adjustment and permits the resumption of economic growth more rapidly than would otherwise be possible. The Fund can be effective both because its highly professional staff are well-equipped to assess the macroeconomic adjustments that are necessary, and because the Fund has the financial resources that are extended only when it is clear that policy measures undertaken by the member will be sufficient to restore sustainability over the medium term. Those financial resources are sufficient inducement for countries to adopt IMF programs.

While Article IV consultations with individual members have often been heeded, it has been up to individual members to decide whether to do so. In the absence of crisis, countries have on numerous occasions ignored Article IV suggestions. Because the future is always uncertain, the Article IV reports can only pinpoint points of weakness, and when correction is politically difficult, it sometimes does not happen.

Nonetheless, the IMF's ability to address problems of the macroeconomy in individual members is not questioned, even when it is ignored. Where there needs to be a greater role for the IMF is in the cross-

3 The IMF initiated a set of "spillover" reports that were intended to estimate the impact on the rest of the world of the macroeconomic policies of the large systemically important countries. The first reports were published in the summer of 2011 but, in the words of the Financial Times they constituted "a rather mechanistic exercise, with small estimates of the likely impact of, for example, a hypothetical Chinese revaluation on the global economy" (*Financial Times*, Sept. 24, 2011, p. 9).

country issues, including especially global imbalances. The failure of the multilateral consultations, the MAP, and spillover reports does not imply that the issue is dead. The world needs an economically and politically acceptable process for prevention of a repeat of unsustainable global imbalances.

The problem is that the IMF has no means by which to induce its members to reach an accord in the absence of crisis. Until the time when it becomes widely recognized how dangerous global imbalances are (or the problem disappears)[4] the threat of another episode of low real interest rates brought about by excess savings in some countries and low savings in others could re-emerge.

To a degree, we are seeing the global problem playing out on a somewhat smaller scale on the Eurozone. Since the zone as a whole has been more or less in balance (although some would argue that it should collectively have been somewhat in deficit to share the adjustment burden), adjustment for Greece, Portugal, and perhaps others will require a reduction in their current account deficits and a decrease in the current account surpluses of the northern European economies. If the latter countries aim their fiscal policies to maintenance of their current stance, it is difficult to see how the deficit countries can make the necessary adjustments.

An enforceable mechanism seems called for, both for the Eurozone and for the global economy. A voluntary process (such as the MAP) is unlikely to be effective in allocating adjustments between surplus and deficit countries just when adjustment is most needed.

This challenge is not dissimilar to Triffin's concerns about the international economy under the gold-exchange standard. Flexible exchange rates certainly bear part of the burden of adjustment, but they cannot offset deliberately tight (or easy) monetary/fiscal policies.

But to date, the international community and the technocrats among us have been unable to propose a mechanism that would be politically acceptable. A first challenge is to determine a mechanism or procedure by which a determination could be made that a country's current ac-

---

4 It can be argued that the circumstances leading to the large global imbalances in the past decade were unique and that it is highly improbable that the situation could recur: even if one large entity incurs large current account surpluses, the deficit countries might be smaller and hence forced to adjust. That imbalances between the US and China remain so large does not provide comfort for this view. It should also be recognized that if many smaller countries seek current account surpluses (perhaps to accumulate foreign exchange reserves), a large country (the US?) could incur large current account deficits. Given the US dollar's role in the international economy, this second possibility could emerge even if the Chinese did adjust sufficiently to reduce their current account surpluses.

count surplus or deficit was out of line and unsustainable. A major difficulty is that different countries can absorb differing levels of capital inflows or usefully invest differing levels of capital outflows. It should not be forgotten that the U.K.'s overseas investments at their peak early in the 20th century were equal to about 10% of GDP, while South Korea productively employed (by borrowing!) about 10% of GDP for at least a decade starting in 1963, and grew so rapidly that the debt/GDP ratio did not rise.

The world needs to agree on a mechanism or procedure whereby the magnitude (or better yet, the range) of "productive" surpluses and deficits can be determined. But even if we, the technocrats, could devise a widely accepted methodology for such estimates, a second problem would lie in the sanctions to be imposed were a country or countries to move outside the range. It is more difficult to devise means to penalize surplus countries than it is for deficit countries, because of the asymmetric pressures in the two situations I discussed earlier.

One can imagine a procedure similar to the WTO's dispute settlement mechanism, although the time frame would necessarily have to be somewhat shorter. And it might be possible, if acceptable ranges of current account surpluses and deficits were agreed, to invoke increasingly stringent penalties over time if the excesses persisted (and, of course, there would need to be a specified time period when a country could undertake corrective action). Even then, there are questions as to how excess current account surpluses or deficits would be addressed in circumstances where events beyond the country's control (such as a sharp increase in the price of a major primary commodity export or the discovery of a new oil field) could be handled.

At this stage, there are as yet unresolved problems both in finding means to estimate country-specific acceptable ranges of current account balances and in devising appropriate sanctions. But the potential costs of a global replay of the imbalances of the past decade are sufficiently high that attention to the issue is surely warranted.

The International Monetary Fund recognized the problem and the challenge, but inadequate tools thwarted the efforts. The G-20's MAP appears to have been ineffective to date, although it may be that the verdict is not yet in. But certainly a major challenge for the international economy is finding ways in which global macroeconomic stability is less fragile than it was during the past decade.

## III. Legitimacy of the IMF

The international financial architecture was designed at a time when the United States was the dominant economic power in the global economy. Even after postwar reconstruction, the major industrial countries accounted for a very high fraction of international financial transactions, as most developing countries still had inconvertible currencies.

Over time, as one of the successes of the international economic system, emerging markets have acquired a growing importance in the international economy, and the share of the industrial countries in the world economy has fallen.

The governance structure of the IMF was designed to reflect the shares and the stake of countries in the world economy. Initially, the US and the U.K. between them had more than 50% of the voting power within the IMF (and also within the World Bank)[5]. While the voting power of countries had been adjusted (using a formula that takes into account both the country's weight in trade and in real world GDP) from time to time, the adjustments have failed to keep pace with the rapidly increasing importance of some of the rapidly growing emerging markets. That failure, combined with Asian reactions to the 1997-98 Asian financial crisis[6], led them to accumulate foreign exchange reserves and to believe that the governance structure of the IMF did not reflect their concerns[7]. Even when a mechanism is agreed for containing imbalances, it will be necessary for all member countries of the IMF to accept the institution's legitimacy if the mechanism is to work.

In order to reach that objective, the governance structure of the IMF needs to be adjusted better to reflect the relative importance of the various country groupings. That, in turn, requires not just a realignment of shares (although that has started), but also of representation on the Executive Board. The intent of the architects of Bretton Woods was that there should be 20 Executive Directors, one each from the 5 largest

---

5 The WTO's governance is still based on the unanimity principle, with each country having one vote. There are major concerns as to the ability of the WTO to carry out its mission without some streamlining of its decision-making processes. The bigger challenge for the WTO at the present time, however, is to complete the Doha Round, a subject beyond the scope of this talk.

6 Many Asians believed that the IMF imposed harsher conditions than were necessary (or that had been imposed on other countries in similar situations) in response to the Asian financial crisis. They therefore sought means to shield themselves from any necessity of approaching the IMF again, and believed that reserve accumulation would constitute an effective form of protection. This seems to have been the case during the Great Recession, although those countries were necessarily hard hit by the slowdown in the international economy and in international trade.

7 Policy makers in the countries impacted by the Asian crisis concluded that large holdings of foreign exchange reserves would have buffered them from the worst effects of the crisis, and proceeded to accumulate reserves over the next decade. There can be questions as to how much of global imbalances were the result of a desired build up of reserves, and how much was the unwillingness to abandon an apparently highly successful growth strategy.

countries and the rest elected by groups of countries (with voluntary alignments of groups).

In fact, the Board has been expanded to 24 members. However, it is widely argued that eight of those members are European[8], which gives Europe significant overrepresentation on the Board. The challenge for the Europeans and the IMF is to find acceptable ways to reduce their representation[9] while enabling greater representation, especially of emerging markets. To complicate matters, in the Articles each country was accorded "basic votes", in order to insure representation of small countries. Basic votes have shrunk in importance over the years, with the result that low-income countries also believe their representation should increase.

Unlike the issue of global imbalances, there are few technical issues involved in solving the governance challenge[10]. The issue is political and must be resolved among the IMF's member countries.

## IV. Sovereign Debt

As the Greek crisis has demonstrated once again, the international community does not have an agreed-upon mechanism for prompt and orderly resolution of sovereign debt issues when the debt has become truly unsustainable.

When a sovereign debt resolution mechanism (SDRM) was proposed by the IMF in 2001, it was argued that workouts were orderly anyway, and that Collective Action Clauses (CACs), which were adopted, would permit orderly resolutions. It was also thought that industrial countries, including members of the Eurozone, would in any event not find their solvency questioned.

One of the major lessons from the Great Recession and subsequent events is that the shape of future crises is almost totally unanticipated by the vast majority. As Reinhart and Rogoff tried to prove in their *This Time is Different*, there will always be a "next time", although the

---

8 That is not quite true. The U.K., France, and Germany have individual seats. The Scandinavian countries have a seat, as does Italy (also representing several smaller countries). Switzerland, Belgium and the Netherlands have seats, but those Executive Directors represent some non-European countries, and Spain shares a seat with Mexico and Venezuela.

9 It can be argued that the Eurozone should be represented by a single Executive Director. The difficulty with that is that fiscal policy remains the domain of individual countries within the Eurozone.

10 Despite that assertion, arguments over the proper variables, and weights to be given to them, in determining countries' shares, are ceaseless.

particulars will inevitably change due to policy measures taken in response to the last crisis and the evolving nature of financial markets.

It is evident to almost everyone that the costs to the Greek and the European economies, and to a lesser extent, the rest of the world, of the past 18 months of uncertainty and failure to come to grips with the problem have been high. While there are important issues as to how the IMF can or should work with a country lacking independent monetary and exchange rate policies, but maintaining fiscal independent policy, cloud the issue, it is certainly arguable that the international financial system should have a mechanism that provides for orderly restructuring in circumstances where debt is truly unsustainable. The costs of delay and uncertainty are high not only to the indebted sovereign, but also to the global economy. Financial support from the IMF can greatly reduce adjustment costs at a time when policy adjustment is necessary to restore the economy to a sustainable path. And, importantly, a judgment must be made as to whether the anticipated policy reforms combined with debt restructuring can restore the country to a sustainable path going forward. For these reasons, the IMF is the logical home for an SDRM. But whether an SDRM of the type proposed, or some other form of international system for resolving debt overhangs, is decided upon, the need for a mechanism is apparent.

## V. Financial Oversight and Regulation

Whether global imbalances "caused" the underlying difficulties that led to the financial crisis, or whether instead financial laxity was '*the*' issue, it seems widely agreed that some form(s) of improved and enhanced regulation and supervision is called for, and that there are significant international spillovers. Certainly, excessive risks were taken (as is evident with hindsight), and changes that would reduce the extent of any recurrence are desirable, as long as the financial system can function as an efficient allocator of savings to productive investments.

Some issues, such as cross-border ownership of financial institutions, clearly are in need of improved protocols. So, too, is transparency needed about the obligations of foreign banks and other financial institutions to domestic branches and subsidiaries. The strengthened role of the Financial Stability Board, and legislative changes in regulation and supervision in a number of countries are all steps in that direction.

The issues are complex. There are concerns about "races to the bottom" when some countries tighten their regulation while others do not. There are issues about consistency of regulation across countries and, of course, numerous substantive questions, including a firewall between investment and retail banking, use of subordinated debt, and capital adequacy requirements. Questions associated with financial institutions that are "*too big to fail*" have not yet been resolved, and have an important international dimension. The issues are well-known to most of the group assembled here, and are sufficiently complex so that detailed discussion would require far more time and space than is available. But fixing the international monetary system so that it can provide more stability in the 21st century certainly must include addressing the regulatory and supervisory issues.

## VI. Conclusion

We do learn from crises. After the Asian crisis, lessons included the desirability of more flexible exchange rates, which certainly enabled the emerging markets to weather the most recent downturn with much less damage than had been experienced earlier. But another lesson learned by the Asians was the desirability of large reserve holdings for insurance purposes. While that lesson may be useful for individual economies (although the costs of increasing and holding reserves may be high), reserve accumulation was at least partially responsible for the emergence of the financial crisis and at a minimum contributed to its severity.

The current time is one of great uncertainty. There is much evidence that the recovery from the Great Recession of 2007-8 is slowing, if not stalling. There is uncertainty about the Eurozone and its future. Uncertainty pertains not only to Greece, but to possible spillovers and contagion for other countries. It would appear that action will have to be taken in the near future with regard to sovereign debt within the Eurozone. And resolution of that issue would remove one source of uncertainty, although the risks of contagion to other Eurozone countries and of difficulties in the banking systems must be addressed.

For many countries, fiscal consolidation is warranted not only because of the existing levels of sovereign debt, but also because of projected increases in fiscal outlays associated with health and pensions of aging populations.

Underlying these two issues is the fundamental question of repairing balance sheets, for consumers and for the financial sector. Most analysts have cautioned that because of this concern, the recovery is likely to be relatively slow. But removal of uncertainties, and addressing the issues of sovereign debt, including medium term fiscal consolidation, would surely contribute to at least a modicum of acceleration of the recovery.

As has been stated by many, including the IMF, balancing the short-term desirability of supporting the recovery with the medium-term needs of fiscal consolidation is a challenge, and one for which the solution will differ between countries. But if the international monetary system can be strengthened, the IMF can play a greater constructive role, supporting individual countries as it does now, but in addition preventing, or at least damping, global imbalances, and enabling improved international coordination on the host of international monetary issues in which spillovers are central. To get there, however, will require both technical work estimating ranges of current account balances as well as the political will to achieve an appropriate mechanism for sanctioning deviants. It is to be hoped that it will not require another period of global imbalances before the international financial architecture is modified to make that possible.

# Can the IMF Become the Centrepiece of the International Monetary and Financial System?

Jacques DE LAROSIÈRE

*Hon. Governor, Banque de France*

I am delighted to be here with you on the occasion of this Triffin Conference. I will develop a thesis which is somewhat different from what pervades present thinking. The "*non system*" that has prevailed since 1971-1973 led to the accumulation of external imbalances which have major consequences on excess liquidity. During the last twenty years, the financial markets have developed much faster than the real economy. The methods used for the creation of financial resources and liquidity have been so hugely diversified that the very intellectual foundations on which the IMF had been built after the War have exploded. Today, when the markets decide to rampage a financial system in a region or a country, intervention by the IMF appears, at best, as marginally effective. The world of short selling, of CDS, of Internet transfers, of massive derivatives positions, *is a new world*.

My thesis could be summed up as follows: it is not so much the defects in the working of the IMF over the years – and in particular, its complacency to those big actors that developed large and persistent imbalances – that were the triggering causes of the financial turmoil and of the recession we are now suffering.

The causes have to be found in the enormous overleveraging of the world's financial system, overleveraging that has been amplified by the technical innovations I alluded to. So in a way, the desires that we express to mend the imperfections of the IMF are misleading. It is important to understand that the developments that took place over the last two decades in the very fabric and in the functioning of the financial system, developments on which the IMF had little or no influence, have overwhelmed and dwarfed previous concepts and paradigms. One could well argue that it is the financial crisis, starting in 2007 – together with all the factors that led to it – that have been governing the world and will be shaping political reactions, much more than the reflection on the deficiencies of the IMF or the wish to embark on a *grand reform* of the institution.

Why has this relative marginalisation of the IMF happened? Basically because financial markets have been doing what they wanted and countries have been free to peg or not peg. Why did such behaviours develop without any meaningful control? Firstly because, since 1973, there has been no exchange rate discipline left. Secondly because, after Paul Volcker crashed inflation in the early 1980s, the world believed it was safely entering into the *great moderation*. In fact, the taming of inflation was less the product of wise monetary policies than that of the low labour costs embedded in imports from emerging countries. Furthermore, productivity gains were high and they were boosted by the technological advances that took place during the period. But, in spite of the "moderation", things were far from being perfect, because the continued imbalances fed into liquidity and the financial system, be it the regulated financial one or the shadow banking system that has enormously increased over the years. And the dollar, as the primary international currency, gave the FED a predominant role in international monetary conditions.

You could argue that, in fact, the system had migrated from the institutional Bretton Woods IMF centered framework created after the war to enormous and poorly regulated financial markets that nobody really fully understood and where the very low interest rates – they were actually negative for some years in real terms – created a strong incentive to expand credit and to disregard risk. Indeed it was the explosion of credit and the erosion of risk premia that were the original sources of the crisis.

So, if you want to simplify things, we are not moaning today because of the imperfections of the IMF centered system. We are moaning because we are losing jobs, because our economies are faltering and because recession is looming and that the name of the game for financial institutions is to deleverage after the hangover of the excesses of credit. This analysis leads to the question: what can be done to prevent, in the future, this conjunction of macro-systemic mistakes, which stemmed from monetary policies, deregulation and the excess of leverage that took place in the years before the crisis much more than from the IMF weaknesses. The real challenge is to prevent a new explosion of such systemic risks. Given the nature and size of markets, reforming the IMF can only be part of the solution.

It is against this backdrop that one should reflect on the reform of the International Monetary System. I personally have much sympathy for several ideas expressed in this conference which would tend to give the IMF more powers, more responsibilities, even sanctions in terms of macroeconomic surveillance... But, unfortunately, I do not believe that these proposals will get very far in the short to medium term, because large and powerful nations are reluctant to be told what to do in terms of their macro economic policies.

And I am not sure that the IMF will be able to use its influence and powers to such an extent.

However, I believe it is desirable and possible to improve on two important roles that the IMF will continue to play. One is to assist individual countries facing balance-of-payment problems with adjustment programs and financing. The Fund is well equipped to do that and this is certainly a basic element of the institution's mission. To that effect, it should be seeking the necessary resources to play that role effectively. As the IMF did in 1981 with the Saudi Arabian loan, I believe it should approach China and the structural surplus countries which have accumulated large reserves, in order to engage in new Borrowing Arrangements. This would inevitably lead to a more realistic distribution of quotas.

I also think that the Fund should intervene in the restructuring of debts. But when one looks back at what happened in the spring of 2010 when the first Greek program was set with the assistance of the IMF, one observes that the program – contrary to the practices and rules of the Fund – included no restructuring of the Greek sovereign debt. The reason given was that Greece would be able to tap the markets in 2012 without problems. But that proved unrealistic and did not amount to a rational analysis of the sustainability of the Greek debt situation. So, it is good to have systems and rules but it would be even better to apply them.

In order to avoid the repetition of such a crisis in a world where currencies will probably continue for quite some time to be free to misalign – which is the negation of any international monetary system – another approach seems essential and that is macroeconomic oversight.

Central banks and regulators together should be watching early on signs of nascent systemic risks and be acting to prevent disruptions. If for example real estate borrowing becomes excessive in a country or a region, regulators should react, for instance by setting limits on loan-to-value ratios, or if credit bubbles threaten, monetary policy should respond earlier enough by increasing interest rates or by other measures like raising reserve requirements or introducing countercyclical provisioning. If the present network of mushrooming "*systemic boards*" could work together to foster this type of fine-tuning of regulatory measures to be applied – not uniformly of course, but according to the problems of each country or region or market – then we would live in a more stable environment. The absence of an international monetary system would be to some extent mitigated by a serious macroeconomic oversight regulatory system. Of course, there is an objection and that is that governments will not be willing to apply such anti-cyclical policies – which are very often unpopular – and therefore my idea would be as unrealistic as the one of increasing the powers of the IMF in the field of multilateral surveillance. But I do not agree with that because I still believe that central banks and regulators have more knowledge, more leeway and more independence to act in such a diversified but effective manner as I described than governments have the will to abide by imposed multilateral surveillance rules.

# A Reassessment of the Triffin Dilemma*

Richard PORTES

*London Business School and CEPR*

Explanations of the breakdown of the Bretton Woods exchange-rate system often refer to the Triffin Dilemma. Recently, proposals for a multipolar reserve system have invoked a supposed new form of the Triffin Dilemma (Farhi *et al.* 2011). Neither view has support in the data, and the underlying arguments are open to question.

## 1. Triffin Dilemma Definitions

There are at least two rather different formulations of the Triffin Dilemma in recent discussions. The definition that is perhaps closer to what Triffin had in mind is that increasing demand for reserve assets strains the ability of the issuer to supply sufficient amounts while still credibly guaranteeing or stabilising the asset's value in terms of an acceptable *numéraire* (see Obstfeld 2011 as well as Farhi *et al.* 2011). An alternative perspective from a policy-maker is that the dilemma is founded on a tension between short-run policy incentives in reserve-issuing and reserve-holding countries, on the one hand, and the long-run stability of the international financial system on the other hand (Bini Smaghi 2011).

## 2. The Triffin Dilemma of the 1960s

A dilemma is a difficult choice between alternatives. The first posited that the United States would stop providing more dollar balances for international finance. In that case, trade would stagnate and there would

* This essay is based on my contribution to the conference, The International Monetary System: sustainability and reform proposals, held in Brussels on 3-4 October 2011, to commemorate the 100th anniversary of the birth of Robert Triffin. I am grateful for comments from Maurice Obstfeld. I am also indebted to Tommaso Padoa Schioppa for many discussions of these issues over 25 years and to Hélène Rey for more recent extended discussions – even though, in both cases, we sometimes had to agree to disagree, as will be evident from the text.

be a deflationary bias in the global economy – a global liquidity shortage. The second was that the United States would continue to provide more of the international reserve currency, leading ultimately to a loss of confidence in the dollar, as US obligations to 'redeem' foreign holdings with gold would be seen to be unsustainable.

Some writers have identified the second alternative with continued US current account deficits. But this is not correct, either empirically or conceptually.

## 3. Another Interpretation of the 1960s

The US current account was actually in surplus throughout the 1960s. Moreover, much of the growth of dollar reserves from 1955 onwards was driven by foreign demand for money (recall the 'dollar shortage' of the late 1940s and early 1950s) and posed no threat to US liquidity (Obstfeld, 1993).

One analysis at the time took a different line (Despres *et al.* 1966) – a 'minority view', as the authors put it. They argued that the US 'deficit' arose from its role as the world banker (see also Gourinchas and Rey, 2007). It borrowed short (issuing riskless assets) and lent long (buying risky assets). The source of the dollar balances accumulated abroad was net capital outflows, not current account deficits.

More generally, 'current accounts tell us little about the role a country plays in international borrowing, lending, and financial intermediation…' (Borio and Disyatat, 2011). Moreover, Despres *et al.* argued that the key issue was not external (global) liquidity but rather internal liquidity in Europe. That is, the United States was supplying financial intermediation to a Europe whose financial system was still incapable of providing that itself. The lack of 'confidence', they suggested, reflected a failure to understand this intermediary role. Hence there was a straightforward policy response: develop and integrate foreign capital markets, while seeking to moderate foreign asset holders' insistence on liquidity. The minority view of 1966 – the same year in which Valery Giscard d'Estaing spoke of the 'exorbitant privilege' – resonates with today's policy discussions of global imbalances (Portes, 2009).

The 'dollar problem' of the 1960s was not founded on the Triffin Dilemma. Rather, it was simply the US inability to convince dollar holders that the US would maintain a stable value of the dollar with appropriate monetary and fiscal policies. If the US had done that, then dollar holders would have had no incentive to demand gold (Obstfeld, 1993) – unless it was to destroy the exorbitant privilege.

## 4. Is There a Triffin Dilemma Now?

The leading current version of the Triffin Dilemma starts from the hypothesis that the global economy faces a chronic, severe shortage of reserve assets, which are identified with 'safe assets' (Caballero, 2006). The empirical evidence cited for this is persistently low real interest rates.

There are several formulations of the problem raised by the assumed shortage of safe assets. First, excess demand for safe assets leads to a deterioration of the creditworthiness of the safe asset pool – leading up to the 2008 financial crisis, when we saw a wide range of assets rated at AAA that subsequently were revealed as very unsafe indeed.

Second, the supply of truly safe dollar assets – US Treasuries – rests on the backing of the US 'fiscal capacity'. But that grows only as US GDP grows, and US GDP grows slower than world GDP, which determines the growth of demand for those assets. Hence there must be a growing excess demand for safe assets.

Third, it is the 'ability to provide liquidity in times of global economic stress [that] defines the issuer of the reserve currency' (Farhi *et al.*, 2011). This again rests on US fiscal capacity.

Fourth, global reserve growth requires an ongoing issuance of gross US government debt, which requires either fiscal deficits or issuing debt to buy riskier assets. Global reserve growth is therefore driven by fiscal deficits, not balance of payments deficits, and the resulting government debt will eventually outrun US fiscal capacity.

Farhi *et al.* do not define fiscal capacity, but they seem to mean the sustainability of government domestic debt or the solvency of a government. What debt level is 'sustainable' is a matter of considerable controversy, whether it applies to domestic or international debt (e.g., Ostry and Mendoza, 2008, Alogoskoufis *et al.*, 1991), and it is not straightforward to make the intertemporal budget constraint operational. In the sovereign debt and default literature, these are old issues, concerning the difficulties of distinguishing for a sovereign 'can't pay' from 'won't pay' or illiquidity from insolvency.

Setting these problems aside, the empirical evidence for this version of the Triffin Dilemma seems weak. We see no global liquidity shortage, no deflationary bias from that source. Even during the financial crisis of 2008-09, the only manifestation of inadequate global liquidity (as opposed to particular securities markets) was a short-run lack of dollars to finance dollar positions. This was met by short-term currency swaps, which briefly rose to high levels but were quickly wound down.

The main evidence cited for the shortage of safe assets is low real interest rates. It is indeed correct that real interest rates fell steadily from the 1980s and early 1990s to levels that seemed historically low in the 2000s. But they were not historically low – real interest rates were lower in the 1960s and 1970s (the average real interest rate on the sovereign borrowing of the 1970s was significantly negative). Are we supposed to believe that there was a shortage of safe assets both pre- and post-1971? Finally, the US is not the only source of safe assets – the government bonds of Germany, the United Kingdom, Norway, Switzerland are also held in substantial amounts by foreign investors. There is a further critique of the 'safe asset shortage view' in Borio and Disyatat (2011).

Suppose the United States had maintained the fiscal balance it achieved in 1999-2000. The net supply of US Treasuries was stable or falling, but private investment exceeded savings, so there was a current account deficit, with a rising foreign demand for reserves. What would the foreigners have bought? If the dominant source of safe assets was US Treasuries, then the constraint on the supply of these (reserve) assets would not have been US fiscal capacity, but US fiscal rectitude – no Triffin Dilemma, as set out by Farhi *et al.*

Note that it is also not clear that the US current account deficits of the 2000s were due to the demand for additional reserve assets from the rest of the world. That demand could have been met by net private capital outflows, as in the 1960s.

## 5. The Implications

The world will move towards a multipolar reserve system, but not because of the Triffin Dilemma and a shortage of safe assets in the current dollar-dominated system. Official reserve holders want to diversify their portfolios (see Papaioannou *et al.*, 2006). And the correction of global imbalances will promote this.

For policymakers, the message is to try to convince surplus countries that reserve assets are not as safe as they think, so that they will reduce their demand for these assets (China has already suffered a large capital loss because of dollar depreciation in the 2000s). The asymmetry between pressures on surplus and on deficit countries might be met by doing the opposite of creating more 'safe assets' – that is, raising the risk premium on the supposedly safe assets, so countries accumulating reserves might cut their demand for them, shifting their portfolios towards other assets (cf. sovereign wealth funds). Such a trend could accelerate if the dollar were to continue to depreciate.

The emerging market countries will develop their domestic financial markets and will have less need for foreign financial intermediation (cf.

Despres *et al.*). Some emerging market countries may themselves become reserve suppliers. And the development of more international facilities centred on the IMF could reduce the demand for reserves for self-insurance (Farhi *et al.*).

Considering the Triffin Dilemma undoubtedly helps us to understand the forces underlying the development of the international financial system. But it is not the source of the system's problems.

## References


Alogoskoufis, G., L. Papademos, and R. Portes, 1991, *External Constraints on Macroeconomic Policy*, Cambridge University Press for CEPR.

Bini Smaghi, L., 2011, *The Triffin Dilemma revisited*, 3 October 2011, at http://www.ecb.int/press/key/date/2011/html/sp111003.en.html, and in this volume.

Borio, C., and P. Disyatat, *Global imbalances and the financial crisis*, BIS Working Paper 346.

Caballero, R., 2006, On the macroeconomics of asset shortages, NBER Working Paper 12753.

Despres, E., C. Kindleberger, and W. Salant, 1966, "The dollar and world liquidity: a minority view", *The Economist*, February 6.

Farhi, E., P.-O. Gourinchas, and H. Rey, 2011, *Reforming the International Monetary System*, CEPR eBook, French version published by Conseil d'Analyse Economique.

Gourinchas, P.-O., and H. Rey, 2007, "From world banker to world venture capitalist: the US external adjustment and the exorbitant privilege", in *G7 Current Account Imbalances: Sustainability and Adjustment*, R. Clarida (ed.), The University of Chicago Press for NBER.

Mendoza, E., and J. Ostry, 2008, "International evidence on fiscal solvency: Is fiscal policy 'responsible'"?, *Journal of Monetary Economics.*

Obstfeld, M., 1993, "The adjustment mechanism", in M. Bordo and B. Eichengreen (eds.), *A Retrospective on the Bretton Woods System*, University of Chicago Press for NBER.

Obstfeld, M., 2011, "The international monetary system: living with asymmetry", in *Globalization in an Age of Crisis: Multilateral Economic Cooperation in the Twenty-First Century*, Robert C. Feenstra and Alan M. Taylor (eds.), forthcoming from the University of Chicago Press.

Papaioannou, E., R. Portes, and G. Siourounis, 2006, "Optimal Currency Shares in International Reserves: The Impact of the Euro and the Prospects for the Dollar", *Journal of the Japanese and International Economies* 20, 508-547.

Portes, R., 2009, "Global imbalances", in *Macroeconomic Stability and Financial Regulation*, M. Dewatripont, X. Freixas and R. Portes (eds.), CEPR.

# International Monetary Reform and Global Imbalances

Alexander K. SWOBODA

*Professor of International Economics Emeritus, The Graduate Institute of International and Development Studies*

It is a fitting tribute to Robert Triffin that today's debates on international monetary reform rarely fail to refer to his analysis of the international monetary system and to the "Triffin dilemma". Of the many things that I learned from Triffin, as a teacher and member of my thesis committee at Yale, was the importance of thinking of the international monetary system as being more than the sum of its individual countries and policy components. I am therefore particularly grateful to have been invited to participate in this celebration of his contributions to economics and economic policy.

In her wide-ranging and rich paper on the reform of the international monetary system, Anne Krueger touches on many topics including the role of the IMF in the macroeconomic policy coordination process, the Fund's legitimacy, the need for and role of a sovereign debt restructuring mechanism, and the role of financial oversight and regulation. Her emphasis, however, is on "global imbalances" of the past decade and the ways in which they contributed to, or perhaps even were the major factor in, generating the recent world economic and financial crisis.

There are many points on which I fully agree with Anne Krueger. There are also some points of substance or emphasis on which we differ. For the sake of brevity, let me focus on three aspects of the global or current account imbalances debate and then conclude on a broader note.

## I. The Triffin Dilemma and Current Account Imbalances

Several papers and speakers at this conference note that the questions confronting the international monetary and financial system are, in Anne Krueger's words, "much the same questions as those to which Triffin addressed his attention." She, as others, sees a close link between Robert Triffin's analysis and current debates about global imbalances. The differences between the economic environment today and when he wrote, however, are as important as the similarities.

Triffin's analysis addressed policy and coordination issues as they arise in a fixed exchange-rate system, more specifically under a gold-dollar reserve standard. It concerned the over-all balance of payments account and not the current account.

In fact, the United States had a positive current as well as trade account in the post-war period until 1970; these accounts turned negative in 1971 and 1972, but the current account then became positive again until 1980. The issue then was not that the United States could run current account deficits "without tears" but that its "exorbitant privilege" allowed it to gain seignorage and to borrow short at low cost in order to acquire long-term claims on the rest of the world.

The issues that Triffin raised can perhaps best be framed in terms of the trilogy of issues identified by the Bellagio Group of Economists under the leadership of Fellner, Machlup and Triffin: the adjustment, liquidity and confidence problems (Machlup, 1964; Fellner, Machlup, and Triffin, 1966). Within that framework, the so-called Triffin dilemma arises in a fixed exchange-rate system in which both gold and the dollar serve as official international reserve assets. Growth in the world economy (and in payments imbalances) raises the demand for international reserves. If the supply of gold is fixed (or slowly growing or even declining), the rising demand for reserves must be met by an increase in foreign official holdings of dollar balances or by a transfer of gold reserves from the United States to the rest of the world. A United States over-all balance of payments deficit is thus required to supply the rest of the world with the required international reserves (international liquidity in the trilogy's terminology). The problem is that the ratio of US gold assets to its dollar liabilities falls in the process, raising doubts as to the ability or willingness of the United States to convert the dollar balances accumulated by foreign official holders into gold at the then fixed price of 35 US Dollars per ounce of fine gold. The solution to the ensuing confidence problem would be to reduce the United States' payments deficit; but that would entail a liquidity shortage. Hence the dilemma: if you ameliorate the liquidity problem you worsen the confidence problem and vice-versa. In addition if you reduce the growth of international liquidity for fear of creating a confidence crisis, the burden of payments adjustment will fall more heavily on deficit countries with potential deflationary consequences for the world economy – and vice-versa for too large an expansion in international liquidity[1].

---

1 Whether the breakdown of the Bretton Woods system can be attributed to the Triffin dilemma *stricto sensu* or to the unwillingness to accept the consequences of what had

This is not to deny that Triffin's analysis and dilemma, broadly understood, remain highly relevant today. As Lorenzo Bini Smaghi's contribution to this volume states,

> we still have a fundamental tension between the currency demands of rapidly growing economies, the domestic policy incentives of reserve issuing/holding countries, and global economic and financial stability: in Triffin's words, the system remains 'highly dependent on individual countries' decisions'.

That said, the nature and dynamics of the resulting policy conflicts, as well as their implications for reform and policy coordination, differ in crucial respects depending on whether you are in a system of fixed or floating exchange rates – depending on whether your concern is about the overall balance of payments (mainly relevant under fixed exchange rates) or about the current account (relevant, but with very different dynamics, under both exchange-rate regimes).

## II. Current Account Imbalances: Good and Bad

Before trying to correct "global imbalances," we need to define what we mean by the term. Together with Anne Krueger I will focus on current account imbalances. While the meaning of current account is clear, that of imbalance is not. We would obviously not want to call every current account deficit or surplus, however small or transitory, a global current account imbalance. The latter must refer to a sustained deficit or surplus in the current account of a large country, region, or part of the world with the rest of the world. That still does not tell us the sense in which such deficits or surpluses are "imbalances". In everyday parlance, an "imbalance" suggests something that is undesirable and needs to be corrected. In economics, a sustained current account deficit or surplus need neither be undesirable nor require correction. There are thus, as a recent IMF position paper recognizes, good as well as bad "imbalances" (Blanchard, Milesi Ferretti, 2009).

One example of good imbalances is the secular transition from trade and current account deficit to current and investment account surplus that accompanies a country's evolution from young debtor to mature creditor in the course of economic development in the framework of the "stages of the balance of payments" hypothesis. More generally, as long as there are no distortions in markets and no externalities, current account surpluses and deficits (and their mirror deficits and surpluses in the capital account) would reflect the optimal transfer of resources from

become a dollar standard by 1968 and the inability to agree on its governance is a matter of some controversy. For the latter view see (Genberg, Swoboda, 1981).

countries where capital is relatively abundant to where it is relatively scarce.

Bad imbalances, in contrast, would reflect either some distortion elsewhere in the economy or represent a threat to the stability of the countries involved or to the system at large. As an example of the effects of distortions, a current account deficit may reflect too large a budget deficit (e.g. the United States?), a current account surplus a structure of taxes and expenditure that discourages consumption spending (e.g. China?). A persistent, large, current account deficit (or surplus) may also represent a threat to stability insofar as it is, or is thought likely to be, unsustainable; if no measure is taken to redress the "imbalance" progressively, adjustment may ultimately prove to be both brutal and exceedingly costly.

These considerations suggest that a first step in considering policies to deal with global imbalances is to ask whether and why we should worry, whether and why, if you wish, the actual current account diverges from some "optimal" or "desirable," or "target" current account. And in that task, it is crucial to realize that (a) the current account is an endogenous variable, and (b) that it is a shared variable in the sense that country A's surplus is the rest of the world's deficit. Point (a) implies that to address a current account imbalance one should preferably use a policy variable that affects the current account most directly. The national policy variables that affect the current account most directly are those that have the most direct bearing on national saving and investment, namely the structure and level of fiscal policy. Trying to affect the current account through policies that affect the exchange rate (e.g. monetary policy under floating exchange rates or devaluation/revaluation under fixed) is not efficient as the real exchange rate is itself an endogenous variable and the effect of the policies on the current account will be indirect at best[2].

Point (b), the fact that the current account, like the exchange rate, is a shared variable goes some way towards explaining, in conjunction with point (a), both why international macroeconomic policy coordination is needed and why it is so difficult. It is needed if only to avoid that countries aim at incompatible current account targets, with deflationary (inflationary) consequences if everybody aims at a surplus (deficit). It is difficult for many reasons. There are the usual disagreements and uncertainties about objectives, the structure of the economy, the impact of policy on target variables, and strategic behaviour as policy makers try to shift the burden of adjustment onto others. The fact that attempts at

2 For a development of the points made in this and the next paragraph, see Genberg, Swoboda, 2011.

policy coordination all too often aim at the wrong targets (e.g. the current account rather than the underlying distortions) with the wrong instruments (e.g. the exchange rate) does not help. And the fact that correcting the distortions in national economies and in the international system – which is the whole point of international coordination – requires adjusting policies, such as fiscal policies, that are at the heart of national sovereignty and of politics renders the exercise all the more difficult. This is perhaps also why global current account imbalances have been used to blame others for problems that start at home.

## III. CA Imbalances as the Source of the Crisis

The story that Anne Krueger tells to connect the recent world economic and financial crisis to the current account imbalances that have built up over the past decade between the United States and the rest of the world – China in particular – combines elements of the Bernanke "savings glut" hypothesis, excessive reserve accumulation by China and other emerging economies as well as oil producers, and currency undervaluation as part of an export-led growth strategy. The story goes something like this: the "excess" saving by China and other countries allowed the US to finance a current account deficit at low interest rates as a good part of that saving took the form of an accumulation of US government securities by foreign official holders. The resulting low interest rates, not only in the United States but in much of the rest of the world, led to a search for yield which, in turn, led to financial excesses, a or several construction booms, followed by collapse, the subprime crisis and, in the end, the great recession.

The following quotes from Anne Krueger's paper are suggestive of the explicit or implicit causality of the sequence of events she describes:

> [...] after the Asian crisis of 1997-98, the demand for US dollars rose more rapidly...To satisfy this demand required a US current account deficit, or, as we all know, excess expenditures over income [...] In an important way, the rest of the world's demand for reserves constituted an ENABLER...The inflow of excess savings from China, primarily to the United States, funded the large and growing American fiscal and current account deficit...With abundant liquidity, real interest rates remained very low even as the American savings rate fell and the current account deficit rose. Low real interest rates [...led to a general search for yield...regardless of what weights one assigns to financial and real variables, it is clear that the underlying global imbalances contributed greatly to the [financial and real estate] excesses [...]

In her conclusion, Anne Krueger, summarizes her view about reserve accumulation thus: "...reserve accumulation was at least partially responsible for the emergence of the financial crisis at and at a minimum contributed to its severity."

While elements of this story are quite plausible, the implied causality is not entirely convincing. In the first place, there is a suggestion that the deficit in the US current account and even in the government's budget were forced on the United States. Anne is careful not to go quite so far when she calls the world's demand for dollar reserves an "enabler". Still, it would be dangerous to use the argument as an excuse for US fiscal laxity. Similarly, the fact that it would have been politically difficult for the Federal Reserve to aim for higher interest rates during the "great moderation" does not mean that easy US monetary policy bears no responsibility for the low interest rates that some blame on foreign demand for US dollar reserves. If one is to look beyond US monetary policy or current account imbalances for explanations for easy credit conditions in US and global financial markets, the explanation put forward by Hyun Song Shin in his Mundell-Fleming lecture provides an attractive alternative. Shin's analysis relies on a flow of funds examination of global banks and of gross capital flows and not of net flows (current account imbalances). He concludes that "the culprit for the easy credit conditions in the United States up to 2007 may have been the 'Global Banking Glut' rather than the 'Global Savings Glut'"[3].

Focus on current account imbalances as sources of the crisis also masks the crucial role played by other important factors, distortions in financial markets and failures of regulation prominent among them. Anne Krueger acknowledges these factors (to which I return in the concluding section below) but, to my mind at least, tends to underplay their role as sources of the crisis.

There are several dangers in putting too much weight on current account imbalances as causes of the economic and financial crisis. First, it risks confusing the symptoms with the causes. Second and related, it may lead to the use of policy instruments that are inappropriate to deal with the root problems. Third, it risks focussing not only national policies but also international policy coordination on the wrong issues. Finally it provides the US Congress and policy makers with a cheap excuse; Chinese excess savings and currency manipulation and not American fiscal laxity or low savings are at the root of the US current account deficit. Which prompts a question: how much of the US current account deficit would disappear if China floated the yuan?

[3] See Shin, H.S., 2011.

## IV. Three Basic Issues for International Monetary and Financial Reform

Beyond global imbalances, three basic issues, all mentioned by Anne Krueger, seem to me worth emphasizing.

First, reform of the international monetary and financial system must recognize that – as both Alexandre Lamfalussy and Jacques de Larosière have emphasized at this conference – the roots of the recent crisis can to a large extent be found in deep-seated flaws in the structure and regulation of financial markets. This is what distinguishes the current crisis from the "run of the mill" recession of the postwar period.

More specifically, the household sectors of many economies became vastly over-indebted and their financial sectors vastly over-leveraged in the period of the great moderation and in the run up to the crisis. As the crisis unwound and fiscal authorities stepped in, already highly indebted governments accumulated even more debt. The crisis also shows, at least to this observer, that a significant part of the growth of the financial industry over the past decade has been froth and that the industry needs to be resized. In other words, general de-leveraging and resizing of the financial industry in an orderly fashion is of the essence if economic stability is to be restored. The basic issue for financial regulation and supervision is to strike the appropriate balance between regulation and market discipline to ease the process. Unfortunately, one legacy of the crisis has been the creation of excessive moral hazard as one sector of the economy after another has become too big, too interconnected, too strategic, too whatever to be allowed to fail – that is, market discipline has been severely eroded. This is why one of the main goals of the reform process should be to keep, in the future, the social costs of the failure of any economic unit, however big, interconnected, or strategic, at a level that makes it possible. That is the point of living wills and of the "too big to fail" legislation proposed in a number of countries. And that is why the attempts of the banking industry to game the legislation should be resisted. Moreover, it is a point that extends beyond the financial industry, notably to sovereigns and underlies Anne Krueger's proposal for a Sovereign Debt Restructuring Mechanism proposal. The Eurozone's crisis might have been less severe, had such a mechanism been in place.

Second, we lack an agreed (enforceable and enforced) framework or mechanism for sharing the burden of international adjustment. Put another way, there are no agreed implicit or explicit rules for policy coordination when it comes to international adjustment. As Anne Krueger puts it when describing the multilateral consultations called by the IMF in 2006 to find ways to reduce global imbalances,

> Representatives of those [countries] with current account surpluses insisted that it was the deficit countries that should adjust; simultaneously the deficit countries maintained that much, if not most, of the adjustment should originate in the surplus countries. Hence, nothing was done to reduce the size of the imbalances which were, indeed growing larger.

She then points to the difficulties that other attempts at international coordination of macroeconomic policies within the IMF or the G-20 have had in dealing with global imbalances. What can be done? I believe that the MAP process started with the help of the IMF and the Fund's spillover reports are useful in raising awareness of the benefits of coordinated action. But I would move away from stating goals for the value of endogenous variables such as current accounts or exchange rates and emphasize broad policy packages that incorporate agreements to move policy instruments in the right direction rather than towards specific numerical values. It would also be useful to have broad criteria or rules to judge the conformity of the policies of a country with its obligations under the IMF's articles of agreement or, more fundamentally, with the proper functioning of the 'standard' adjustment mechanism under various exchange-rate regimes. For instance, a country should be free to fix its exchange rate, but if it so chooses it should not be allowed to sterilize reserve flows fully for an extended period of time[4]. Rules of that type would be more difficult, but perhaps not impossible, to define for a country that chose to float.

Third, as is obvious, we have entered an era of shifting power in several dimensions: economic, geographical, social, political and institutional. In such a shifting context, the political legitimacy of the IMF as a universal institution is key to its credibility and effectiveness. Even then, institutional reform while adjusting to a deeply changing environment will be a long, difficult, but not hopeless process.

## Bibliography

Blanchard, O. and Milesi Ferretti, G.M., "Global Imbalances: In Midstream?", *IMF Staff Position Note No.* 2009/29.

Fellner, W., Machlup, F. and Triffin, R., *Maintaining and restoring balance in international payments*, Princeton (NJ), Princeton University Press, 1966.

Genberg, H. and Swoboda, A., "Current Account Imbalances: Norms, Targets or Indicators?", (mimeo.), Nov. 2011.

Genberg, H. and Swoboda, A., "Gold and the Dollar: Asymmetries in World Money Stock Determination, 1959-1971", in R. Cooper, P. Kenen,

4 Although such a rule is not without ambiguity nor easily enforceable, it would seem better than having to decide whether a country is a currency manipulator on the basis of some controversial and fraught estimate of an "equilibrium" exchange rate.

J. de Macedo and J. van Ypersele (eds.), *The International Monetary System under Flexible Exchange Rates: Global, Regional and National, essays in honor of Robert Triffin Cambridge*, Mass., Ballinger, 1981, pp. 235-257.

Machlup, F., *International monetary arrangements: the problem of choice*, Princeton (NJ), Princeton University Press, 1964.

Shin, H.S., "Global Banking Glut and Loan Risk Premium", 2011 Mundell-Fleming Lecture, IMF Annual Research Conference, 10-11 November 2011 (mimeo).

# Structural Imbalances

## The Case of China

Georges UGEUX

*Chairman and CEO, Galileo Global Advisers*

Anne Krueger's paper reminds us of the consequences of global imbalances. Two imbalances dominate today's world:

- Europe and US over-indebtedness with drastically different consequences: increased confidence in the US and mistrust towards Europe.
- Trade imbalances between China and the Western world are affecting our future. I will look at this side of the global equation.

Addressing China's imbalance as Anne did in her paper forces us to look at the origin, the current situation, the yuan question, the justification and ultimately the potential consequences for the global economy. I will do it from a practitioner's perspective.

## I. The Origin of the Chinese Balance Payment Surplus

We have been witnessing a massive dislocation of the Western world's production capacity. It is based on a search for profit by the West and by global companies. They intentionally decided to produce outside of their home market for cost reasons. Blaming China for its substantial balance of payment surplus is hypocritical.

Are we willing to pay the price for even a limited relocation? Could Apple sell its iPad if it was not partly produced by Foxconn who runs a modern version of labor camps in China?[1]

---

1 The Foxconn Technology Group (traditional Chinese: 富士康科技集團; simplified Chinese: 富士康科技集团) is a multinational business group anchored by the Hon Hai Precision Industry Co., Ltd. (Chinese: 鴻海精密工業股份有限公司), a Taiwan-registered corporation headquartered in Tucheng, Taiwan. Foxconn is the world's largest maker of electronic components including printed circuit boards. Due to its dominance in this specialized outsourcing sector, it is popular with European,

## II. The Current Situation

We are currently seeing a trend towards the reduction of exports by China[2]. However, this is not translated into a drop in imports into China. The only explanation is that, quite naturally, China is at last producing for its domestic market.

Are we seeing the first signs that Chinese households are saving less and will join the consumption society? It is too early to draw that conclusion. In the meantime, Western producers of branded luxury goods are enjoying the spending spree of the wealthy Chinese. From watches to handbags and, of course, wine, Chinese households are able to make high-cost purchases, while simultaneously saving one third of their incomes.

## III. The yuan Question

With USD 3,300 billion of foreign exchange reserves, China is the world's largest lender. Not only does the US Government depend on it to finance its deficit, but Europe needs China to invest in Euro denominated assets.

China will not significantly help European indebted countries in a bilateral way. They are much more interested in doing it via the IMF. The US and European over-indebtedness will provide them with a unique opportunity to increase their stake in the IMF, something their transatlantic partners do not like. The fact that the IMF has been called in by the Eurozone was a sign of weakness, but I share Anne Kruger's viewpoint that the IMF is more disciplined and equipped for this kind of "curative" medicine. Min Zhu, the IMF Deputy Director General, is

---

Japanese and American companies wishing to reduce labor costs without sacrificing quality. Better known products Foxconn manufactures include the iPhone and the iPad. It is the largest exporter in Greater China. Foxconn has been involved in several controversies – most relating to how it manages employees in China, where it is the largest private employer (Wikipedia).

2 China's exports and imports fell month-on-month in October as the escalating European debt troubles and the elevating US unemployment rate dampened demand outlook. China's foreign trade in October rose 21.6% year-on-year to USD 297.95 billion, but was 8.3% lower than in September, the General Administration of Customs said on Thursday. The nation's exports rose 15.9% in October to USD 157.49 billion compared with a year earlier, but fell 7.2% on a monthly basis. The 15.9% annual growth rate was the lowest since February this year. Imports gained 28.7% annually to USD 140.46 billion, faster than the 20.9% in the previous month.
The nation's trade surplus fell 36.5% y-o-y to USD 17.03 billion in October. The trade surplus was USD 14.51 billion in September (China Business).

there to keep an eye on the situation. He is the former Deputy Governor of the People's Bank of China, the Chinese Central Bank[3].

The yuan increased by roughly 5% this year.

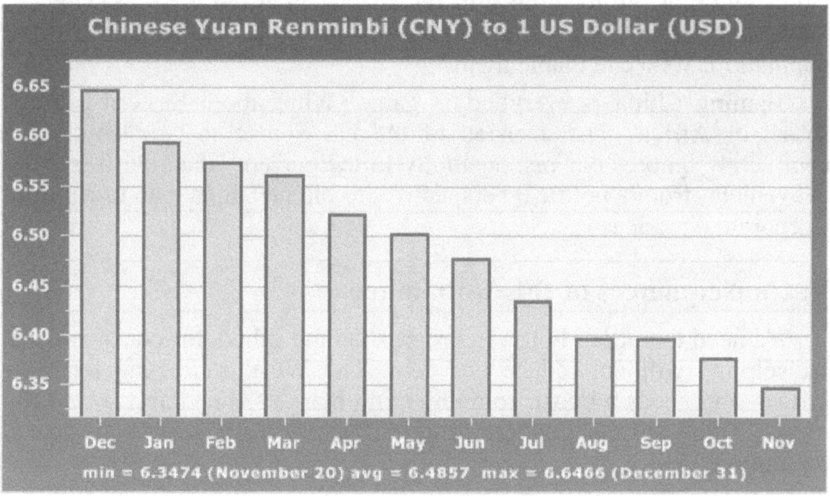


Asking for more is not reasonable especially since the United States has once again resorted to its traditional neglect of the value of the dollar. For every percentage point of appreciation of the yuan, China loses the equivalent on its holdings of US Treasuries, amounting to USD 1,500 billion! A debtor cannot request a weakening of its debt from its creditors.

## IV. Can the West Justify Its Position?

We cannot expect globalization not to level off substantial economic differences. The Chinese live with 4,000 USD per inhabitant per year. We benefit from a GDP per capita of around USD 40,000. This is not an

3 Mr. Min ZHU assumed the position of Deputy Managing Director on July 26, 2011. Previously he served as Special Advisor to the Managing Director of the International Monetary Fund from May 3, 2010 to July 25, 2011. Mr. Zhu, a native of China, was a Deputy Governor of the People's Bank of China. He was responsible for international affairs, policy research, and credit information. Prior to his service at China's central bank, he held various positions at the Bank of China where he served as Group Executive Vice president, responsible for finance and treasury, risk management, internal control, legal and compliance, and strategy and research. Mr. Zhu also worked at the World Bank and taught economics at both Johns Hopkins University and Fudan University. Mr. Zhu received a Ph.D. and an M.A. in economics from Johns Hopkins University, an M.P.A. from the Woodrow Wilson School of Public and International Affairs at Princeton University, and a B.A. in economics from Fudan University (IMF).

entitlement: nothing in this debate gives us a right to have forever ten times more than China.

It is, therefore, perfectly legitimate for China to care about its population. We must all read the Win Jiabao speech at the WEF in Dalian in September[4]. The Chinese have chosen to prioritize the welfare of their population. Who can blame them?

Blaming China is everybody's game. What about Eastern Europe, Brazil or Africa? The decision of the US Senate to "punish China" completely ignores our responsibility in the current situation. It is more convenient, from a political perspective, to blame China than to confront Corporate America.

## V. Consequences of this Imbalance

We need to get our house in order. Blaming others for our own fiscal indiscipline will not reduce our debt. The West is cruising for slow growth and needs a boost from emerging markets. Inevitably a revision of our value system and our financial ethics will lead to a societal revolution.

From the Arab world to the Wall Street protesters, we are seeing a generation that will resent our lifestyle based on record indebtedness. Our pensions problems are insurmountable.

We are at the beginning of a new sharing of power in the global world.

We should accept it with seriousness and a sense of responsibility. The alternative is protectionism, and war.

We are also at the dawn of a new definition of the financial planet.

* *
*

The question of Anne Krueger's report remains central. We do not act on the cues of an impending crisis and even *during* a crisis we argue about potential solutions. The lack of processes and institutions that would anticipate it and take preventive measures is destructive to confidence.

China is not the problem; and it is up to us to invite her to be a part of the solution. It is in our and her best interests. On top of that, it's the right thing to do. But as *The Economist* noted in its front page article from October 1st, *until politicians actually do something about the world economy, BE AFRAID.*

---

4 The speech is available on You Tube www.youtube.com/watch?v=y2x_ofRrhUc.

# Débat / Discussion

**Christian Ghymers**: I would like to address a question to Richard Portes about the Triffin dilemma. I do share your interesting explanation, but still you didn't refer to the inner principle which is behind Triffin's dilemma, namely the asymmetry, and maybe it is just a question of wording. Though you did not mention this asymmetry, you cannot escape the fact that when you use a national currency as a key currency of the world you develop an asymmetry which translates into an excess of liquid debt in the balance sheet of that country. And this at the beginning was just on the capital side, with the US playing the role of world banker and that was ok, but then if you add that there is a spillover between the FED monetary policy stance and the rest of the world policy stance due to interventions of other central banks for acquiring these reserves, putting this spillover into the picture, you have inevitably an excess of world liquidity and a progressive trend towards an excess of expenditure over income in the US by the depressive effect upon their savings as interest rates are pushed down asymmetrically too. Could you address this question of asymmetry?

**Pierre Defraigne**: Why is it that the EU "troika" – whatever the name is – when they have a bilateral summit with China, always lecture China about the undervaluation of the yuan, but never raise the exchange rate question when they have a bilateral summit with the US?

**Alfred Steinherr**: I would like to put a question to the chairman. You mentioned the difficulty of dealing with a number of issues, including better regulation of banking in the IMS and so on. Now, I think what would probably make your case even more difficult is the following: for the last 40 or 50 years, whenever we went through a major re-regulation, we just created the incentives for the next problem. For instance Basel I and II brought banks to create the non-banks, that is, to take much of the risky activity out of the balance sheets of banks and now we have the problem of the shadow banks. And we could repeat stories of that sort and since you are an extremely careful and experienced person, could you give us your thoughts on how to prevent that by trying to do good we will just create the next bad case in the future?

**Richard Portes**: I think I'll let Alexander deal with the EU troika and exchange rate issues, so I'll focus on the asymmetry question. Yes, of course there are problems in using a national currency as an international currency, and we've discussed those. But it does not follow that this should lead to excessive indebtedness of the key currency country. The US – and this goes back to this question whether it was current accounts or capital accounts and so on – the US was of course a net creditor internationally until 1987, and even after all the US current account deficits that we've seen in the past 12-15 years, the US external debt-to-GDP ratio these days is still around 25%; this is partly due to valuation effects, namely the depreciation of the dollar. But still 25% is not something that we need to worry about in the external side. Excess of world liquidity, yes absolutely, and I read about currency wars and the exporting of liquidity from the US because of the FED monetary policy, but that's not the Triffin dilemma for sure: if there's an excess of world liquidity that doesn't sound like Triffin problem to me.

**Alexander Swoboda**: I was happy that Richard brought up the Despres, Kindleberger, Salant article, because it is a very important piece that bears on the question asked by Christian Ghymers. I think the asymmetry of an international reserve system based on a national currency was clearly brought out by Triffin, and that was one of his many important contributions. One question is in what way that led to the demise of Bretton Woods I. In the 1981 *Festschrift* for Triffin, Hans Genberg and I argued that in fact the problem was not so much the gold exchange standard – because that was by then already a dollar standard – but the fact that this asymmetry and the overriding power it conferred on US monetary policy was tolerable only as long as the US pursued a macroeconomic policy that was broadly acceptable to the rest of the world; when US policy diverged too much from the interests of the rest of the world, and the rest of the world had more power, the system broke down. Whether you want to call that a Triffin dilemma or not, I don't care. The solution of Despres, Kindleberger and Salant, Kindleberger in particular, was to suggest maybe to have an explicit dollar standard, with European central bankers sitting on the board of the Federal Reserve System.

**Richard Portes**: they didn't say that in the article.

**Alexander Swoboda**: You are right, not in that article. I think it was Kindleberger that made the argument afterwards. It was one of the possible solutions; in a way, it is similar to the ECB solution, with the rest of Europe sitting on the Bundesbank's Board.

**Anne Krueger**: I do not see a contradiction at all between talking about excess liquidity and talking about the Chinese having a demand for reserves and the US a money supply increase which then, by virtue of intermediating in one way or another, leads to very low real interest rates, which then leads to the search for liquidity and everything else. I do not see this as either financial or real. I was a little bit mystified by Jacques de Larosière's statement that he thought the real problem was jobs and all that, and that that was financial, because quite clearly, at least in the US, much of our job loss has been associated with the home goods industries that were overbuilt during the period in which there was excess liquidity and in which there was a build-up especially in real estate and related services. (It is not simply construction; it is much more than that). But those things came about because of some of the low interest rates and the demand. You could argue that maybe the primary cause was financial, I wouldn't really challenge that, but even if you argue that, surely a very low real interest rate encouraged even higher prices of real estate and construction than would have happened had that not been there. So in a sense, you can talk about what might have been a more natural full employment or *nairu* rate which would have been higher, but otherwise quite clearly there was a supply and a demand and the interest rate calibrated it.

**Richard Portes**: I just wanted to reiterate that historically interest rates were not exceptionally low, otherwise I agree with the rest of the story.

**Anne Krueger**: They were negative in real terms in 2003-2004-2005 in the US.

**Richard Portes**: They were a lot more negative in real terms in the mid-1970s.

**Alexandre Lamfalussy**: I would like to react to a question which is very much for my heart, you see it is exactly for the reasons that over-regulation brings about the seeds of a future crisis because market reactions will be such that they bypass the regulations and you have the results that you've been pointing out. I think the only practical way of not being lost with this sort of process is precisely to have no-bailout commitments. Because that is the only thing which will make management take a major interest in not having to face bankruptcy proceedings. Otherwise we run the risk, and you can see it now in the discussion on Basel 2 and 3, and you are entirely right in saying that Basel 1 created securitization. I think what is basically important is that the management has a vested interest in not getting itself into a position where they face bankruptcy. You would want to have the association of management with the regulations, regulation cannot go into every single possible detail, because that's the best invitation for trying to overcome the effect of regulation.

## Deuxième Séance

## Où en sommes-nous dans les initiatives prises par le G-20 en vue d'un nouvel ordre monétaire international ?

## Second Session

## Where Do We Stand on the Initiatives Taken by the G-20 toward a New International Monetary Order?

*Présidence / Chair: Alfonso Iozzo*
*Vice-président de la Fondation Internationale Triffin*
*Vice president, Triffin International Foundation*

# The "Palais Royal Initiative" and Its Aftermath

Michel CAMDESSUS

*Former Managing Director of the IMF*

Let me first express my deep gratitude to the International Triffin Foundation for its most helpful coordination of the 'Elders' Group which Alexandre Lamfalussy, Tommaso Padoa-Schioppa and I convened in October 2010 and which produced the "Palais Royal Initiative".

Let me tell you also that it is a special honor to speak under the chairmanship of Alfonso Iozzo, who was a very close friend of Tommaso Padoa-Schioppa, one of the key inspirers of the Palais Royal Group, helping it to find an agreement on a set of proposals for a reform of the international monetary system.

Let me start by reminding you, briefly, of these suggestions, then by telling you what I understand to be the work in progress in preparation of the next G-20 Summit beginning of November. I will then conclude by underlining a few issues on which it would be urgent, to my judgment, to call the attention of our leaders.

## I. The Palais Royal Initiative

What have been the Palais Royal key messages?

Basically, two convictions: first, that our collective failure in establishing over four decades a system deserving really this name has been one of the key factors of the crisis. No real system means no effective discipline, weak and uneven surveillance, and excesses of all kind: in current account imbalances, in indebtedness, in accumulation of reserves, in exceedingly volatile and destabilizing swings in capital flows, in exchange rate fluctuations with unjustified deviations from fundamentals… These are major misgivings, indeed.

From there, the conviction No. 2 states that, as long as no credible responses are given to these problems, our increasingly integrated world economy becomes all the more vulnerable as it is simultaneously engaged in a process of transition toward a multicurrency regime.

To face these risks, we have proposed the following four avenues for reform.

### A. Surveillance – the Very Basic Task of the International Monetary Fund – with Real Transparency, Teeth and Fairness

The important efforts for enhanced cooperation by the G-20 to strengthen sustainable growth prospects can only succeed if the institution in charge of surveillance is given real teeth and is seen as unquestionably fair in discharging its responsibilities. Fairness and effectiveness imply that this enhanced surveillance applies not only to exchange rate policies but also to the evolution of global liquidity and to all economic and financial policies relevant for domestic and global macro-financial stability, and this with particular tightness when applying to the "systemic" countries, from which major spillover effects on other countries can be expected. This would entail a reverse approach of surveillance on which I will insist before concluding.

To speak about teeth implies that stronger incentives and sanctions are adopted. We made proposals to that end.

### B. Strengthening the IMF in Its Instruments and Legitimacy

To talk about instruments calls for a broadening of the IMF's mandate to the financial sphere, as we live in a world where financial developments overwhelm now the mere monetary and current exchange developments.

Furthermore, we should not forget that this last crisis has been triggered by a crisis of local and global liquidity. This invites reflexions on a better monitoring of its evolution, recently characterized by successive periods of flood and droughts. This calls for a more complete analytic framework on capital flows and an appropriate approach to global liquidity management.

This suggests also that one should consolidate what has been properly done to equip the Fund with low or no conditionality instruments – such as financial safety nets – for times of severe hardship, and decide to make *de jure* what the Fund is already *de facto*: an institution akin to a lender of last resort with the appropriate safeguards against the risks of moral hazard.

### C. Enhancing the Role of the SDR

As this crisis has reopened eyes on the usefulness of the SDR, with the 250 billion dollar allocation in 2009, the Group has suggested a re-examination of the scope of the SDR to play a greater role in an evolving system as a reserve asset; the scope for supporting the orderly diversification of reserves via a mechanism allowing their conversion into SDR-denominated claims; and its potential use as unit of account, for instance for private transactions and for invoicing commodities and international trade.

Furthermore, the issue of the SDR's potential role in a longer-term perspective in a multi-currency world should remain under consideration as, in this new context, the Triffin dilemma cannot but gain even more pertinence. All of this, of course, provided it is made sure that the SDR basket reflects the relative importance of economies, including China, in trade and financial transactions.

### *D. And Last: Suggesting Four Important Changes in the Governance of the International Monetary Fund to Strengthen the Legitimacy of a Renovated System*

To implement promptly and to pursue as needed the changes in the quotas and executive board chairs' distribution, following the Seoul G-20 declaration;

- To distribute clearly the responsibilities between actors by deciding to establish the 'Council' as envisaged by the Articles of Agreement, inviting ministers and central bank governors to take more explicit responsibilities for the most strategic decisions;
- To lower the voting threshold on important decisions from 85% to 70-75% as well as to extend the double majority to a few other decisions thus ensuring that such decisions command the support of the majority of members;
- And to obtain a really universal representation at the supreme level of the G-20, so that its deliberations legitimately apply to the entire world.

It would be also useful to consider modalities of representation and relations with the IMF of the regional organizations which are now gaining increasing authority. Consideration should also be given to establishing a global advisory committee in order to give a stronger and fully independent voice to the global interest in the system, and to avoid a too narrow focus on individual countries issues.

Leaving aside several other constructive suggestions, these are, in a nutshell, the key avenues for reform which were at the heart of the *Palais Royal Initiative* and about which we reached a consensus: this is what matters, as the probability for it was not obvious. With this background, what can we say about the work presently in progress to prepare the next G-20?

## II. The Work in Progress

On surveillance as well as on liquidity issues, the G-20 working group on reform of the international monetary system as well as its subgroups have worked hard, and consensus can be already identified on several items of no minor importance, thus preparing the ground for subsequent decisions by deputies and Ministers before the G-20 Heads of States meet in early November 2011.

These positive results can be identified in three fields:

A. Capital flows;

B. Global liquidity management;

C. Proposals for surveillance.

### *A. Capital Flows Management*

On this issue, a document developing a "coherent conclusion for the management of capital flows has been agreed by consensus, along with a G-20 action plan to support the development of local currency bond markets".

It is noteworthy to observe that the officials have given a priority to this issue, due certainly to the problems created for major emerging countries, Brazil and Korea in particular, by sudden shifts in capital flows. We can note that these negotiations have led to a quasi finalized understanding on the use of exchange controls after a long lasting disagreement, which had much more to do with ideological considerations, than with the effective practices of the IMF. The agreement which has been reached is, *de facto*, very close to the traditional doctrine of the Institution, but it was useful to make it more explicit.

### *B. Global Liquidity Management*

The recognition by the G-20 of the need for progress in the monitoring and management of global liquidity is new and welcome. As the *Palais Royal Group* observed, "extreme fluctuations in global liquidity have critical effects on the functioning of the global economic and financial system and macro-financial stability at the country level. Yet, the phenomenon is poorly understood". From there, we drew two suggestions:

- An invitation to the IMF and the BIS to "work together towards a shared analytical approach for a better measurement and surveillance of global liquidity" recognizing the need of a set of indicators based on adequate statistical tools.
- "The central banks and the authorities in charge of macro-prudential policies of systemically relevant economies should conduct their pol-

icies taking into account the need for broadly appropriate global liquidity conditions. The IMF, the BIS and the FSB should regularly monitor developments in global liquidity with a view toward formulating recommendations for all systemically relevant countries regarding the conduct of their policies (including monetary and exchange rate policies, as well as financial regulatory and supervisory policies) with a potential impact on global liquidity."

This is what the experts recommend also, suggesting in addition that a country-specific analysis should be made regarding drivers of reserve accumulation, and recognizing that this should support a more comprehensive and effective surveillance. Their group has also engaged in discussions on the design of a criteria-based path to broaden the composition of the SDR basket to see whether it is necessary or not to change the "freely-usable currency" criterion which does not near full-fledged convertibility. The working group also engaged in a discussion about the current and possible future use of the SDR but further work will be needed, on an issue which runs the risk of becoming heavily politicized while it should not. The G-20 should remember that when the SDR was created, not all countries had banished all exchange controls and not all their Central Banks were fully independent.

## *C. Proposals for Surveillance*

Finally, on surveillance, while accepting the view that this was a task of paramount importance for the IMF, and that in present world economic conditions surveillance should be broadened to financial markets, global liquidity, cross-border capital flows and measures taken by member States to manage them, the G-20, at this stage, has only agreed on a relatively modest set of proposals. As a matter of fact, consensus is not yet within reach on several critical issues:

- The need or not to change the articles of agreement to ratify the broadening of the field of surveillance (art. 4-6);
- The varying degree of willingness of member countries to submit themselves – particularly in the field of exchange rates and reserve accumulation – to a close scrutiny of the staff;
- The need to adopt a more stringent process to be applied to countries whose policies are seen by the International Monetary Fund as having a strong impact on their neighbors and on the stability of the IMF. In spite of these difficulties, the G-20 is of the view that a major effort is to be made to enhance the 'traction' of IMF surveillance by making it more directly relevant to policy makers in the design of their policies. One can nevertheless have some doubts on the effec-

tiveness of this 'traction' after so many attempts in the past, as long as articles 4 and 6 are not modified to that effect.

In sum, work has started seriously, but it has not led so far to a breakthrough toward a meaningful reform of the system. A serious work, of course, but still in a kind of "business as usual approach". Let me tell you that the magnitude of the challenges to be faced would certainly call for a changing of gears. They invite us also to ask ourselves what, in the present circumstances, the next steps should be.

## III. What New Steps?

The next few years will undoubtedly be nothing less than a transition period toward a multicurrency system. In this perspective, priority attention should be given:

- To the strengthening of surveillance beyond the measures presently considered,
- To the changes of governance needed not the least to facilitate the process of decision making on the crucial problems still to be solved,
- And finally to the preparation of a multiyear working program to be adopted by the leaders of the G-20 toward the adoption of the institutional changes and instruments required by a multicurrency system.

The additional step on surveillance should respond to two basic concerns:

- To adopt the needed monitoring instruments to back stronger multilateral obligations – This calls for clear, objective norms or quantitative benchmarks on policies and performances working as alarm signals with appropriate thresholds.
- To go beyond what is now a well-intentioned pledge of evenhandedness of surveillance among countries to adopt the reverse surveillance strategy recommended by the "18 Elders" of the *Palais Royal*, a strategy which would apply with particular tightness to the "systemic" countries, from which major spillover effects on other countries can be expected.

To give you an idea of the strength of our conviction on a needed reverse approach of surveillance, I would like to remind you of a short sentence, which bizarrely has not caught the eyes of the press. Among the issues presently hindering the proper functioning of the system, the *report* mentions, I quote (page 15):

> [...] The tendency for the present peer review processes to operate as peer protection, suggesting the need for a mechanism to break the 'de facto non-aggression pact' among major countries that leaves the global interest without an effective advocate.

All of this implies major changes. This will require also from the membership – and particularly from the so-called 'systemic' countries – a quantum leap toward a more demanding spirit of multilateralism.

The same remark applies to governance on which I would insist for our suggestions to be considered with urgency for the reasons which are laid down in our report, but also – and I call particularly your attention on that – in view of the risk of paralysis the present state of affair implies. Let me elaborate briefly.

As you remember, the key justification of our suggestion on governance was the need to ensure both effectiveness and legitimacy, by basing the system on "a three-level architecture, ensuring universal representation through the system of constituencies, which has served well the IMF and the World Bank". This would ensure a universal representation in the G-20, including at the Leaders' level, and also guarantee that the decision-making rules provided by the *Articles of Agreement* apply at the supreme level of the new organization.

Why to insist now on that? Because we live now under a de facto regime which subordinates the International Monetary Fund – working normally under a majority decision-making-process – to the G-20 which decides by consensus. This provides its 20 or more members with a de facto veto right. This means that, at the time we are suggesting to eliminate the veto rights of the USA, we are adding now to this old veto those of all the other members of the G-20. We end up, that way, with a de facto paralyzing device, as the experience shows that, for well understandable reasons, these new members do not show, for the time being, a great sense of restraint in utilizing their new right. This could turn to be a situation worse than before, a recipe for failure to act, and a deep frustration factor for the other 170 countries. Not the best device indeed to reasonably adapt our Institution to the new world of the 21st century! A solution to this unexpected situation is a prerequisite for further progress…

Last urgent step: the prompt adoption of a multiyear program organizing the reforming work toward a multicurrency monetary system. It is clear that whatever instruments of measure we adopt, we come to the high probability of the emergence during the next ten to twenty years of a monetary tri-polar world led by the United States, Europe and China. Behind this statement lies the question Robert Triffin raised almost 40 years ago, when he formulated his well-known dilemma. It is crystal-clear that a situation which was severely criticized when the US was the "hegemon" by excellence without any credible competitor, becomes even more questionable when other currencies emerge backed by powerful economies. Such a world could hardly accept that the provision of reserves could almost entirely depend on the level of US current account deficits that are already seen at unsustainable. This justifies the reopening of the work on the future of the SDR and of its possible central role (e.g. as a reserve asset, as a unit of account, etc.) in serving the public common good of monetary and financial stability in the new context of a globalized and increasingly multi-polar world. In fact, the issue of the SDR's potential role in a long-term perspective in addressing potential demands that may arise will have to be kept on the table, not the least in view of our old undertaking of *the Articles of Agreement* to make it "... the principal reserve asset in the international monetary system".

As first steps in that direction, three suggestions of the Palais Royal group should be discussed in a not too distant future:

- The potential of the SDR for supporting the orderly diversification of reserves via a mechanism allowing their conversion into SDR-denominated claims.
- The composition of the SDR basket reflecting the relative importance of economies in international trade and financial transactions; an issue already, as I said, on the table of experts.
- The scope for the use of the SDR in incentives to improve the workings of the adjustment process...

Consideration might be given to conditioning allocations of SDR to countries on their observance of norms (or agreed targets). Access to the voluntary SDR market might be conditioned on a country's meeting the full requirements of a strengthened multilateral surveillance system.

And now, talking only in my personal capacity, I would say that, at a later stage, more ambitious proposals could of course be elaborated and for that, our world will need the imagination and vision of a new Triffin. I guess that a decentralized institutional system, strongly regulated by a principle of subsidiarity, will be part of his – or her – reflections, together with the role of a successor to the SDR, with a more attractive name, and a full-fledged monetary character. He or she will have to come also with suggestions on how the SDR successor could be used as a regulatory instrument of the global liquidity, monitored and managed by a fully legitimate and effective institution which – as a tribute to Keynes – could be called the World Fund, before becoming one day the World Central Bank...

I could stop here but allow me to add just another personal remark.

Because we had, decades ago, the privilege of receiving the visionary message of Robert Triffin, many of us have not spared their efforts during years and years to keep open the road toward the international monetary system reform. No wonder if a man who was probably the brightest among us, Tommaso Padoa-Schioppa a man Pascal Lamy called the new 'Erasmus', made it clear that "all those eager to envisage the post-crisis era in constructive terms need to promote the reconstruction of a fully fledged international monetary order". Tommaso shared in several occasions these views with Alexandre Lamfalussy and me, and this conviction was at the origin of the *Palais Royal Initiative*. Were we too ambitious? We could well believe that, considering the slow and cautious approach of the present G-20 negotiations. I would venture a more optimistic response, seeing in their first steps the beginning of a process which could gain momentum as the emergence of a multicurrency world becomes an even more obvious reality. Remembering my last conversation with Tommaso a few days before he passed away, I can tell you that – as Robert Triffin did – he wouldn't have spared any effort to convince the leaders of Europe – rather discreet on these issues so far – not to allow themselves to be paralyzed by their present difficulties, and to join forces to propose to the world community a common and constructive vision of the needed new monetary order in which Europe has no doubt a key role to play.

By bringing to the attention of our leaders and of the public opinion the messages of Robert Triffin and Tommaso Padoa-Schioppa, our meeting will have played a most valuable contribution to this end.

# Prospects for the International Monetary System

Michel AGLIETTA

*Université de Paris-Nanterre et Cepii*

In arguing for a cooperative approach as a way to reform the IMS, the Palais Royal Initiative raised the triple problem that impedes fruitful cooperation: diagnosis, doctrine and interdependence of political powers.

The system inherited from the demise of Bretton Woods is a semi-dollar standard: a few currencies of advanced countries are fully convertible and flexible; most currencies operate under managed exchange rates and various degrees of capital controls. They are *de facto* linked to the US dollar one way or another.

Since the group of wise people has completed its report, the European economy has worsened beyond the most pessimistic prospects and the dramatic lack of political leadership has become the key feature of the ongoing crisis. I will argue that a bifurcation lies ahead for the future of the IMS depending on politics in the next few months: either a degenerate semi-dollar standard for an indefinite time or a transition to some international regime. Either way the persistence of the hegemony of a single currency as a mutually beneficial monetary arrangement is doubtful.

## I. Can the Deepening Financial Crisis Leave a Degenerate IMS?

In entering its fifth year the financial crisis has taken a new momentum. In 2008 the policy moves were based upon the substitution of public debt to private debt. The problem today is global deleveraging in a roundabout spillover of sovereign and bank balance-sheet deterioration. The impact on the IMS will depend on the ability or not of governments to monitor the process. If the Eurozone and the US cannot put their own house in order, the IMS will degenerate.

The Eurozone is now the weak link of the world economy. Political leaders have little credibility in their own countries and are bitterly divided on the required bold actions to avoid slipping into recession: decisive resolution of Greece's insolvency, containment of contagion to other sovereign debt markets, bank recapitalization and sweeping overhaul in Eurozone governance aiming at fiscal and macroeconomic cooperation.

If Europe falls into recession, it will send a shock wave throughout the world financial markets, all the more so since the US is trapped in a political deadlock due to the abstruse and obstinate attitude of the republican majority in Congress. If recession strikes, the US will have problems to manage their double debt. Confidence of international investors will finally disappear. For their part, emerging market countries must cope with a mix of high inflation, volatility in asset prices, severe slowdown in world demand and debt problems of their own. China will not be able to launch a renewed stimulating plan on the scale approaching the 2009 fiscal expansion.

The feedback on the dollar might erode what is left of hegemony: the costs of buying the alignment of allies' interests will get unbearable and will sink the US into net debtor position. They will become in the same position as the UK in the 1950s: foreign creditors at the time demanded that any new debt be issued in dollars. It was the end of sterling supremacy. A net debtor is not able to keep its hegemonic status for long.

Therefore the situation is very different from what it was at the time of the first Triffin's dilemma in the 1960s. At that time, the US borrowed short, lent long and accumulated real assets abroad through foreign direct investments. Since the return on their foreign assets was much higher than the cost of their borrowing, they accumulated a strong net foreign creditor position. Therefore, as Triffin rightly perceived, the malfunctioning of the IMS was monetary, not financial. It was consistent with a permanent current account surplus of the US throughout the 1960s. It is why the termination of Bretton Woods by Nixon's *coup de force* in August 1971 did not weaken the dollar more than temporarily. The dollar weakened as long as domestic monetary policy was inflationary. But the dramatic change in monetary policy engineered by Paul Volcker in October 1979, e.g. the solution of a monetary problem, re-established the confidence in the dollar instantly. Even the appearance of current account deficits in the 1980s did not encroach much on the dominance of the dollar in foreign exchange reserves. Official creditors were confident of the strength of the US financial system backed by a still strong position in net foreign assets.

The situation has become quite different with the financial crisis. The US financial system was severely shattered in 2008-2009. US monetary policy has become very controversial for its destabilizing impact on emerging market countries, and the US has turned a net foreign debtor. Therefore the perception about the profile of US public debt has become crucial to assess the future external value of the dollar against potential competitors. The dilemma is that the US has now a lingering financial problem exacerbated by the paralysis of the political system. A relapse into recession will surely trigger a crisis of confidence on the part of foreign creditors of US debt. At some point the Chinese government will demand yuan issue to carry new net US public debt. In this scenario, more international investors will demand to finance US debt in foreign currencies. The world will enter an indefinite period of unstable exchange rates and some retreat in globalization.

## II. What Are the Options for International Regimes if Governments do the Right Things?

Asia will step up to prominence and much will depend on China's strategy. China has a different doctrine of global interdependence: establishing long-term contracts with emerging market partners backed by long-term finance on the one hand; integrating Asia in a rule-binding area of mutual prosperity on the other hand. China's view of the IMS is nurtured by a mistrust of hegemony and a loath of financial market instability.

If the US came up with a long-run credible debt profile and the Eurozone made the Euro a complete currency, some international multicurrency regime might emerge, whose characteristics will depend upon the depth of financial globalization, e.g. the way international liquidity is handled.

In a world of limited globalization with large regional areas and a strict separation between money and other assets in inter area finance, money demand for each regional currency comes strictly from residents, because the net external monetary position in each regional area will be zero at the end of each transaction period. With this rule there can be a set of market equilibrium exchange rates.

With deep globalization there is a collective action problem due to the regulation of international liquidity. Cooperation is needed and is facilitated by *rule-binding regimes* that can align the interests of the leading players.

One such regime should reinstitute the IMF as the central institution of international monetary governance with a mission of multilateral surveillance (checking consistency in economic policies and warning indicators of systemic risk), international lender-of-last-resort for non-convertible currency countries outside regional monetary zones and acceptance of the SDR as the ultimate reserve asset. The Fund's governance should be overhauled to reflect the deep change in international economic and financial power. Redefining voting right formula, repealing the veto of a single country, merging European quotas and empowering the executive committee are governance reforms to fulfill this mission.

# The New International Monetary Order

## A Systemic Evaluation

Andrew SHENG

*President, Fung Global Institute*

## I. Introduction

As we honour today the hundredth anniversary of the birth of Robert Triffin, we remain in debt to his clear formulation of the problems involved for the national issuer of a reserve currency. Over forty years later, his famous dilemma remains unresolved. As summarised by the late Tommaso Padoa-Schioppa in 2010, "when the world currency is a national currency, there is an insurmountable inconsistency between the domestic needs of the country that issues it and the external needs of the world that uses it" (Padoa-Schioppa, 2010).

This paper is an attempt by an Asian observer to examine the application of Triffin's insights for the 21st century. As the scale of financial crises has escalated in the last 20 years, we need to reflect how such crises are linked to the fundamental structure of the international monetary system itself. Based upon the recurrence of crises, from the 1997-1998 Asian financial crisis, the US subprime crisis of 2007-2008 to the European debt crisis of today, there is no doubt that even though financial crises have local origins, their contagion and escalating scale have roots in the inconsistencies of the current international monetary order. It is useful to remember that when the gold standard was abandoned in 1971, the world was essentially afraid of the rigour of gold as a discipline on credit creation. Gold was a useful monetary standard, but without a commensurate increase in the supply of gold, global liquidity was a constraining factor and the gold standard was seen as deflationary.

The switch since 1971 to a world of flexible exchange rates and fiat money (meaning that the issuer can increase money at will) meant that the gold anchor had been sacrificed to facilitate liquidity creation. Without a rigorous anchor, the risk was unlimited credit creation through fiscal or monetary laxity until global imbalances and financial fragility brought about financial collapse. That is exactly what has happened in the last three years. In the post-1971 frictionless financial world, the combination of financial liberalization, innovation and technology has enabled financial institutions and markets to globalize. Excessive competition drove banks (including shadow banks) to create credit at a global scale whereby the nation-based state has lost the ability to regulate financial markets without massive moral hazard. Worse, since nation states find it difficult to cooperate to manage global money, international monetary system (IMS) reforms to date have tended to deal with cyclical problems rather than structural issues. Unless the issue of stabilising global money is resolved, we can only expect the IMS to lurch from crisis to crisis.

First, I find Triffin's logic on the insurmountable inconsistency for a national issuer of a reserve currency impeccable. No national issuer can remain strong forever. The cumulative deficits of a national reserve currency issuer must at some time erode its financial strength. When the market calls into question the credibility of that reserve currency, economic instability reigns. The only way of safeguarding against this instability would be to have a globally issued reserve currency. This is because the net foreign liability of the world is by definition zero, so the Triffin dilemma simply would not apply to a globally created, multipolar reserve currency.

Second, we must admit that whilst the concept of a global reserve currency is logically impeccable, the reality is that making this concept operational has many insurmountable political economy difficulties, because many pre-conditions would have to be resolved. Changing the status quo is never easy, because of vested interests of those who benefit from the status quo. To quote Keynes' famous dictum: "The difficulty lies, not in the new ideas, but escaping from the old ones" (Keynes, 2007).

Consequently, this paper attempts to sketch out the vectors of change in the financial landscape after 1971; present an analysis of the current crisis, aided by insights gained from the Asian experience; provide some options for the reform of the IMS; and finally, offer some tentative suggestions towards the creation of a global reserve currency.

## II. The Post-1971 IMS is Inherently Unstable

To begin with, the present landscape has evolved dramatically from that pre-1971, when the world operated mostly on fixed exchange rates linked with gold. The most notable shift has been in the power of the state *vis-à-vis* market forces, primarily because financial markets have gained in speed, size and leverage through technology, financial liberalization and innovation. Today, global markets are arbitraged through large capital flows, or carry trades, that are highly leveraged. Instead of markets being stable through hedging and arbitrage, markets have become more volatile than ever, constraining the ability of the state to intervene. In the face of large capital flows, conventional monetary policy has lost efficacy, since in the absence of capital controls, any tightening of monetary policy can be negated by capital imports.

In the past, financial flows reflected real sector trade needs, or hedges for real underlying transactions. Today, proprietary trading and outright speculation in foreign exchange or asset prices (bonds or equities) can be empowered by tools such as naked shorts and credit default swaps (CDS), which are not related to underlying real sector needs. Such trading activities thrive on volatility and add to risks due to high leverage, thus bringing the question of financial stability into the equation. Naked shorts and CDS add to the momentum play and selling pressure, especially when the central bank is trying to defend either a foreign exchange rate or bond prices at reasonably stable levels.

The free market ideology that maintained that financial markets would be self-equilibrating lulled central banks into under-estimating threats to financial stability brought about by financial engineering. The assumption was that monetary stability (the core function of central banks) would lead automatically to financial stability. That assumption proved to be false. The ideology that the market knows best and would take care of its own stability and interests created also an underestimation of the threat of shadow banking (or emergence of other financial institutions that could create credit) to financial stability. For these and a host of other reasons including bureaucratic turf-fighting, national governments have ignored or been unable to measure shadow banking credit and offshore credit, which has added to the unsustainable increase in leverage, with inadequate bank capital to cushion any market reversal.

The consequence has been a global collective action trap, whereby no national government can control the global money created through shadow banking and credit creation offshore. Since banking has become highly concentrated, with the largest financial institutions sized at several multiples of national GDP, we live in a situation of enormous moral hazard. Leading prime brokers and shadow banks are "too big too fail", and national governments have been forced to bail out problem banks, in a "heads I win, tails you lose" scenario.

## III. Finance Serving Own Interests

Finance has always been a service industry, acting as agent of the real sector. But as profits increased from proprietary business, whilst the sector enjoys a public sector implicit deposit insurance against failure, the industry began to become a principal trading in its own right.

A cursory look at the data shows us that globalised finance is out of sync with the real sector. Financial assets (excluding derivatives) rose from 108% of GDP in 1980 to 400% of GDP in 2009, with 555% for the EU[1]. The notional value of over-the-counter (OTC) derivatives rose 15 times from USD 41 trillion in 1995 to USD 615 trillion in 2009[2]. The gross market value of such financial derivatives increased 10 times from USD 2.2 trillion in 1995 to USD 21.6 trillion in 2009. Their notional value and gross market value are respectively 10.6 times and 37.3% of 2009 global GDP. Based on BIS Triennial survey data, global foreign exchange (FX) turnover rose from USD 1.2 trillion daily in 1995, to USD 4 trillion daily in 2010. Over the same period, FX and OTC turnover has risen from 8.9 times global GDP to 17.5 times (Triennial Central Bank Survey, 2010).

Increasingly, most of the trading is within the financial system itself. Only 13.4% of trading has been with the non-financial sector, with 38.9% of trading taking place with reported dealers, and 47.7% with other non-bank financial institutions[3]. There is also a very high degree of concentration, with the top nine financial services players accounting for 75% of turnover. All these suggest that proverbially speaking, the (financial sector) tail is wagging the (real sector) dog.

The scale of financial sector 'damage' to society can be seen from the non-linear escalation of the size of IMF rescue packages for crisis countries. In August 1997, Thailand was provided total IMF assistance to the tune of USD 17 billion, when its net foreign liability (net amount owing to foreigners) was 90% of GDP. In December of that year, Korea was provided USD 55 billion in IMF aid.

By the time of the current Euro-debt crisis, the IMF gave Greece in May 2010 a rescue package of €110 billion (USD 150 billion). In other words, South Korea, two and half times larger than Greece in GDP, received from IMF less than one third of the aid to Greece. Greek debt was not only large at 143% of GDP; its net foreign liability (NFL) was 73.3% of 2008 GDP. By November of 2010, the IMF was bailing Ireland with €85 billion, or USD 116 billion. Portugal was also provided IMF assistance of €78 billion (USD 106 billion). It should be noted that Ireland and Portugal had Net Foreign Liabilities of 58% and 100.5% of 2008 GDP respectively. Clearly, these countries were allowed to run

1 McKinsey Global Institute estimates for 1980 and IMF Global Financial Stability Report 2011 for 2010 data.

2 IMF Global Financial Stability Report 2010 Statistical Appendix.

3 BIS Annual Report 2010.

unsustainable net foreign debt of more than 50% of GDP, even though experience from the Asian crisis in 1997/98 had shown that these numbers were clear indicators of crisis. The bulk of IMF programmes today are for European countries, escalating to a total of USD 372 billion for Europe to date.

The escalation of funding requirements comes at a time when resources available for future rescues are getting beyond the capacity of even large countries to finance. The European Financial Stability Fund (EFSF) is backed by guarantee commitments from the Eurozone member states for a total of €780 billion (USD 1,070 billion)[4]. The IMF has a total SDR allocation as at August 2011 of only USD 328 billion. If we consider that the size of Spain's debt is USD 2.2 trillion (or 64.5% of GDP with NFL of 79.6% of 2008 GDP), and Italy's USD 2.5 trillion (or 118% of GDP, with NFL of 23.1% of 2008 GDP) – it is evident that currently available rescue funds would be insufficient should either of the larger countries get into trouble. According to the IMF, the total capital required for European banks if the five European countries (PIIGS) default is €300 billion (USD 408 billion) (IMF Global Financial Stability Report, 2011).

All financial rescue efforts involve the twin aspects of funding and discipline. A lender of last resort has to have the dual ability to provide funding to the borrower to tide over liquidity requirements, but also the ability to discipline or enforce credit recovery. Surplus savings in non-crisis countries can be lent to crisis countries, but the lenders must be assured that there should be no moral hazard, to prevent the borrower countries lapsing into default without taking the pain of restructuring. Only through painful consequences of bad decisions, or enforcement, can moral hazard be addressed.

The 1997/98 Asian crisis experience revealed that the IMF could not perform the role of the lender of last resort, because its majority shareholders (Europe and US) would not allow the IMF to provide dollar credit, usurping the role of the national central banks. Instead, the IMF became primarily the enforcer of last resort – the bad cop that ensures that reforms are carried out. As can be seen during the 2008 subprime and the 2010 Euro-debt crises, the IMF was not the primary source of liquidity provision (that being provided by the European Central Bank and newly created rescue funds), but it fulfilled a supplementary enforcement role.

---

4 Data from EFSF website: http://www.efsf.europa.eu/about/index.htm.

## IV. Debt Sustainability Remains the Key Vulnerability

At the heart of the current financial crisis is the moral hazard inherent within the IMS, as governments guarantee the deposit base of the banking system. As the under-regulated shadow banking system has latched itself to the banking system, the shadow banking system has also become "too big to fail". The moral hazard where financial institutions can increase the leverage without fear of failing means that ultimately their liabilities are implicitly guaranteed by the public sector. This means that the total debt burden of the state has tended to rise above its sustainability. In other words, if the debtor is the state, then the creditors have no alternative than to share the default risks.

At what point does a state become insolvent? Governments can usually repay their debt because they have the power to tax and to print money. However, if the debt to GDP ratio rises above 100% of GDP, a rising real rate of interest would increase the rate of debt servicing above the growth rate of taxation, so that the debt becomes unsustainable. Furthermore, there are clear limits to foreign borrowing, because a country cannot print foreign currency. Thus, when a country cannot pay its foreign debt, it can go into default. Consequently, the issue in Europe is one of debt sustainability under a fixed exchange regime. Even though an Eurozone member is part of a strong and rich economic bloc, it is still subject to debt limits, because the member cannot devalue its way out of excessive debt. Hence, the crisis countries would have to deflate in order to deleverage. For example, for countries with gross debt exceeding 100% of GDP, interest rates of more than 7% would mean that the annual debt service ratio would be more than 7% per annum, and with zero growth, the debt would double in roughly ten years.

Thus, the present IMS is a system of structural defects, in which monetary creation by the shadow banking has not been monitored and controlled by national governments, and their losses or failure are ultimately borne by the public sector. Indeed, a large chunk of the shadow banking activities are booked off shore and not captured in national surveillance statistics. In the short-term, reserve currency countries can sustain deficits in the fiscal and trade accounts, but in the long run, the combination of bank failure bailouts and excessive cumulative fiscal deficits has created sovereign debt crises.

The carry trade is the highly leveraged arbitrage transaction, often conducted offshore and over-the-counter, which has not been monitored actively for its system risks. Because the carry trade is usually highly leveraged, it has self-fulfilling momentum, especially for small open markets, involving a "double play". The speculator wins from zero cost of carry, higher asset prices, appreciation in the invested currency, and depreciation in the borrowed currency. Central banks with limited foreign exchange reserves cannot defend currency stability against large momentum play, especially when credit default swaps, and the ability to naked short currency or sovereign debt is added to the tools of the speculators. The Bank of Thailand 1997 experience is that leveraged defense using forwards can lead to high losses.

Domestically and internationally, shadow banking is a "black hole" that is often not measured or monitored for monetary and financial stability purposes. In 2007, the US shadow banking system was USD 21 trillion in size, 95% larger than the traditional banking system and 44% larger than US GDP (Adrial, Tobias, *et al.*, 2010). The shadow banking credit was not included in the monetary survey nor was it monitored for financial stability oversight. As identified by Hyun Shin and others, the monitoring of net capital flows under-estimated the risks arising from gross capital flows. For example, European banks funded their investments in US asset-backed securities in USD by borrowing in the US wholesale bank market. Even though there was no net foreign exchange exposure, the European banks were subject to considerable credit risks, when the subprime crisis unfolded. Excessive shadow banking credit contributed to low loan risk premia and lower interest rates, the result of a global shadow banking glut (Hyun Song, 2011).

Who is creating this global money? As Minsky suggested, money is 'good' as long as it is accepted. Investors and counterparties will treat shadow bank credit as "good money" simply because they expect national central banks will bail the shadow banks out (Minsky, 1986).

Another aspect of system risks of the nexus between traditional banking and the shadow banks is the level of concentration of the financial derivative business. Five banks account for 96% of the USD 250 trillion in outstanding US derivative exposure (Office of the Comptroller of Currency, 2010).

The concept of global money has to be a crude compilation from the money supply numbers of the systemically most important countries, typically the reserve currency countries. As central bankers understand, the main drivers of growth in money supply is driven by net credit to governments; net credit to the foreign sector (equivalent to the net growth in foreign exchange reserves); net credit to the private sector; and net other assets (of the banking system). Using data from the size of the capital markets, I roughly estimate that global "broad money" rose roughly by USD 100 trillion, compared with growth in global GDP of USD 21.7 trillion from 2003-2009. By comparison, if we take the increase in foreign exchange reserves as crude proxy for net credit to the foreign sector, the increase was USD 5.4 trillion. On the other hand, the increase in public sector bonds was USD 16.4 trillion and the increase in private sector bonds was USD 24.4 trillion and increase in bank assets was USD 55.9 trillion over the same period[5]. Using the increase in bank assets as a crude proxy for increase in credit (acknowledging that there is double counting as bank assets would include holdings of bonds), the growth in global money would be more explained by total credit creation for the public and private sector than the increase in net savings (represented by the increase in foreign exchange reserves).

In other words, the explosion in global liquidity between 2003 and 2009 was a reflection more of the global credit glut than of the global savings glut.

The final aspect of what makes the contemporary financial landscape different from 1971 is the collective action trap. Prior to 1971, the global economy was dominated by the United States, which also dominated the Bretton Woods institutions. As the world became more complex with technology, financial innovation and with wider spread of economic power, the ability to arrive at consensus in global economic decision-making became more diffused. We have a situation whereby there are global financial markets that almost do not recognize geographical borders, but laws and regulations are still national. Further more, academic specialization causes partial views of the world, without understanding of the complex interaction between different disciplines and parts of the global system. Economic models that are linear and mechanistic cannot explain non-linear behaviour with black swan (power law) effects.

The partial and silo-based information create typical fallacies of composition and collective action traps. Herd behaviour based on false optimism leads to pro-cyclical behaviour by both market participants and national policy makers. Global solutions are difficult to reach because of collective action traps, whereby national interests over-ride the global public good. Globalisation has rendered the fragmentation of global governance to national levels – as well as fragmentation at a national level to different agencies that make consensus decisions mostly inaction or race to the bottom. The inability to arrive at global solutions means that no single country is willing to be first mover in reforms. In the area of bank failure, Bank of England Governor Mervyn King has famously noted, "Banks are global in life and national in death".

Shadow banks too are "global in life and national in death". Offshore shadow banking credit is regulatory arbitrage and is not easily con-

---

5 Source: Author's calculations from Tables 2 & 3, GFSR 2010 and 2005, BIS International Banking Statistics.

strained. This means that national monetary policy no longer has the power to constrain global credit gluts and their impact on interest rates and risk premia – all forces behind asset bubbles that are the bane of financial stability. In other words, global credit is created, with no national capital or real interest constraints. Unless this fundamental flaw in the IMS is addressed, the present system will continue in its unsustainable path of credit gluts, global imbalances, tremendous moral hazard and eventual collapse.

To sum up, we find ourselves with an ineffective (or lack of) global monetary policy and gridlocked fiscal policy. With zero or near zero interest rate policy (ZIRP), the advanced economies are in a Japanese-style liquidity trap. ZIRP only adds distortion for emerging markets, as well as helping speculation and leverage. Indeed, excessively low interest rates punish savers and do not encourage efficient resource allocation. At the national level, fiscal policy gridlock has occurred, due to popular pressure to cut taxes and increase welfare. The rise in fiscal deficits has been exacerbated by costs to bail out problem financial institutions, with many countries reaching limits of fiscal sustainability.

Consequently, the irony of the current situation is that growth, default or inflation may be the only way out of the debt trap, unless countries are willing to undergo painful deflation. The urgent problem globally is to create jobs, deal with social inequities, improve infrastructure, and deal with global warming issues. However, gridlock has occurred because we are in the two most difficult stages of the recovery: the political economy issue of allocating losses arising from the crisis, while at the same time trying to change the incentives that led to the crisis in the first place.

## V. Conclusions

Taking a system-wide view of the IMS, we can only observe that the current global monetary system is facing twin crises that are systemic in nature. The current crisis fundamentally stems from two simultaneous crises with one common origin: the over consumption of global resources financed by over leverage – particularly in the advanced countries. The crisis of fiat money is the short-term financial issue; the global warming and ecological degradation crisis the medium to long-term issue.

The Eurozone debt crisis is a global crisis that needs a global solution. We have a number of options for addressing a new international monetary order. One is to move out of a single dominant reserve currency towards the Special Drawing Rights (SDRs). It will not be easy for the SDR to attain a single global reserve currency status in one step.

There may be intermediary steps of widening the SDR towards being a unit of account for trade settlement and store of value for surplus countries. This requires more study.

In the interim, the IMF should concentrate on its disciplinary role, as well as a new role of recycling surplus savings. We should introduce a financial transaction tax (FTT or Tobin Tax) to tax the financial sector and create some friction in financial markets. Emerging markets would welcome a uniform rate of global FTT, which would be a new source of revenue and a means of monitoring large capital flows. We should also start measuring global shadow banking credit, and capture this for monetary and financial stability concerns. We need to phase in capital, liquidity and prudential requirements for global shadow banking, and restore the balance of risks – in particular addressing the moral hazard inherent in the current "too big too fail" system.

As a growing participant in the global financial system because of its faster growth and high level of savings, Asia has a special role to play in the reform of the IMS. The first priority for Asia in helping to promote a system change is to foster a sense of community and cultivate inter-regional networks. There has to be better understanding that the current financial crises have structural and system roots, requiring global solutions. National perspectives prevent seeing the problem in systemic terms.

Major transformative shifts are taking place, but the rise of Asian economies comes with grave resource constraints. Financial crises in one region does not mean that they will not happen in Asia in the next round, which means that there is need for Asian preparedness for systemic shocks from within and from outside the region. The experience to date is that Asian cooperation is likely to be a bottom-up, rather than top-down affair. Unlike the European experience, which has been driven politically towards regional integration through a single currency, Asia is likely to require far more time and dialogue to facilitate greater regional financial cooperation.

We should pay tribute to Robert Triffin for his foresight and analysis of the core problems of the international monetary system. We have not found as yet the right solution to the Triffin Dilemma, but dialogue from different perspectives and experiences will surely pave the way towards better understanding and options.

**Table 1: Reserve Country Positions vs. Rest of the World**

| % of Global total (2010) | G4 (USA, Eurozone, Japan, UK) | Rest of the World |
|---|---|---|
| Global GDP | 54.6 | 45.4 |
| Global Population | 11.7 | 88.3 |
| Current Acct deficit (2008) | 2.2 | |
| Ex-Japan | 3.1 | |
| Net Foreign Liability | $3.9 trn. (11% of GDP) | |
| NFA (ex-Japan) | $6.4 trn. (20.8% of GDP) | |
| Total Reserves Minus Gold | 16.1 | 83.9 |
| Stock Market Capitalisation | 56.7 | 43.3 |
| Public Debt Securities | 79.6 | 20.4 |
| Private Debt Securities | 81.1 | 18.9 |
| Total Debt Securities | 80.4 | 19.6 |
| Bank Assets | 65.4 | 34.6 |
| Total Financial Assets (TFA) | 69.2 | 30.8 |
| TFA/GDP (%) | 503.2 | 270.1 |

Source: IMF Global Financial Stability Report, April 2011, and Author Calculations

## Bibliography


Adrian, Tobias, Adam Ashcraft, Hayley Boeskey and Zoltan Pozsar, "*Shadow Banking*", Federal Reserve Bank of New York Staff Report 464, July 2010.

IMF, *IMF Global Financial Stability Report*, Sept. 2011.

Keynes, J. M., *The General Theory of Employment, Interest and Money*, Basingstoke, Palgrave Macmillan, 2007 [first date of publication: 1936].

Minsky, Hyman. *Stabilizing an Unstable Economy*, McGraw Hill, 1986, 2008 edition, p. 255.

Padoa-Schioppa, T., *The Ghost of Bancor: The Economic Crisis and Global Monetary Disorder*, speech given at Louvain-la-Neuve, 25 February 2010.

Office of the Comptroller of Currency, Quarterly Report on Bank Trading and Derivative Activities, Fourth Quarter 2010, available at www.occ.gov.

Shin, Hyun Song, *Global Banking Glut and Loan Risk Premium*, Mundell-Fleming Lecture, Princeton University, October 2011.

Triennial Central Bank Survey, *Report on global foreign exchange market activity in 2010, Bank for International Settlements*, Basle, December 2010.

# China, the Reluctant Monetary Power

Pierre DEFRAIGNE

*Executive Director, Madariaga-College of Europe Foundation*

## I. Introduction

The decisive contribution (Palais Royal Initiative, 2011) prepared for the Cannes G-20 Summit by the prominent "Palais Royal" Group led by Michel Camdessus, Alexandre Lamfalussy and the sorely missed Tommaso Padoa-Schioppa, will provide world leaders with a robust and clear framework for guiding International Monetary System (IMS) reform when the time is ripe.

But the conditions for a reshuffle are not there yet despite the acute need for ambitious multilateral responses to the systemic crisis of international currency and finance. But does such a crisis not constitute an inevitable transition for allowing the redistribution of power and responsibility among declining and emerging powers? Things must settle first. The three major economies – the US, China and the EU – must focus on their homework and put their houses in order before going back to the drawing board to design a new badly needed IMS. America must replace the dollar issuance with taxes. Europe must turn the Eurozone into an effective political entity and China has the immense task of consolidating and expanding further its recent achievements in terms of growth and of raising its people out of poverty. Yet since the transition in progress is fraught with dangers for the stability of the world, cooperation among the "Big Three" is critical.

Let us here focus on the rising role of China, which holds the key towards moving from the current pre-multipolar monetary system to an effective multipolar one; and then from there possibly towards an SDR-based truly multilateral monetary system. But prior to this let us clarify China's present monetary regime. The Chinese yuan, once pegged to the dollar (1997-2005), moved afterwards towards a managed floating exchange rate regime (Morrison, Labonte, 2011) through the combination of a daily 0.5% fluctuation margin against a basket of currencies (euro, yen, dollar and a few other minor currencies) and retaining the possibility of parity adjustments. The exchange rate is *de facto* targeted according to political (the need to accommodate US pressures) and economic considerations (the balance between keeping inflation under check and retaining a competitiveness margin). Hence the capital account is not liberalised. Moreover its liberalisation would require first more progress in financial market reform[1].

Let us see now how China found its way through the successive transformations of the IMS.

## II. Double-edged Dysfunctions of Bretton Woods I and II

The post-World War II period saw the setting up of the first ever multilateral economic governance system – Bretton Woods (BW) –, which aimed at efficiency and equity through international and domestic policies. It rested upon three pillars: first trade, second currency and finance, and third norm-setting in various areas such as labour, health, environment, technical standards, intellectual protection, etc.

Such a system would deliver global public goods and maintain control over externalities and spill-overs, contributing to the convergence of policies and outcomes among participating countries. The International Monetary System (IMS), a major foundation of the new multilateral order, went through a series of successes and failures.

The current IMS – let us call it Bretton Woods II (created after the breaking up of Bretton Woods I in August 1971 because of the decoupling of the dollar from gold) – is going through an ultimate transition whose end, a Bretton Woods III, is not yet in view; meanwhile it is gradually shifting from a dollar-based to a multipolar currency system.

Bretton Woods I was both an experiment in multilateral governance with the International Monetary Fund (IMF) and the World Bank (WB), and the consecration of the USA as the Western hegemon. It brought together an exclusive club of mostly Western and Northern States with close characteristics: a comparable level of development and, for most of them, like-minded countries with regard to the tenets of the market economy. It marked a definitive break with the Gold Standard since currency convertibility was based on fixed but adjustable exchange rates pegged also to gold but through the dollar, and last but not least, allowing capital controls. The IMF provided the institutional framework for

1 "(…) the yuan has significant handicaps in the short term, due to the limited openness and development of China's financial markets, as well as to a weaker policy record, but it has strong governance underpinnings. Provided financial reforms are carried out in China, it could gradually become a major challenger, and ultimately the main challenger to the dollar (…)", in Bénassy-Quéré and Ferry, 2011, p. 19.

the IMS and ensured assistance to countries in need. Policy-wise, the IMS rested on two pillars: trade liberalisation through GATT negotiations, and domestic full employment policies. For this reason, it received the appellation of "embedded liberalism" which amounted to "the multilateralising" of Roosevelt's New Deal which in Europe took the form of the Welfare State.

Bretton Woods I indeed proved a success which culminated in the "Glorious Thirties". But its growth and welfare achievements mostly benefitted Western advanced economies that succeeded in retaining the three main benefits attached to the colonial and later post-colonial rent: low commodities and energy prices, a monopoly over manufacturing, and captive markets for their exports. Today the rise of China and of the BRICS is definitely putting an end to the post-colonial rent. This is a sea change for Western economies confronted with manufacturing outsourcing and offshoring and with new terms of trade with commodity producers.

For its huge benefits, the BW system has gradually revealed three major drawbacks. First, it aggravated the North-South income gap despite the granting by the North of multi-and bi-lateral aid and of trade preferences. In the 1980s and 1990s, the Washington Consensus-based conditionality which was impressed by the IMF on indebted developing countries did not cure their ailment. Second, it allowed the USA as the ultimate issuer of the reserve currency, to emit huge amounts of dollars beyond their gold stock, fuelling world inflation, and triggering two oil shocks in return. Third, the abrupt end of the gold exchange standard so clearly analysed and predicted by Triffin, and the shift to floating rates and capital liberalisation, opened an era of monetary and financial instability. But as odd as it may sound, the new "non-system" did not weaken but rather strengthened the hegemony of the dollar as a means of payment and as a reserve currency, hinting at the fictitious character of the link between the dollar and gold during the preceding decades.

The fault-lines of the BW system produced two interesting side consequences which changed the balance of the world economic system. On the one hand it provided an effective mechanism for defence burden sharing between the USA and its allies. On the other hand it eventually encouraged heterodox development strategies by the "Asian tigers" and later China, which exploited to the full the American excess of investment over savings.

## III. Bretton Woods as a Security System for the West

Bretton Woods I was highly dysfunctional from an economic standpoint because of the exorbitant privilege of the dollar. But it proved advantageous from a geopolitical standpoint by allowing the USA to dodge the "guns and butter" dilemma, i.e. first and foremost, in the case of the Vietnam War and the Great Society social programmes through the 1960s. The USA was exempted from raising taxes, because they could then monetise the fiscal deficit through issuing more of the international currency. The dollar-based IMS – be it BW I or BW II – put the USA at a strategic advantage in the armament race with the USSR: it was eventually the pharaonic Star Wars project that broke the back of the Soviet economy. The dollar system proved therefore an implicit way for the USA to share the defence burden with their economic partners, mainly the EU and Japan. As the last resort security provider for the West, the USA was indeed de facto granted the right to manage the international currency according to their economic needs and strategic priorities. This implicit consensus still prevails today: the EU is more prompt to lecture China on the undervaluation of the yuan than to raise the matter of the depreciating dollar with Washington. Yet, the USA is not anymore a 100% reliable strategic partner for Europe: its superiority, although still very high, is dwindling and its concern for Europe is fading away as geopolitical stakes move eastwards.

## IV. The Blessed American Structural Deficit

A second severe dysfunction of the IMS lies in the gradual emergence of structural imbalances which appeared first in America as a result of an excess of consumption over savings and a lax monetary policy by the international reserve-currency issuer. But the huge anomaly of the richest country going into heavy external debt had its positive counterpart. China, building up on the "flying geese pattern" initiated by Japan and the Asian tigers in East Asia, took advantage of US households' profligacy. Through heterodox policies from a Western vantage, which eventually proved the only gate of access into the advanced countries club, China succeeded in inserting its natural comparative advantage (cheap disciplined labour) into the global output chain. China started off its modernisation from the modest level of "the world powerhouse". In this capacity, it supplied the US market with cheap imports that protected real wages from the relative stagnation of nominal wages, while keeping inflation in check. In parallel China steadily piled up huge current surpluses as a counterpart to the US' structural deficit. In order not to let its currency appreciate accordingly, China turned into the bank of the US Treasury, buying scores of T-bonds and keeping thereby long-term rates on US public bonds at a lower level. Its foreign reserves amount today to USD 3 trillion, providing China with a formidable leverage for promoting its geopolitical and business interests.

On the one hand, it grants China an insurance policy from the US Treasury against protectionism from the Congress. Then it also allows China to make more loans to developing countries than the World Bank. Also it puts China today in a position of contributing to the rescue of the Eurozone – although in a cautious manner – while suggesting in return the attribution of Market Economy Status before the 2016 World Trade Organisation (WTO) deadline. But first and foremost, it shelters China from the type of IMF interference such as was imposed on some of China's neighbours during the 1997-1998 Asian crisis, which was reminiscent for China of the infamous Western and Japanese concession regimes imposed on it between 1843 and World War II.

On the other hand, these huge forex reserves fuel a sovereign fund which allows Chinese operators to buy strategic economic assets for market, resource and technology access. The sovereign fund is a key tool in China's strategy for upgrading the quality of its production capacities and for deepening its industrial and technology base. Thanks to its formidable economic war chest, China has freed itself from the grip of the West over its domestic model: not a minor achievement.

Is China's remarkable competitiveness mainly due to the manipulation of its currency? Only at the margin, say Sylvain Plasschaert[2] and Michel Aglietta and Françoise Lemoine[3]. The huge competitiveness advance achieved by China came through a unique growth differential between, on the one hand, productivity gains obtained through technology transfers, and, on the other hand, the limited rise of real wages until the very last years, which saw huge increases in salaries in the Eastern coastal area. Yet China's nominal exchange rate policy carries a cost which I shall analyse later.

## V. China: Twice a Hybrid

Let us rather concentrate on the peculiarity of the Chinese miracle in order to explain the leadership's preference for retaining control over currency and finance.

### *A. Capitalist and Communist*

How did this huge country, relatively poor in natural resources and unusually exposed to natural disasters, emerge as a giant in a matter of

2 See on this question the in-depth study conducted by Sylvain Plasschaert in several recent publications.

3 "(…) Le taux de change yuan/dollar a peu d'impact sur les déséquilibres de balances de paiements; la meilleure manière de les réduire est une hausse des salaires en Chine et la remontée du taux d'épargne des ménages américains", in Bénassy-Quéré A. et Chevallier A., 2010, p. 46.

two generations through two contrasted major sequences between 1949 and today? Mao's reign until his death in 1976, for the terrible mistakes of the Great Leap Forward and the Cultural Revolution, secured the triple foundation for an economic launching pad: infrastructure, heavy industry and education. Then Deng Xiaoping built up on a long-term vision and through empirical implementation a hybrid economic regime characterised by a unique capacity to anticipate, to reform and to modernise. On the one hand, China, following on the tracks of Japan and the Asian Tigers, has played the card of promoting industrialisation by attracting FDI and pushing manufactured exports towards advanced countries' markets; this is the market capitalism side of Deng's great design. On the other hand, the one party system allowed for political stability, long-term planning, infrastructures and higher education on a massive scale, and the pursuit of an effective industrial policy first through State Owned Enterprises (SOEs), and later through their privatisation. But the State retained first and foremost an effective control over finance – both savings and investment.

Joining the WTO in 2001 provided a strong base for market-oriented institutional reforms made compatible with the multilateral trading system. But it restricted drastically the discretionary power of the Chinese Communist Party (CCP) which then focused on retaining its grip over finance, a key tool for conducting the industrialisation from the world powerhouse stage towards the status of a fully-fledged advanced economy with a high technology level.

### *B. Emerging and Developing*

This is deemed by Beijing all the more necessary because China is also a hybrid in another way: it combines the strength of an emerging economy of the size of Germany and the burden of a developing country the size of Africa. The gap between East and West, North and South within China is not the only challenge China has to face: social inequalities have exploded even if the poor have seen their lot seriously improved; environmental degradation is a serious issue as is the safety of energy and commodity supplies. Climbing up the technology ladder so as to break through the glass ceiling of the middle income country level is the most serious long-term challenge for China's legitimate economic and strategic ambitions.

## VI. Finance as a Source of Discretionary Power

This double hybrid character justifies China in preserving an effective policy margin both in order to strengthen its economic unity through inter-regional convergence and to keep the ultimate power monopoly of the CCP. Key to this policy space is the discretionary power secured by the hold over currency management and over finance allocation, through capital account controls and the yuan exchange rate policy.

China is today confronted with a set of complex trade-offs with regard to its financial and monetary strategy, which is conducted in a very sophisticated and pragmatic way. Yet nobody can guess if and when China will eventually opt for a substantially more market-driven system, which implies the suppression of capital controls, the full convertibility of the yuan and a higher degree of opening up to foreign operators. This option is the prerequisite for China to engage in the reform of the IMS, starting off with the inclusion of the yuan on a par with the dollar, the euro and the yen in a revamped and rebalanced Special Drawing Rights (SDR).

China is first and foremost anxious to protect its economy from the vagaries of global finance which have led, through the collapse of Lehman Brothers on 15 September 2008, to a major sovereign debt and banking crisis in several countries. Particularly hit by the crisis were the USA and the Eurozone, with huge consequences for the monetary policies of those countries, and their severe impact on the dollar and euro exchange rates in opposite directions.

## VII.Domestic Interests First, Multilateralism Second

China's ambitions focus on its domestic interests and concerns. They do not encompass the will to put its imprint on the world. In that sense, China, although imperial in a way, is not an imperialist power.

Its huge population, the difficult natural conditions prevailing in most of its large territory and the fast growth dynamics triggered-off by the CCP-led reforms, make China exceptionally difficult to govern. Incidentally the magnitude of the challenge calls for some humility from observers.

China's internal consensus is vital for the pursuit of the Chinese miracle. It rests upon three major principles: unity, independence and political stability.

Based on these tenets, the Chinese leadership's priorities are: first, fast growth and job creation which represent the main source of legitimacy for the Communist Party. Yet, growth needs to be qualified according to the core concepts of the 12$^{th}$ five-year plan: on the one hand, it should shift from managed mercantilism to domestic consumption and green investment, on the other, it should remain high enough to absorb rural migrants on the labour market, but also become more stable inflation-wise, more equitable and more sustainable.

Second, it is the CCP's power monopoly which allows and requires a certain scope of discretionary power, aimed at shaping up the economy and in particular the industrial structures, and at allowing for a strong networking through CCP members across industry, finance and government.

Thirdly, China as a global power has so far limited its ambitions to interact "in harmony" with third countries. This means first behaving *vis-à-vis* its neighbours in a manner which is not dissimilar, neither to the US one within its backyard, with its "hub and spokes" trade policy and dollar-zone within the Western Hemisphere, nor to the EU with its web of association agreements and euro-pegging within its Southern and Eastern neighbourhood. Clearly China is providing the trade and currency anchorage for the whole region and is playing the responsible hegemon for ASEAN, Mongolia and perhaps someday for Central Asia. Second, China wants to deal on an equal footing with other global players such as the USA and Europe or rising States such as the other members of the BRICS. China is legitimately keen to ensure effective access to the latter's markets as well as to their natural resources wherever they are located: Africa, Central Asia, Latin America or the Middle East. A Blue Navy might be presently in the making to ensure the safety of maritime routes. With regard to multilateral relations, China is not for the time being willing to accept more obligations than those contracted for its admission into the WTO, be it for climate or for currency and financial matters[4]. China makes huge strides in these areas, but at its own initiative and its own pace. It approves of multilateralism, but will engage more in it only when it is ready and when its bargaining position is strengthened by the relative decline of the two other global players. Both of these players are confronted with the severe consequences of

---

4 China is a pragmatic player in international economic matters. Interests prevail over principled stances. But is this only true for China? Where the rule exists, China applies it, but it is not keen to accept new commitments that would limit its margin for action. China has joined the WTO after protracted negotiations (1987-2001) which left it caught in vast and coercive obligations, in particularly subject to the lowest industrial tariffs imposed on a newcomer, and a drastic reshuffling of domestic law amounting to a legal revolution. Partly it was the price to pay for consolidating its rising status of trade power, partly it was the way the leadership tied itself to the mast for overcoming internal opposition from special interests. Since it joined it has achieved an impeccable record as a WTO Member, but it resists accepting further obligations – i.e. with regard to public procurements – as a leading player, commensurate with its weight, in the Doha Round, and certainly not more than the USA. With regard to other pillars of the international economic order, China is either reticent to switch from unilateral to multilateral options, e.g. for carbon emissions, or very cautious about substituting a new order for the existing loose one such as in monetary and financial affairs.

Western capitalism's systemic crisis, which will sharpen the growth differential between China and the West.

## VIII. The Systemic Crisis of Western Capitalism

How does one recognise a systemic crisis? Three symptoms are revealing: first, Western market capitalism has presently lost its capacity to deliver growth which is both its *raison d'être* and its main source of social legitimacy. Second, orthodox policies for stimulating growth through global demand do not work any more: neither the monetary policy caught in the liquidity trap, nor the fiscal policy as massive and brutal deficit cuts have a deflationary impact on global demand while explicit competitive devaluations remain excluded by the dangerous prospect of a currency war. Thirdly, heterodox policies are being tried but they actually change the very features of the system: bailing out banks or helping the car industry because they are "too big to fail", substituting moral hazard for managers' and shareholders' patrimonial responsibility; ECB buying long-term bonds from failing States and negotiating austerity programmes with governments bypassing EFSF procedures. In addition, quantitative easing on a massive scale and, in the case of the USA, committing to zero interest rates for two years (until 2013) fuel the risk of real estate and stock exchange bubbles in emerging economies, starting with China.

These stopgap policies make sense: in emergency situations of the present magnitude, problem solving should prevail over ideological considerations. Yet it is important to realise that these policy choices change the very nature of our economic system, going back to a new role for the State not only as a regulator but as an industrial and financial actor with the inherent risk of competition distortion and protectionism. Moreover, while the crisis aggravates the West's relative decline, these heterodox policies might complicate governance convergence among Western countries and within the G-20. In particular unilateral quantitative easing can be perceived as beggar-thy-neighbour tactics. Uncooperative policies from major players would set new hurdles to the task of reforming the IMS. But is China ready for an IMS *aggiornamento*?

## IX. China's Monetary and Financial Dynamics

One should always consider the dynamics at work in any aspect of China's development. A static view does not do justice to China's sheer complexity; this is particularly true with regard to monetary and financial matters which are key to the Chinese development model and to the power of the State as controlled by the CCP. The balance of power between merchants and the Emperor must ultimately tilt towards the polity in the Confucian conception, which in this respect fits in with a truly democratic vision of Western society which the excessive weight of finance has recently damaged.

China is walking on a narrow path of trade-offs between market liberalisation and State control.

Firstly, China wants growth to continue and exports still to play a driving role although less dominant: competitiveness through the control of the nominal exchange rate is therefore deemed crucial. It wants also to influence the allocation of finance to State-owned-enterprises (SOEs) and to the private sector, including sometimes foreign companies themselves: finance allocation is a critical tool of industrial policy, as corporate taxation is, with its myriad of tax loopholes, in Europe and in America. But the control of finance through personal connections within the triangle State-finance-firms is also a powerful tool of governance which strengthens the influence of the CCP and therefore consolidates its de facto monopoly power. Such control indeed allows for coherence between the macro-economic policy carried out by the central government, and the meso- and micro-economic decisions taken at the province and the firm level. Such interventionism carries a twin cost: on the one hand the loss of efficiency through competition distortion and on the other the risks of cronyism and corruption entailed by collusion among public and private operators. To the first objection one can answer back that externalities such as the regional impact of major investment decisions or its technological spill-over effects must be taken into account by the authorities. About the risk of corruption, very real indeed, it is fair to say that the system pays extreme attention to severe corruption which can be sanctioned by capital punishment, the harshest law in any country for this sort of crime. Contrary to perceptions in the West, Communist ethics are still very alive in China and the CCP implements from within very coercive rules and procedures for assessing the performances of its members endowed with economic responsibilities through board membership in banks or large companies.

Secondly, China realises very well that keeping inflation in check is key for the stability of the economy and for its external competitiveness. From this standpoint, an appreciation of the yuan resulting either from market mechanisms or from political decisions would ease the control of imported inflation. Monetary policy would also be more independent and more effective, if the People's Bank of China did not operate under the constraint of sterilising foreign reserves still on the rise. This is all the more true since the internationalisation of the yuan is under way through different legal and grey channels.

Thirdly, the yuan internationalisation remains experimental and tentative, but the experiment is not a timid one and it is probably irreversible (Park, Song, 2011: 42-72). It obviously paves the way for the full liberalisation of the capital account and thereby for convertibility of the yuan. The pilot programme explores several avenues: trade invoicing and settlement in yuan for selected mainland traders with their counterparts anywhere in the world; creation of a yuan sovereign bond market in Hong Kong; currency swaps with several neighbouring countries[5]; authorisation to offshore yuan funds to participate in the mainland interbank bond market.

As a result, the expansion of cross-border yuan saps capital controls by making possible arbitrage between onshore and offshore markets.

The internationalisation of the yuan offers therefore a twin benefit to China but with adverse consequences as well: capturing a share of the seigniorage generated by the status of transaction and reserve currency, on the one hand; and the supply of an anchorage for the whole of East-Asia with Japan and Korea staying apart, on the other hand.

But such internationalisation, although gradual and experimental, calls for further financial market reforms as a prerequisite to the full liberalisation of the capital account and the full convertibility of the yuan and its likely appreciation. The risk of a swing from undervaluation towards over-appreciation exists indeed, especially as the sovereign debt crisis rages in Europe whilst the FED, the ECB and the Bank of Japan (BoJ) are practicing either quantitative easing, or near-zero interest rates or both. The inflow of that money will then severely dent China's competitiveness and financial stability – the bubble risk already present – at a time when financial reforms will have to go on to make room for foreign operators and to accommodate new market pressures.

This is why China's future intentions remain uncertain. As Jianxiong He and Zhengxin Zhang put it in a comment in an IMF China report,

> a subtle difference was that the [IMF] staff preferred a clear reform sequence and road map, while our authorities believe that, although it is important to have a clear direction and an integrated and coordinated approach to reform design, predetermined timing, sequencing, and pace could compli-

---

5 Starting with the Chiang Mai bilateral swap arrangements of 2000 and culminating today in the ASEAN+3 Chiang Mai Initiative (CMI) launched on 24 March 2010 and setting up a forex pool of USD 120 billion.

cate and even slow down implementation. Flexibility to unforeseen shocks is critical[6].

Meanwhile progress is made towards more liberalisation coupled with better regulation and supervision. The IMF last country report on China lists its recent achievements in the financial sector reforms with regard to bank commercialisation (risk management, bad loans and bank recapitalisation), regulatory and supervisory infrastructure with regard to insurance and financial clusters such as Shanghai. There is a consensus that with bad loans (15% of GDP in 1999) lodged in bad banks, the financial sector of China is now rather healthy and, along with capital controls, has kept China's financial markets out of the instability caused by the Western financial crisis. Uncertainty about local government debt and small banks remains an issue of concern.

## X. China's Options: Between a Multicurrency and a Multilateral IMS

Despite its focus on its domestic agenda, China, in the words of François Godement (Godement, 2010), is obsessed with strategic culture, the balance of power and geopolitical shifts. But China is in no hurry. Its bold long-term vision is indeed restrained by its innate pragmatism. It will therefore wait for the right circumstances for engaging in the rebuilding of a world monetary system based on a revamped SDR, made up of a basket of representative currencies. Meanwhile, China will not take on new multilateral commitments beyond those it has to the WTO. China joined the WTO under the US' and EU's conditions. But the new IMS will be set up in due time on China's terms. For China retains an ancient mistrust of the West and will decide upon the design of the system only after balancing the advantages and costs. In particular China will resist changing the yuan regime as long as there persists the threat of dollar depreciation, which is seen by Beijing both as an asset spoliation and an attack on Chinese competitiveness.

There is though an inherent limit to the gradualist method of shifting from an administrative to a market system chosen by China: once you are too advanced on the route towards the new regime, the costs of retaining controls start outweighing the benefits because controls lose their watertight nature while you do not enjoy yet the full benefits of market mechanisms. Such grey systems become less efficient, more

6 "Statement by Jianxiong He, Executive Director for People' s Republic of China, and Zhengxin Zhang, Senior Advisor to the Executive Director, 15 July 2011", in (International Monetary Fund, 2011).

vulnerable to inflation and more exposed to competition distortion and corruption.

Surreptitiously the inner strength of yuan internationalisation dynamics prevails over internal policy objectives and the system loses its effectiveness by lack of coherence. Yet when the external conditions are unstable as they are presently, a half-baked regime retains the advantage of somehow insulating the domestic market from the shocks from the global market.

Yet China will not be able to wait indefinitely until the conditions are right, especially if the recession continues in the West. The current de facto multi-currency monetary system can move in two contrasting directions: either it will shape up an integrated multilateral system eventually based on a new SDR, with a collegial direction led by the three major players – US, EU, China – as the core of a G-20 plus; or it will shift towards the setting up of continental trading and monetary blocs with the risk of their drifting apart because the multilateral governance framework would be too weak. Regionalism and multilateralism are not necessarily at odds, but one model will eventually supersede the other, and the final outcome will be a matter of political will. A multipolar world needs a strong multilateral base so as to make it economically more fair and effective and geopolitically more stable. China's option will be decisive. The world is waiting for China.

## Bibliography


Bénassy-Quéré A. and Ferry J.P., *What International Monetary System for a Fast-changing World Economy?*, Brussels, Bruegel, 2011.

Bénassy-Quéré A. et Chevallier A. (eds.), *L'économie mondiale 2011*, Paris, La Découverte, 2010, p. 46.

Dobson W., Masson P., "Will the Yuan become a World Currency?", *IIB paper*, University of Toronto, No. 10, March 2008.

Godement F., "Redbacks for Greenbacks: The Internationalisation of the Yuan", *China Analysis*, Asian Centre/ECFR, November 2010.

International Monetary Fund, *IMF country report. People's Republic of China*, No. 11/192, 2011.

Morrison W. M. and Labonte M., "China's Currency: An Analysis of the Economic Issues", *CRS Report for Congress*, Congressional Research Service, 3 August 2011, pp. 2.

Palais Royal Initiative, *Reform of the IMS; a Cooperative Approach for the 21st Century, delivered to the French Presidency of the G-20 on the 18th of January 2011*, Paris, 2011.

Park Y.C. and Song C.-Y., "Yuan Internationalization: Prospects and Implications for Economic Integration in East Asia", in *Asian Economic Papers*, Vol. 10, Issue 3, Fall 2011, pp. 42-72.

Thimann C., "Global roles of currencies", *ECB working paper*, No. 1031, March 2009.

Yin-Wong C., Ma Guonan, and McCauley R.N., "Yuansing China's Foreign Assets", *CESIfo working paper*, No. 3009, April 2010.

# How to Deal with a Global Triffin Dilemma

Lucheon speech by Fabrizio SACCOMANNI

*Director General of the Bank of Italy*

## I. Introductory Remarks

I am very happy and honoured to have been invited to speak at this conference celebrating Robert Triffin's $100^{th}$ birthday and I am glad that the Bank of Italy has been able to support this initiative of the Triffin Foundation.

I had a first opportunity to learn Triffin's provocative and prescient ideas about the working of the world's monetary system as a student of international economics at Princeton in 1969-70. Shortly after that, I was privileged to witness the fulfilling in August 1971 of Triffin's prophecy about the downfall of the Bretton Woods system from the vantage point of the IMF where I served as an economist. In subsequent years, I was fortunate to meet Prof. Triffin in person on several occasions, as he was a frequent visitor to Italy to attend conferences and seminars on international monetary reform, a topic which has been given traditionally a high priority in the research agenda of the Bank of Italy.

Triffin published many of his seminal contributions to international monetary theory in the *Banca Nazionale del Lavoro Quarterly Review*, a prestigious Italian scientific journal. In recognition of his close relationship with the Italian academic and financial community, Triffin was awarded, in 1987, the San Paolo Prize for Economics by a jury presided by Paolo Baffi, a former Governor of the Bank of Italy.

In his presentation of the award, Baffi praised Triffin as a "cosmopolitan scientist" who had devoted his life to the pursuit of international monetary order in Academia, in Central Banks and in international organisations, in a splendid career that had seen moments of great satisfaction as well as of deep bitterness. But, Baffi noted:

> I do not believe that any intellectual gratification that he may have derived from the infallible accuracy of his forecast can alleviate his dismay of cos-

mopolitan scientist in the face of the utter mismanagement that currently afflicts the international monetary system.

Indeed I can vividly remember that Triffin in his late years was not only disappointed by the failure of the reform of the international monetary system, but was really angry and indignant at what he regarded as an irrational and incompatible behaviour of the countries bearing the main responsibility for the management of the world economy. It was, in his own words, an international monetary scandal and he was infuriated by it.

I have no doubt that Robert Triffin would be equally infuriated, if not more, by the current state of the international monetary and financial system, still beset by the global crisis set in motion by the seizure of the US subprime mortgage market in August 2007. The fact that the crisis has now moved to Europe and is destabilising the Eurozone would certainly be a cause of deep regret for Triffin, who firmly believed that regional monetary integration in Europe could contribute to fostering stability in the world's monetary system. In the age of financial globalisation, unfortunately, this assumption no longer holds true.

In my remarks today I will briefly review what is wrong with the present international monetary system and will try to argue that there is an urgent need to give new impetus to the reform agenda originally agreed within the G-20, if we want to deal with the "global Triffin dilemma" that is currently threatening the stability of the world economy.

## II. What Is Wrong with the Present International Monetary System?

- The past twenty years have been characterised by significant exchange rate misalignments, large and persistent external imbalances and the accumulation of huge stocks of official reserves. I believe that these phenomena are symptoms of an inefficiency of the present international monetary system.
- Since the move to floating in 1973, *flexible exchange rates* have not behaved according to textbook predictions:
  - Their volatility has exceeded what could be justified by shocks to fundamentals.
  - Persistent misalignments have emerged among the major currencies.
  - Partly as a result, many countries have been reluctant in practice to allow full exchange rate flexibility ("fear of floating"), resorting to various forms and degrees of exchange rate management.

- Both policy failures and market failures have been responsible for this:
  - Misguided and unsustainable policies have frequently been a source of macroeconomic uncertainty and structural distortions. Exchange rate policies and capital controls have often been used to prevent the correction of misalignments.
  - At the same time, market exchange rates are not guided by fundamentals in a reliable way, partly because market participants (as also economists) do not seem to share a common view of what those fundamentals are.
- All this can be summarised by saying that flexible exchange rates have proved not to be an effective and reliable mechanism for enforcing policy discipline. Markets sometimes fail, even for long periods of time, to focus on fundamentals, only to suddenly "wake up" and enforce a correction that, being too late, is often inefficient, costly and traumatic. As we know from recent experience, this pattern applies to credit risk premia as well as to exchange rates. Market-based discipline alone is not enough.
- The emergence of *large and persistent external imbalances* over the past twenty years is closely connected to the lack of an effective policy discipline.
  - Some of the countries with the largest surpluses and deficits have been under no effective pressure from the markets to correct the imbalances. China and oil exporting countries seemed to be able and willing to continue to accumulate reserves almost indefinitely. As a result, the United States, issuer of the principal reserve currency, faced a highly elastic demand for its dollar liabilities and therefore did not need to incur either currency risk or a rising cost in financing its deficit.
  - However, exchange rate manipulation was just an element in a broader constellation of structural factors and policy settings, in both surplus and deficit economies, that allowed the imbalances to persist. Neither multilateral surveillance nor peer pressure had sufficient "teeth" to induce a correction of those policies before the crisis.
- Although the imbalances declined during the recent recession, this was largely due to cyclical factors, and they are now starting to widen again. They remain a potential source of strain for the global economy and financial systems.
- *The accumulation of large stocks of official reserves* has reflected in part a widespread desire to accumulate precautionary buffers in the face of increasingly large and potentially volatile capital flows; in part an effort by a number of countries to maintain undervalued exchange

rates to support export-led growth. Both drivers, in different ways, point to weaknesses and inefficiencies of the present international monetary system:

  - The accumulation of precautionary reserves is costly, as the return on reserve assets is typically lower than the country's borrowing costs. Besides, even countries holding a large buffer may face constraints in actually using it, if a falling reserve stock is perceived by the market as a negative signal.
  - Moreover, if a country accumulates reserves to forestall an overdue exchange rate appreciation it may eventually face substantial capital losses.

- In addition to being inefficient for the reserve holders, the accumulation of large official reserves has undesirable spill-over effects on the international monetary system:
  - Since reserves are held predominantly in US Treasuries, strong official demand tends to compress yields, causing financial market distortions. For example, in the years leading up to the crisis it contributed to trigger a global "search for yield".
  - In addition the seemingly insatiable global demand for dollar reserves allows the United States to enjoy the "exorbitant privilege" of financing external deficits in its own currency at a low cost, thus blunting the incentive to adjust.

## III. Towards a Multi-polar System

- The central role of the US dollar is connected to several features of the functioning of the present system that I have just outlined. How can that role be expected to evolve? Will the system remain essentially dollar-centered or become more multi-polar?
- I believe that over the next few decades we will probably see an evolution toward multi-polarity, although the shift is likely to be gradual. Some trends are relatively easy to identify, others less:
  - The US dollar is likely to remain the main international currency in the near term. The shares of other currencies may grow over time, but inertia due to the dollar's incumbent advantages will tend to slow the process. Specific events could trigger an acceleration, but this is hard to predict.
  - The future role of the euro will largely depend on how we come out of the present crisis. I think we now stand at a crossroads: either the Eurozone institutions are strengthened and this allows the single currency to regain its attractiveness and to develop into a

true global currency; or, if the crisis is allowed to fester, even the euro's role as a regional currency will be in doubt.

- Given China's growing importance in global trade and its links to a fast-developing East Asia, it appears almost inevitable that over the next 10-20 years the yuan will become an international currency alongside with the yen, at first regionally, later perhaps on a broader scale. However, it may take some time for the process to take off, as some essential pre-requisites (such as full convertibility) are still lacking.
- Regional cooperation arrangements, such as those that exist in the European Union and the Chiang Mai initiative in Asia, could become part of this multilateral system.

• *How would a multi-polar system work?* In principle, being more "balanced", it may even alleviate some distortions of the present system. In particular:

- The demand for US dollar reserves should in principle become less elastic, thus diminishing the United States' "exorbitant privilege" and allowing market discipline to work more symmetrically.
- If a number of Asian countries were to peg their exchange rates to the yuan (or to manage their exchange rate policy with reference to it), it may be easier for China's authorities to accept greater exchange rate flexibility vis-à-vis other currency areas.

• But could the coexistence and competition between two or more reserve currencies be a source of instability? My own view is that, although not necessarily unstable, a multi-polar system probably requires a high degree of international cooperation.

- At present, both the high degree of financial integration among economies and the awareness of their interdependence have made the costs of isolationist or non-cooperative behaviour more evident than in earlier periods of systemic transition such as in the interwar years.
- However, having stronger incentives to cooperate is not enough. We also need a greater capacity to do it, which means having an effective political leadership and the right institutions. We know from experience that the ability and willingness of national policymakers to act cooperatively, even in the face of a clear and present danger, cannot be taken for granted.

• Does the SDR have a role to play in the future evolution of the IMS, either as a complement to the existing reserve instruments or, in a longer-term perspective, as a forerunner of a true global currency on which the IMS could be centered?

- At present, the role of the SDR is very limited. Allocated SDRs cannot be used directly to conduct interventions. More than a true reserve asset, they are a tool for redistributing reserves, for countries that cannot borrow them on the market. There is strong resistance to expanding the SDR's role on the part of several IMF member countries. The SDR is seen as an unconditional form of credit, giving rise to moral hazard. And central banks see the risk of politically-driven SDR allocations stoking global inflation.
- It has been suggested that developing "private SDR markets" (in analogy with the experience of the private ECU in the 1980s and 1990s) could be a way of making SDRs more attractive as reserve assets and expanding the SDR's role as a unit of account in trade and finance. The ultimate goal would be to create the conditions for an expanded role of the SDR in the international monetary system. To jump-start this process, public authorities could undertake coordinated actions such as issuing SDR-denominated debt, helping create market infrastructures and providing legal certainty.
- I believe that in order to have a chance to work in practice, such actions would need to be part of a long-term strategy supported by a strong political commitment. My understanding of the experience of the private ECU is that a key factor of its success was the link to the long-term process of European monetary integration, which provided not only a legal, economic and institutional frame of reference but also a strong political constituency. By analogy, making the SDR a credible reserve asset and unit of account for both official and private agents would probably require a commitment to eventually transform it into something more than a basket, i.e. a currency in its own right. As we know, we are still very far from having a broad consensus on such a prospect.

## IV. The Reform of the International Monetary System: the Role of the G-20 and of the IMF

- To summarize, we have an international monetary system that lacks an effective mechanism for ensuring the mutual consistency of national policies. The costs of this in terms of distortions and instability are already evident, and will probably be further exacerbated as the world becomes more integrated economically and financially. On top of this, as we move toward a multipolar system we will need even greater cooperation to manage this process and contain the risk of instability.
- Indeed, the need to review the functioning of the international monetary system was put on the G-20 agenda early on after the crisis. Fol-

lowing some bold G-20 statements, there was even hope that a "new Bretton Woods" system could be shaped under the aegis of the G-20.

- In this spirit, a group of former senior policy-makers assembled by Michel Camdessus, Alexandre Lamfalussy and Tommaso Padoa-Schioppa (the *Palais Royal Initiative*) chose to emphasize in their report *the great urgency* of tackling the reform of the international monetary system, and proposed a number of significant and far-reaching changes in the current arrangements.
- But despite the best efforts of the French Presidency, the G-20 work agenda has been fragmented into a variety of "silos", which are meant to distil specific "deliverables" for the Leaders at their next meeting in November. Thus, the global vision has been lost. In addition, progress on specific fronts has been rather modest so far, reflecting countries' conflicting views on many such aspects:
  - The most promising workstream is the Mutual Assessment Process (MAP). Quite frankly, I do not see other substantial IMS-related deliverables for the Cannes Summit. On issues such as global liquidity, capital flows, reserves, and the SDR, countries' views are too divergent to imagine real progress.
  - So far, the record of the MAP has been mixed. The MAP is a peer review process "owned" by the G-20 (the IMF only provides technical support). It is aimed at defining (and then monitoring the implementation of) a set of mutually consistent policies to achieve a rebalancing of global demand and restore conditions for growth. But economic imbalances are still wide and worrisome.
- The G-20 has failed to deliver reassuring messages to markets. Why? I see two main reasons. First, the whole process is bound to remain rather cumbersome reflecting the need to maintain G-20 "ownership" – i.e., to reflect the inherent diversity of its members and the rule of consensus used in its deliberations. More importantly, the MAP has been conceived as an exercise with a medium to long term orientation, not as a platform for discussing national policy changes dictated by the evolution of G-20 economies in the short term. Explicit discussion of exchange rates has been taboo, which is a serious limit. And reconciling short-term objectives (supporting growth) with medium-term goals (rebalancing) is a challenge, particularly at the present juncture as the global recovery seems at risk.
- Hopefully this is all part of a necessary learning process. It is neither policy coordination nor true multilateral surveillance yet, but it is a step in the right direction. While it is still too soon to say whether the G-20 can become an effective vehicle for steering the governance of

the IMS, real progress will depend on whether the IMF is allowed to play a central role in the governance of the IMS.

- One area where important improvements could be achieved is IMF surveillance. The systemic importance of financial sector issues and the existence of cross-border policy spillovers have highlighted the need to ensure: (a) greater interaction between bilateral and multilateral surveillance, and (b) greater focus on the financial sector. Some progress has already been made on these fronts, but there are limits to what can be realistically achieved on the basis of the existing legal foundations of Fund surveillance.
- One option would be a modification of the IMF Articles of Agreement – envisaging stronger obligations on countries' domestic policies. A less ambitious option would be a new Board Decision on "Multilateral Surveillance".

## Concluding Remarks

The world economy is still in the midst of the most severe financial crisis of the last 80 years but the reform process of the international monetary and financial system is stalling. In Washington at the IMF meetings two weeks ago, it was clearly visible that dealing with the worsening outlook of economic activity in the major industrial countries would take precedence over the reform agenda of the G-20.

This is a serious mistake if one considers the origin of the crisis. Since the beginning of the third millennium there has been a constant erosion of the creditworthiness of issuers of supposedly "safe" assets, be they the shares of dotcom companies in Wall Street, the subprime mortgages marketed with the unforgivable AAA blessing of rating agencies, or the bonds issued by major financial institutions like Lehman Brothers. This erosion of trust is now creeping into the supposedly risk-free world of sovereign debt.

The history of the international monetary system can be interpreted as the endless search for safe assets, safe from the erosion of value and the debasement of the currency that can derive from the misguided actions of monarchs, elected governments, parliaments and central banks.

Gold was initially considered the safest asset as it was nobody's liability, but then the relative shortage of gold led to the creation of the gold-dollar standard, where the safety of dollar-denominated assets was indirectly guaranteed by the link of the dollar to gold. When that link was severed, the world *de facto* delegated to financial markets the task of determining which assets are to be considered safe and which not.

The problem with this arrangement is that markets are fickle and they can oscillate between one extreme, where all assets are safe, even junk bonds, Greek bonds, or Depfa bonds, and the opposite extreme, where there are virtually no safe assets, except a happy few, where every investor would like to place his or her money, irrespective of the yield.

The age of financial globalisation has brought us to the verge of this second extreme. The extraordinary growth of financial activity has far outstripped the growth of real economies, leading to the accumulation of financial assets that are largely the liabilities – i.e. the debts – of countries, banks, corporations. The markets are telling us now that this process has gone too far and that a "deleveraging" – i.e. a reduction of the indebtedness – is now required by all debtors, public and private.

The world economy is, in other words, confronted with a "global Triffin dilemma" in which the excessive indebtedness of the issuers of financial assets is now affecting the value of the assets themselves; of all assets, not just of reserve currencies, as in the early Triffin dilemma.

But, how is it possible to carry out this huge process of deleveraging in an orderly manner and without further destabilising the world economy?

The obvious answer is that it may take time and in any case a longer period of time than financial markets, having suddenly become aware of the unsustainability of the situation, seem willing to concede. At the same time, financial market participants should be aware of the simple fact that if they want to cash in all their financial assets at once, this will result in the immediate bankruptcy of all debtors, be they private or public.

I do believe that both creditors and debtors have a strong interest in the preservation of an open financial system, well regulated but free from protectionist restrictions. Thus, it should be possible to agree on some sort of a "truce", whereby market participants grant the time required for an orderly deleveraging, in return for a credible commitment by national governments to pursue stability-oriented macroeconomic policies at home and to carry out a sensible reform of the current international monetary system.

Such truce can only be enforced in the G-20, which its leaders have elected to be the "premier forum for international economic cooperation". A credible reform agenda should include:

- a strong multilateral surveillance procedure managed by the IMF and designed to adjust global payments imbalances and to contain the impact of the cross-border policy spillovers on the financial system;

- the implementation of the financial regulation reform elaborated by the Financial Stability Board to strengthen the resilience of banks and financial intermediaries and to discourage excessive risk taking;
- the implementation of the WTO's Doha Development Agenda to preserve an open, multilateral and rule-based trading system;
- the commitment to establish a new multilateral reserve asset – hopefully with a more appealing name than the SDR – to become the "safe asset" that financial markets demand and that could be the anchor and the standard of a more stable international monetary system.

Is this agenda "politically acceptable" to the G-20 leaders? Probably not, but it may become soon the only available alternative to the present slow-moving, incremental approach to reform, if they want to prevent more serious troubles for the world monetary and financial system and for the world economy.

## Troisième Séance

## Le rôle de l'UE et de l'euro dans l'édification d'un système monétaire international plus durable

## Third Session

## The Role of the EU and of the Euro in Building a More Sustainable International Monetary System

*Présidence / Chair: Jorge Braga de Macedo,*
*Directeur / Director, Centre for Globalization and Governance, Universidade Nova de Lisboa*

# Transforming the ESM into an EMF as Part of the IMF

Daniel GROS

*Director, CEPS*

## I. Introduction

The introduction of the euro could have fundamentally altered the working of the global monetary system by creating a competitor to the reserve currency status of the USD. However, even before the euro debt crisis erupted, this was not the case. The share of the euro in global foreign reserves was not substantially higher than that of the DM before, and the use of the euro in international transactions outside the Eurozone has remained limited. The share of the euro in international reserves has increased somewhat (from about 18 to 26%), but these statistics cover only about one half of global reserve holdings because the most important country in terms of reserve accumulation, namely China, does not publish the currency composition of its reserves. Moreover, part of the apparent increase in the euro's share is an exchange rate effect.

**Figure 1. Currency Composition of Official Reserves**

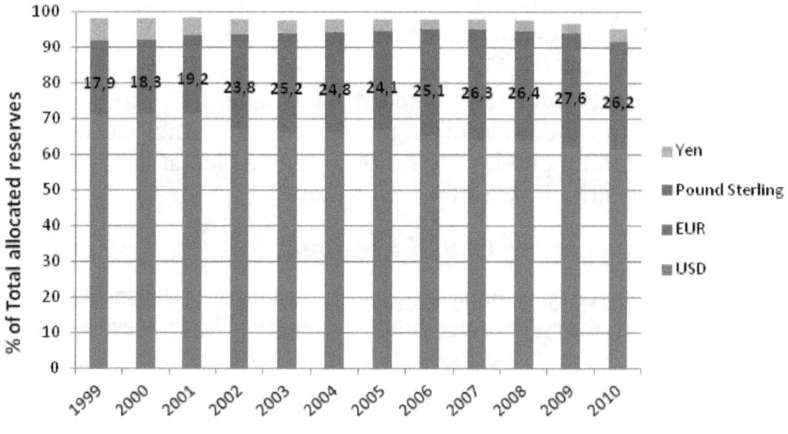

Source: IMF, COFER.

Note: This chart refers to 'allocated' reserves amounting to about 5.1 trillion USD as of end-2010, see also table 1 (China and other large holders amounting to 4.2 trillion USD are not included).

**Table 1. Currency Composition of Official Foreign Exchange Reserves (COFER)**

| Billion USD | | 1998 | 2010 | Change 2010-1998 |
|---|---|---|---|---|
| **World** | **Total** | **1,644** | **9,259** | **7,615** |
| | allocated | 1,282 | 5,124 | 3,841 |
| | non-allocated | 361 | 4,135 | 3,774 |
| **Industrialized** | **Total** | **1,022** | **3,092** | **2,070** |
| | allocated | 925 | 2,709 | 1,783 |
| | non-allocated | 97 | 384 | 287 |
| **EMEs & Dev** | **Total** | **621** | **6,166** | **5,545** |
| | allocated | 357 | 2,415 | 2,058 |
| | non-allocated | 264 | 3,751 | 3,487 |

Source: IMF.

The current situation lies even farther from the original optimistic view of the Eurozone as the provider of a major global reserve currency since several of its member countries are recipients of IMF support, although in principle there should not exist any 'balance of payments' problem within a common currency area. The resources allocated by the IMF to the (so far) three program countries (Greece, Ireland and Portugal) are extraordinarily large compared to their quotas. This is a result of the lack of political will inside the Eurozone to deal with the problem and not of weak economic fundamentals: the Eurozone as a whole has no problem with external funding (its current account is approximately balanced) nor does it have an unsustainable fiscal position (the average deficit is close to 4% of GDP and the debt level is about the same as that of the US).

One could even argue that the need for an alternative to the USD is even stronger after a decade of large US external current account deficits and an exploding public debt ratio, which has led at least one major rating agency to strip the US of its AAA status.

## *A. The Eurozone in the Global Economy*

A reserve currency country might be pushed into large current account deficits if the world demand for reserves increases (a 'Triffin dilemma', but see also the discussion by Richard Portes above for a contrarian view). Even just considering its own national interests, a major reserve currency country finds the same (short run) incentive to run large deficits since it runs little risk of running into 'sudden stops'. This is one – albeit simplistic – view that could explain the persistent large current account deficits of the US, which have tended to grow in size, along with the increase in reserve holdings of emerging economies.

One view of the last decade could thus be that the accelerating pace of reserve accumulation by emerging countries (especially in Asia) was at least partially responsible for the persistent US current deficits. Moreover, it has been argued (Brender and Pisani, 2009) that this reserve accumulation in USD contributed decisively to the financial crisis because Asian central bank pushed down the yield of the only assets they are holding: Treasuries and the debt of the US mortgage agencies with a government guarantee. Other foreign investors, mostly European banks, were then pushed into other supposedly safe assets, namely residential mortgage-based securities which were regarded as safe in virtue of the AAA rating they received originally from the rating agencies.

This is not the place to discuss the reasons for this extraordinary accumulation of reserves by Asian central banks. The underlying explanation might be quite simple: in a bank-based system any excess savings of households can be invested abroad only in safe assets because banks issue deposits which are also considered safe (in nominal terms) by the population (and are guaranteed as such by the government). In China the banks themselves are not allowed to engage in foreign lending. Hence the central bank has to do it for them, assuming thus the exchange rate risk. But central banks are even more risk averse in terms of the assets they invest in. The key role of the central bank in intermediating domestic savings might be clear in the case of a country with capital controls, like China, but in the case of Japan, which has a floating exchange rate, one actually observes a similar key role for the central bank in that the foreign exchange reserves accumulated by the country over the last decade account for a large proportion of the accumulated current account surpluses.

Has there been no accumulation of euro assets over the last decade? While the share of the euro in global reserves has not increased much, there must have been some accumulation of euro assets by reserve holders since the total has increased so much. If one assumes that the effective share of the euro in all reserves (not only the ones for which the currency composition is known) has remained constant at about 20% one could already immediately conclude that the impact of the rapid pace of reserve accumulation over the last decade on the Eurozone should have been roughly one quarter as strong as it was on the US. (Total reserve accumulation over the last 12 years amounts to almost

8 trillion USD in value). With a 80/20 split this would imply an accumulation of about 6.4 trillion USD for the US and the equivalent of 1.6 trillion USD valued in euro, or about 1.2 trillion euro. For the Eurozone the reserve accumulation might thus have amounted to about 100 billion per annum (1% of GDP), on average, since the introduction of the euro.

The Eurozone has apparently not been strongly affected by this temptation to run twin deficits. Its current account has fluctuated around balance, with a much lower variability than that of the US or Japan. This implies that Eurozone residents must have bought foreign assets to the tune of a similar amount as the accumulation of euro reserves by the rest of the world, or about 1.2 trillion euro. Most of these asset purchases (by banks because the major sources of savings in the Eurozone are countries with bank dominated financial systems) must have been also in assets which were, at the time of purchase, regarded as safe (yuhans, CDOs, etc.).

The upshot has been that the Eurozone's current account has not be dominated by the (much smaller) 'Triffin Dilemma' one might have expected from the euro's share in global reserve accumulation. Table 2 shows that over the last 15 years the average current account for the Eurozone has been in surplus for 0.3% of GDP, compared to an average deficit of over 3% of GDP for the US and a surplus of 3% of GDP for Japan. Moreover, the variability (standard deviation) around the average amounted only to 0.6 percentage points of GDP for the Eurozone compared to 1.8 percentage points of GDP for the US.

**Table 2. Current Accounts Compared**

| | Eurozone | US | Japan |
|---|---|---|---|
| Average, % GDP | +0.3 | -3.4 | +3.0 |
| Standard deviation | 0.6 | 1.8 | 1.2 |
| Standard deviation of first differences | 0.6 | 0.7 | 1.0 |
| Correlation with differential output gap (%) | 61 | -12 | |

Source: own elaboration based on the WEO database.

Has the Eurozone contributed to stabilizing the global economy? One way to answer this question is to consider the correlation between the current account and the difference between the global output gap and that of the Eurozone. When the output gap is higher in the rest of the world the Eurozone contributes to stabilizing global output if at this moment it runs a current account surplus because it then provides a net supply of goods and services to the rest of the world.

For the Eurozone the correlation coefficient between the current account (as a % of GDP) and the difference between the output gap abroad (only developed economies are available) and the output gap in the Eurozone is over 60%, whereas the corresponding measure for the US is of the opposite sign (but close to zero at minus 12%).

## *B. The Achilles Heel of the Euro: Structure of Its Financial Markets?*

As mentioned above, the first decade of existence of the euro was in principle very favourable for the emergence of a major alternative to the USD as reserve accumulation was extraordinarily high over this period. It is estimated (see table 1) that emerging and developing economies alone accumulated over USD 5.5 trillion dollars worth of reserves. There should thus have been ample opportunity for the euro to acquire a major global role as well. However, this did not happen. Why?

For a country whose excess savings (current account surplus) are intermediated via the central bank, the main risk is the loss of international purchasing power of the reserves. This seems to be situation for the major reserve "accumulators" (China) today[1]. An appreciation of the domestic currency then exposes the central bank to potentially very large losses. This was also the situation in the surplus countries, e.g. Germany, during the late 1960s and early 1970s, and explains partially the protracted resistance of that country to an appreciation of the DM during this period.

A reserve system is traditionally defined by the currency around which it is centered. Strictly speaking, this currency plays two different roles: it provides a peg for the non-free-floating currencies while at the same time it is the currency in which official reserves are accumulated. Even in the absence of a clear policy design, the existing international reserve system has thus gravitated around the dollar.

If one looks at the structure of financial markets one finds two factors which explain why the role of the euro as reserve currency has been, and in likelihood will remain, limited to the countries which are in the vicinity of the Eurozone or have institutional links with the Eurozone (e.g. Switzerland). A global shift towards the euro is not likely to occur any time soon.

One key disadvantage for the euro is that it lacks a sizeable supply of risk-free assets (or at least assets that are perceived to be risk-free by those who hold reserves, namely central banks). Another factor (or rather symptom?) is the strong asymmetry in the international banking system in favour of the dollar.

1 In this case the central bank operates, *de facto*, rather like a sovereign wealth fund and should have a different investment strategy. However, in reality this does not seem to be the case.

### *1. The Supply of Risk-free Assets*

When central banks accumulate reserves they want to hold risk-free assets. The availability of deep and liquid markets for such assets denominated in the potential reserve currencies is a precondition for any reserve diversification. If one could assume that bank deposits fit into this category, there would not seem to be any constraint on their availability: in principle big international banks accept indifferently deposits in dollars or euros[2]. But, in normal times at least, the remuneration on those assets will be lower than on marketable securities. Moreover, this crisis has shown that bank deposits are not always without risk.

In practice central banks thus limit their choice of assets to government debt or at most debt instruments backed by a strong government.

The size of the market for the kind of short term, safe and liquid securities required by central banks for their currency reserves points to a unambiguous advantage of the dollar even if not necessarily apparent at first sight. In terms of sheer size of the markets of euro-denominated government debt, the Eurozone should be comparable to the US since both economies have approximately the same debt/GDP ratio and a comparable GDP.

In addition, the reserve management services provided by the European Central Bank to the reserve holders look quite similar to those offered by the Federal Reserve. But, most importantly, the US market of quasi-risk-free securities (Government debt securities, GSE debt and GSE-Agency-backed mortgage pools), which are the true target of reserves holders, is much larger (and thus likely to be more liquid) than any similar Eurozone market[3].

A key difference between the Eurozone and the US is that the European market for public debt is fragmented, and so are the markets for European covered-bonds. In reality one should thus compare the market size for the US (close to USD 20 trillion) to that of the biggest 'risk-free' market in euro, that of Germany, whose size is below USD 3 trillion. Even if one lumps together the only two significant AAA rated governments in Europe (Germany and France), one arrives at a "market" (in reality still two quite distinct markets) which together is about one-fourth of the size of the dollar market for safe assets.

---

2 According to G. Gelati and P. Wooldridge, *The Euro as a Reserve Currency: a Challenge to the Pre-Eminence of the US Dollar?*, BIS Working Papers No. 218 (2006), unsecured deposits in the euro markets exhibit a high degree of liquidity, with the wholesale market in euros larger than the one in dollars.

3 As explained in greater detail in the Appendix, the quasi-risk-free securities European market includes Government securities and covered bonds.

Figure 2 provides the data for the supply of risk-free assets for the US, the big EA-4 and the four largest euro member countries. Since the increase of the spreads on Italy and Spain these two countries can no longer be considered risk-free, and even between France and Germany there has been increasing differentiation. This implies that it is unlikely that foreign central banks will soon find a large enough pool of assets into which they might want to diversify their holdings. It is also clear that the 'euro crisis' i.e. the increase in the intra-area spreads on public debt since 2009, has reduced the universe of euro denominated assets that might be acceptable for foreign central banks. Before the outbreak of the euro crisis foreign central banks might have considered Italian or Spanish public debt a close, if not perfect, substitute for Bunds. But this is definitely no longer the case.

**Figure 2. Eurozone Quasi-risk-free Securities (2010) in USD Equivalent**

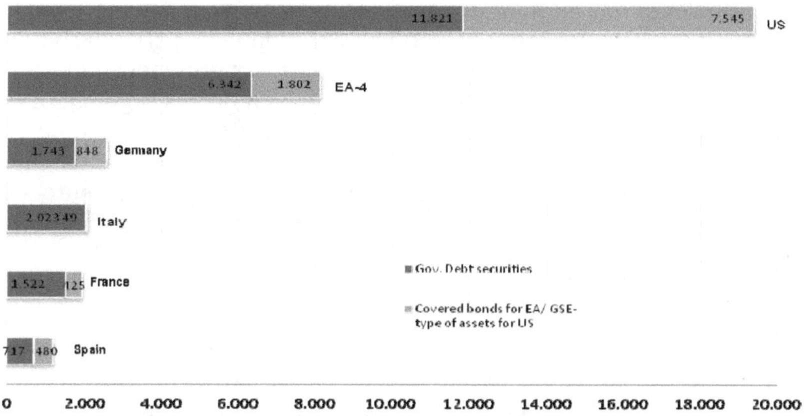


Note: EA-4 includes France, Germany, Italy and Spain. Total is the sum of general government securities in form of bonds, notes, and other short term securities, in domestic and foreign currency, as reported by national authorities (Agence France Tresor, Bundesbank, Dipartimento del Tesoro and Direccion General de Tesoro). The EA-4 accounts for about two-thirds of the total government debt securities of the EA.
Data on Covered Bonds are from European Covered Bonds Council (Provisional statistics for Issuance and outstanding covered bonds, August 2009). The EA-4 accounts for almost 90% of the total Eurozone outstanding amount.
US government securities include federal, state and local government. US quasi-risk-free securities also include GSE and agency – and GSE – backed mortgage pools (Source: Fed Z1).
Euro-dollar exchange rate as of end of 2008: 1.4 dollars = 1 euro and 1.32 for 2010, (ECB).

The Eurozone public debt market is fragmented not only by different risk characteristics attached to different national governments within the

Eurozone, but also by other more mundane aspects, such as maturity structures and other practical issues. For example, although the average maturity of the debt is similar across countries, one observes that in Germany less than 4% of total public debt securities had less than 1 year maturity, while in Spain this was 7%, in Italy 11% and in France about 14%. Moreover, the size of individual issuances depends on national refinancing needs, which are not coordinated across countries. The precise legal details of covered bonds also vary from country to country.

These practical elements represent further important deterrents to the attractiveness of euro-dominated assets from the point of view of a foreign reserve holder for whom economies of scale might be crucial.

Gelati and Wooldridge[4] compare the liquidity conditions of dollar and euro instruments in government securities markets as well as in the money markets to assess the relative importance of the two currencies as mediums of exchange; this comparison is also relevant to understand the choice of a currency as store of value. On average, their findings suggest that dollar markets are more liquid than euro markets, particularly with regard to government securities (in line with our argument) and repo markets. But they also show evidence that the derivatives segment of the euro government securities markets (future market on German bonds, in particular) is as liquid as the US Treasury market. The bottom line: given the characteristics of the euro financial markets, the euro can become increasingly attractive as an alternative to dollar holdings, but the dollar still maintains important advantages.

### 2. *Asymmetry in Bank's Balance Sheets*

As anticipated above, there is also another dimension to be considered. The crisis that arose in the summer of 2011 when it emerged that European banks faced funding difficulties in the United States highlights the importance of liquidity for a well-functioning global financial system. It also highlights a huge asymmetry. European banks need liquidity denominated in dollars far more than US banks need euros.

Figure 3 provides an idea of the asymmetry between the US and European banking system in terms of currency denomination of their assets. About one-third of Eurozone banks' claims on foreigners are denominated in dollars, while the share of euro-denominated claims on foreigners of US banks is negligible.

4 G. Gelati and P. Wooldridge (2006).

**Figure 3. Currency composition of banks' claims on non residents**

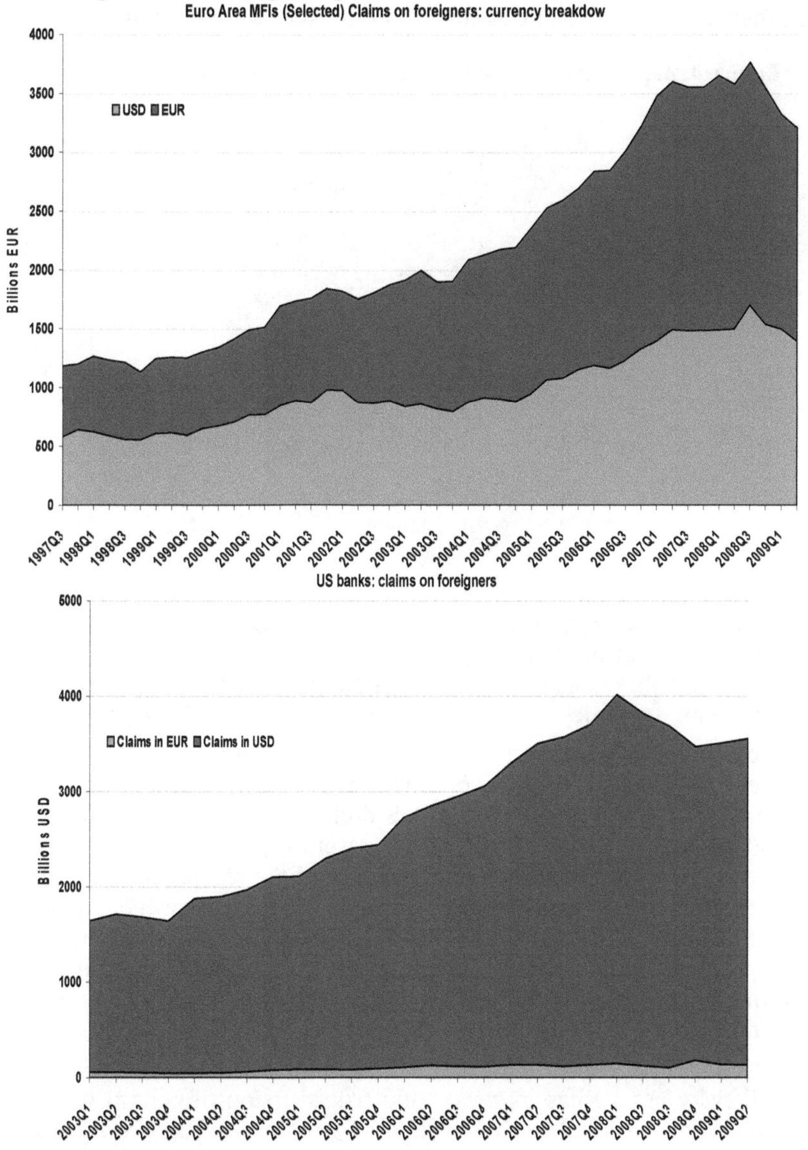


Source: TIC and ECB.

The Federal Reserve has strengthened this predominant role of the USD in the banking market by offering lines of credit (in USD) to all major central banks around the world, whereas the ECB has been much more circumspect in this regard.

Data for Japan give a similar (albeit less extreme) picture, with euro-denominated assets representing about one-third of those in dollar.

**Figure 4. Japan: Bank Assets in Foreign Currency (June 2009)**

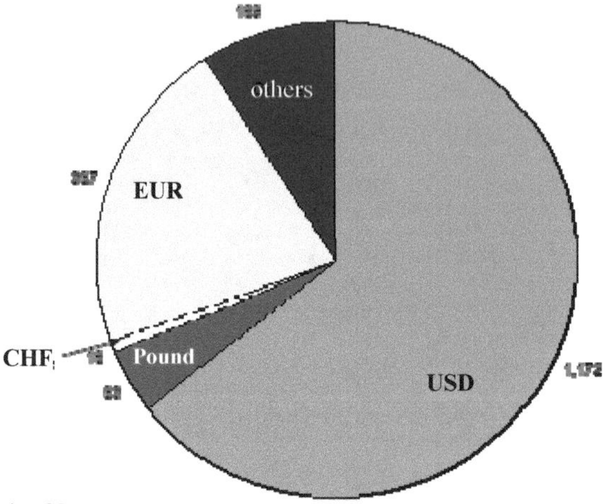


Source: Bank of Japan.

Overall the data suggest a strong asymmetry between the dollar and the euro in financial markets and therefore a difference in the depth of the two markets that goes beyond what is suggested by a comparison of macroeconomic variables.

Of course one explanation for the large European holdings in dollar is that an important part of the products of the securitization, held by European banks, are denominated in US dollars. It could be argued that this kind of assets is not attractive for reserve holders and therefore those data are irrelevant for the understanding of the reserve system. Yet the US figures mentioned remain surprising because of the "quasi-absence" of euros in the portfolio of US banks, in comparison with the relatively strong exposure of European banks to dollar-denominated assets. In effect, these data suggests that the euro does not have a market outside the Eurozone (unfortunately data for the UK are not available).

Unfortunately it seems that the crisis, with the associated loss of value for all risky assets, has increased the risk aversion of central banks. They are even less likely now to diversify their holdings into assets which could even remotely be considered as risky (e.g. Eurozone government bonds of countries not rated AAA). This increases the importance for the Eurozone to resolve its crisis and increase its supply of safe assets.

## 3. A Thought Experiment: From Dollars to Euros and vice-versa

There are thus fundamental reasons why the dollar is likely to stay the dominant reserve currency. But even if one assumed that the central banks of emerging market economies decided suddenly to partially[5] shift their holdings into euros, the question would arise whether this would actually be possible.

A thought experiment might help. Assume that central banks all over the world would like to increase the share of the euro in their holdings from 20 to 50%. This would require them to sell about 3 trillion USD assets denominated in USD and buy the same amount in euro denominated ones. The most direct way to allow this to happen would be for the major deficit country, the US, to issue euro-denominated bonds. But this is not likely to happen for the foreseeable future (it would require the US to fully fund its deficit in euro for about three years).

Reserve diversification by central banks all over the world would thus translate into an increase in the demand for euro-area government debt securities. The main target of this operation would be AAA government bonds, i.e. French and German debt. The total marketable public debt for the two countries being about USD 3 trillion, in principle this would be enough to satisfy the demand of the official reserve holders. But that entire amount is not readily available to international "customers". For instance, important tranches of government securities are held by national pension funds or similar institutions and not available on the market. Therefore only new debt and debt held by the domestic private sector could be bought by central banks of emerging market economies. Domestic holders of Franco-German debt would at any rate have to be supplied with a valid alternative and convinced to exchange it with their assets. Only if US Treasury securities (or GSE paper) were good substitute for the Franco-German debt, one could imagine a "super-swap" of US government securities against Franco-German debt securities taking place between emerging market economies and the European private sector, with no impact on the exchange rates and leaving China free from the "dollar trap." However, such a portfolio shift in Eurozone holdings can take place only if somebody is willing to assume the dollar/euro exchange rate risk, which presumably domestic savers in France and Germany will be unwilling to do. Hence, even under the best imaginable outcome for the euro crisis it seems difficult to imagine an important increase in the reserve role of the euro.

---

5 The fact that a number of emerging and developing countries use the dollar as anchor-peg implies that the dollar will already for that reason maintain a large role in the currency composition of the reserves.

But it also follows that one way to strengthen the euro's position as an international reserve currency would be to reduce the regulatory constraints and incentives for European banks and insurance companies to hold Eurozone government debt and other safe instruments. The smaller the proportion of Eurozone public debt and covered bonds held by Eurozone financial institutions, the larger will be the supply of safe assets for central banks in Asia.

## *III. Regional versus Global Financial Safety Nets: A Simple Proposition*

During the decade-long boom leading up to the present crisis the euro did not provide the world with an adequate instrument to diversify reserve holdings. Now that extreme risk appetite has given way to risk aversion the question is how to provide countries with a safety net should they be affected by 'sudden stops'.

Regional financial safety nets make sense whenever regional financial integration is particularly strong. The best example for this is the Eurozone. In this case it makes eminent sense to create a regional safety net. But a proliferation of regional safety nets might create coordination problems and it might leave important areas of the world that are not part of highly integrated regions without a safety net.

The global financial safety net could thus be built like a pyramid with the IMF at its apex. Regional systems would take care of their own members who could pool their resources and IMF membership. For countries not members of any regional scheme, the IMF would continue to provide a financial safety net as before.

The purpose of financial safety nets is to provide its members with access to credit during times of systemic crisis (sudden stops). In the absence of a safety net too many countries (everybody except the reserve currency country) would be tempted to insure the home country against adverse financial shock by running current account surpluses and accumulating reserves, thus imparting a deflationary bias to the global economy. The purpose of the Eurozone's safety net is not substantially different: the ESM (as its predecessor, the EFSF) will be able to provide countries with financing when the market no longer does, much as the IMF does with its members.

The political background is different, however, as the creditor countries in the Eurozone are determined to make the conditions for access to the funding from the ESM rather tough to minimize moral hazard problems. The approach of the ESM is thus different from the one taken by the IMF which has tried to make its facilities as attractive as possible to minimize any 'stigma' attached to having recourse to these facilities.

The real safety net in the Eurozone is de facto the ECB which through its normal monetary policy operations has provided banks in countries like Greece or Ireland with financing amounting to over 30% of their needs (at a very favourable interest: 1-1.5%). This function of the ECB as a de facto regional safety net constitutes a further argument in favour of the set up proposed below.

## *IV. How could the European Financial Safety Net Be Integrated into the Global System?*

The Eurozone should be close to the stage at which its own financial safety net could be integrated as a building block into the global financial architecture. The Eurozone has now an explicit financial safety net and it has common institutions which should enable the Eurozone to be effectively represented at the IMF.

The rough framework for the proper representation of the Eurozone in the IMF in the long run is well known: in the end the only sensible long term solution would be for the Eurozone countries to merge their IMF quotas into one. This single Eurozone quota should then be computed on the basis of the aggregate, external trade and capital flows of the Eurozone, disregarding intra-Eurozone flows (for the current situation see the annex). The Eurozone would then have only one seat on the Executive Board. The representation could be split between the political level, with the Executive Director nominated by the euro group (acting under the legal umbrella of the ESM), and the alternate (in effect the deputy of the Executive Director) nominated by the ECB. In this way, both the fiscal and monetary authorities of Europe would be forced to cooperate in shaping their input into IMF decisions. Many countries (including Germany) have followed this 'double headed' approach.

However, given the scant interest of member countries to transfer further competences (and abandon juicy international positions) to the EU level, this long run proposal seems indeed rather remote. Moreover, with the current crisis it has become difficult to maintain the view that intra-Eurozone transactions do not constitute 'international' transactions and that, for example, intra-area current account imbalances do not matter. Is there something that could be done even given the current political environment?

One concrete step which could be taken now would be for Eurozone member countries to 'pool' their IMF quotas, or rather to 'pool' the use of fund resources of member countries.

Until recently the idea that the Eurozone might need the financial support of the IMF might have seemed absurd. However, with the European Stability Mechanism (ESM, which in 2012/3 will take over from the EFSF, which is legally only a private sector 'Special Purpose Vehicle', but under the control of Eurozone finance ministers) the Eurozone has an official joint body which could very well be in need of refinancing. (Besides, it would also be a body which represents the fiscal authorities of the Eurozone as opposed to the ECOFIN Council formation which represents the entire EU).

Moreover, the magnitudes of the IMF involvement in the Greek package (and the contribution to the EFSF and potential ESM lending tentatively offered in by the Europeans) are much larger than one could justify if the IMF were to use its usual limits[6] and criteria for lending to the individual recipient countries[7]. In Europe the IMF is really not providing balance of payments support, but provides emergency financing to governments who have difficulties refinancing themselves on market, which is not the core mandate of the IMF[8]. Moreover, for the Eurozone programmes the IMF has gone beyond any previous limits in terms of the use of fund resources relative to the quota. For example, Greece has a quota of 970 million, but the IMF has promised to contribute almost 30 billion to the first rescue package, about 30 times Greece's quota, when previously the normal limit had been about 10 times the quota.

This extraordinarily large use of fund resources has come in a situation where one could argue that in principle individual Eurozone member countries, which cannot face a 'balance of payments' crisis (since they are part of a common currency area within which their banks can always refinance themselves via the ECB) should have no need for financial support from the IMF. It seems, however, that initially the decision to involve the IMF was purely political: when the EFSF was created over a dramatic weekend in 2010, the main creditor country insisted on IMF involvement because it feared that the EU would not be able to impose tough conditionality on its own.

There is thus *a priori* no fundamental reason why the IMF should be involved in intra-Eurozone rescue operations. However, the Eurozone

---

6 "The amount that a country can borrow from the Fund, known as its access limit, varies depending on the type of loan, but is typically a multiple of the country's IMF quota. This limit may be exceeded in exceptional circumstances. The Flexible Credit Line has no pre-set cap on access. http://www.imf.org/external/np/exr/facts/howlend.htm.

7 "The FCL is for countries with very strong fundamentals, policies, and track records of policy implementation" (*ibid.*). The last condition was certainly not fulfilled in the case of Greece.

8 From the IMF website: "When can a country borrow from the IMF? A member country may request IMF financial assistance if it has a balance of payments need – that is, if it cannot find sufficient financing on affordable terms to meet its net international payments ..." http://www.imf.org/external/np/exr/facts/howlend.htm.

could still rely on IMF financing if member countries agreed to transfer the 'use' of their quotas to the ESM, which could then channel them to the recipient countries. In the case of Greece, for example, Eurozone member countries could have agreed to 'lend' Greece the use of their quotas instead of providing the country with bilateral loans.

This (perhaps temporary) pooling of the quotas of Eurozone member countries when needed would have one big advantage also for the European creditor countries: in an emergency the ESM could then also rely on IMF resources, which could be proportional to the joint quotas of the Eurozone members. IMF loans could be contracted by the ESM and then be transferred to the country in need and would of course be subject to the usual conditionality.

The joint quotas of the Eurozone members amounting to roughly €60 billion (soon to be increased to 120 billion), there would thus have been no problem in mobilizing this way the contribution of the IMF to all three GIP programmes (which amounts to about €30 billion). Even the €220 billion penciled in (by the Europeans) for the IMF as a supplement to the funds of the EFSF of €440 billion would not be impossible, given the multiples of the quota normally applied by the IMF.

A Eurozone member country that needs to go to the ESM (which would then refinance itself via the IMF, as discussed above) would then agree that its voting rights at the IMF would be exercised by the Eurogroup via the ESM. This would represent a first, perhaps temporary, way in which the representation of the Eurozone at the IMF could be unified.

European officials like to repeat that the average fiscal stance of the Eurozone compares favourably to that of the US since the average deficit for the Eurozone is only about 4% of GDP (estimated for 2011) compared to over 9% of GDP; and the average public debt level as a share of GDP is about the same as in the US (about 100% of GDP). If they take this aggregate view they should also go to its logical consequence and present a common 'fiscal front' to the rest of the world.

It is worth noting that the IMF is fully financed by the central banks of its member countries providing their own currency. Nevertheless IMF lending should not be considered 'monetary financing' as defined in the Maastricht Treaty[9]. By pooling their IMF quotas the Eurozone countries would not take a modest step towards gaining more access to the monetary backstop that might soon be needed for the EFSF/ESM.

9 This legal problem has been taken care of by the little noticed Council Regulation (EC) 3603/93 which states: "The financing by the ECB of obligations falling upon the public sector vis-à-vis the IMF or resulting from the implementation of the medium-term financial assistance facility … shall not be regarded as a credit facility within the meaning of Article 104 of the Treaty."

## Concluding Remarks

Does the euro have a role in building a more sustainable international monetary system? The best answer might be it could, but this is unlikely to materialize because of political divisions within the Eurozone.

The supply of safe assets denominated in euro has been severely reduced by the crisis, and forthcoming regulatory changes will increase the demand for the remaining AAA rated securities by the financial institutions which intermediate most of Europe's savings, namely banks and insurance companies.

There is also no sign of any political willingness to unify the Eurozone's representation in international financial institutions and more informal gatherings (such as the G-20), although this should be much easier to organize now that the Eurozone is about to create its own central fiscal institution in the form of the ESM. However, in this area at least a modest step could be taken forward if Eurozone member countries agreed to pool access to their IMF quotas in order to finance lending to their peers which experience a 'sudden stop'. This would reduce the burden on the core countries (and provide to the operation of the ESM a monetary backstop which is sufficiently well hidden not to arouse any public backlash).

**Annex: Eurozone IMF quotas**

| Member | Millions of SDRs | Millions of EUR | Percent of Total |
|---|---|---|---|
| Austria | 1,872 | 2,203 | 0.86 |
| Belgium | 4,605 | 5,418 | 2.12 |
| Cyprus | 140 | 164 | 0.06 |
| Finland | 1,264 | 1,487 | 0.58 |
| France | 10,739 | 12,634 | 4.94 |
| Germany | 13,008 | 15,304 | 5.98 |
| Greece | 823 | 968 | 0.38 |
| Ireland | 838 | 986 | 0.39 |
| Italy | 7,056 | 8,301 | 3.24 |
| Luxembourg | 279 | 328 | 0.13 |
| Malta | 102 | 120 | 0.05 |
| Netherlands | 5,162 | 6,073 | 2.37 |
| Portugal | 867 | 1,020 | 0.40 |
| Spain | 3,049 | 3,587 | 1.40 |
| Slovenia | 232 | 273 | 0.11 |
| Slovak Republic | 358 | 421 | 0.16 |
| Total Eurozone | 50,393 | 59,286 | 23.17 |

Source: http://www.imf.org/external/np/tre/liquid/2011/0811.htm.
Note: As of August 2011: forward commitment 395 billion USD.

On 15 December 2010, the Board of Governors, the Funds highest decision-making body, approved a package of far-reaching reforms of the Fund's quotas and governance, completing the 14th General Review of Quotas which includes to double quotas from approximately SDR 238.4 billion to approximately SDR 476.8 billion. The review will be completed by January 2013, and the numbers in the table still reflect old quotas.

## References


Alcidi C., A. Brender, D. Gros and F. Pisani, *The Future Global Reserve System*, Asian Development Bank, June 2010.

Alcidi C. and Gros D., "Dollar versus Euro? Reserve Currency diversification", in D.S. Hamilton (ed.), *Shoulder to Shoulder. Forging a Strategic US-EU Partnership*, Center for Transatlantic Relations, 2010.

Baba N. R., McCauley N. and Srichander R., "The US dollar money market funds and non-US banks", in *BIS Quarterly Review*, March 2009.

Belke A. and Gros D., *Global Liquidity, World Savings Glut and Global Policy Coordination*, 2010, Publikationen des DIW Berlin.

Brender, A. and Pisani F., "Global Imbalances and the Collapse of Globalised Finance", *EPS Paperback*, Brussels, Centre for European Policy Studies, 2010.

Chinn M. and Frankel J., *The Euro May Over the Next 15 Years Surpass the Dollar as Leading International Currency*, NBER Working Paper 13909, April 2008.

De Grauwe P., "Balance budget fundamentalism", *CEPS Commentary*, Brussels, Centre for European Policy Studies, September 2011.

Dooley, M., Folkerts-Landau D. and Garber P., "An Essay on the Revived Bretton Woods System", *NBER Working* papers No. 9971, 2003.

Eichengreen, B., "The dollar dilemma", *Foreign Affairs*, Vol. 88, No. 5, 2009.

European Central Bank, *The International Role of the Euro*, July 2009.

Gelati G. and Wooldrigde P., "The Euro as a Reserve Currency: a Challenge to the Pre-Eminence of the US Dollar?", *BIS Working Papers No. 218*, Basel, Bank for International Settlements, 2006.

Garcia-Herrero, A. and Terada-Hagiwara, A., "Do Asian investors rebalance their portfolios and what are the consequences?", *Journal of Asian Economics*, Elsevier, Vol. 18, No. 1, 2007, pp. 195-216.

Kenen, P. B., "Reforming the Global Reserve Regime", *International Finance*, Vol. 13, No. 1, Spring 2010.

Park Y. C. and Song C-Y. "Renminbi Internationalization: Prospects and Implications for Economic Integration in Asia", *Asian Economic Papers*, Fall 2011, Vol. 10, No 3, pp. 42-72.

Pisany-Ferry, J. and Posen A.S. (eds.), *The euro at ten: The next global currency?*, Washington D.C. and Brussels Peterson Institute for International Economics and Bruegel, 2009.

Sabucchi, P. and Driffill J. (eds.), *Beyond the Dollar. Rethinking the International Monetary System*, London, Chatham House Report, Royal Institute of International Affairs, 2010.

Saccomanni F., "The Global Crisis and the Future of the international monetary System", *BIS Review 55/2010*, Basel, Bank for International Settlements.

# Towards a Tripolar International Monetary System

André SAPIR

*Université Libre de Bruxelles; Senior Fellow, Bruegel*

This excellent conference in honor of Robert Triffin and in particular this panel very much reminds me of another conference sponsored by the Gutt Foundation. It was back in 1998 and in Washington. The questions being discussed at the conference were indeed: "Will the euro change the international monetary system? Will it prove to be a rival to the dollar?" Now that was in 1998, before the euro was actually created, before the crisis and also before China became a major actor on the international monetary scene. The prevailing view back in 1998 was that the euro was going to be a strong rival to the dollar and that the international monetary system would be dominated by the dollar and the euro.

Instead, today in some discussions one hears that the yuan will soon become the world's most important currency behind the dollar, and that the system will be dominated by the dollar and the yuan, with the euro far behind. In a sense they view the euro as being taken over the yuan even before it had the chance of playing a major international role. Based on what Daniel said that could be a possible scenario: he's indicated that the share of the euro as an international currency has remained more or less constant since it was created. Does this mean that indeed given the weaknesses of the euro that have been clearly revealed by the crisis, by the time the Eurozone solves its problems it will be already too late and we will be in a bipolar world with the yuan and the dollar, with the euro being left behind?

Now we know what has been the stance of the ECB since the launch of the euro as far as its internationalization was concerned: "Neither promote nor hamper". That has been the official policy since 1999 and it has not changed: a sort of neutral stance. My own view is that we have to look at this in relative terms: what matters is not in the absolute the role of the euro by itself, but in relative terms to the dollar and the yuan.

Let's first say something about the dollar. Before the crisis emerged, the discussion on the international monetary system was very much about global imbalances and whether the dollar was going to depreciate very strongly, and as a result of that indeed the stable euro was being viewed as an alternative to the dollar. So what we have to ask ourselves is: what has been the consequence of the crisis on the relative importance of the dollar, the euro and the yuan?

I would say that it's clear that the dollar has done very well in the crisis; we've seen that the strength of dollar assets has been there, no doubt about that, and we all know the difficulties that the euro has been facing. At the same time, we have to recognize that the kind of policies that the Eurozone needs to implement in order to resolve the crisis – sooner rather than later, I hope – are precisely those that will also ensure to the euro an important role on the international scene. In other words doing what is necessary to solve the crisis and to ensure that the euro will be an important international currency is very complementary. Now, what are those policies and where should they be aimed at? Let me just list three areas where reform is needed.

The first is the banking sector. It's clear that we need to reform our banking sector in Europe, this was at the heart of the crisis, it is a difficult issue, we also have a banking sector that is still too fragmented, and, above all, we do not have any central institution for the supervision and resolution of banking crises. That absolutely needs to come about, and when it does it will be an important contribution not only toward solving the crisis but also toward giving a greater international role to the euro.

The second issue concerns government bond markets. One does not have necessarily to embrace the Eurobond solution, but one way or the other, whether we are talking of the EFSF or the ECB, it's clear that we need solutions to Eurozone government bond markets: national markets have to be unified in some manner, whether we are going to have a liquid sovereign benchmark, a Eurobond that remains to be developed, or whether indeed the ECB will eventually act as lender of last resort for government bond markets, one way or the other a solution to the crisis will have to be found at this level.

The third issue is obviously growth: the euro will not become an important international currency in the next twenty to thirty years unless we manage to get a more vibrant state of our economies in Europe.

A final word about China: there are obviously different possible scenarios about the yuan. We know what are the strengths and weaknesses of the Chinese currency. On the side of the weaknesses there is the issue of the legal system, which is one of Europe's strengths. Conversely one of the strengths of the yuan is China's political capacity, which is the main weakness of the Eurozone. And then there is the size and the quality of the financial system where the Eurozone is far from perfect and yet far ahead of China at the moment.

Will China's currency be able to become very rapidly an international currency of importance, say by 2020? Arvind Subramanian – the author of *Eclipse: Living in the Shadow of China's Economic Dominance* – sees that by 2020 the yuan will be a dominant currency along with the dollar, a view largely shared by Barry Eichengreen who argues that the dollar became the second most important world currency in a very short time at the beginning of the 20th century. So there is a precedent.

Whether or not the yuan will be able in the next 10 years to achieve the same kind of international status remains to be seen. I personally doubt it because of China's legal system which hampers the development of its financial sector. I believe therefore that there is a window of opportunity for the euro, provided the Eurozone manages to solve its crisis, and by doing so it will equip itself with the features required for the euro to play an important international role. In conclusion I would say that the most likely scenario in 10 or 15 years is that of a tripolar world with the dollar, the yuan and the euro all being important international currencies.

# Responsibilities of the European Central Bank

Paul De Grauwe

*Katholieke Universiteit Leuven; Research Fellow, CEPS*

As you know, Triffin's dilemma has everything to do with problems of liquidity. The way he formulated it, as you remember, was that the structure of the international monetary system was such that either there would be insufficient liquidity or there would be a confidence crisis. This was all the dilemma that we are talking about. I have not seen Daniel's paper in advance, and that gives me the liberty to talk about issues not directly related to what he said, so I will concentrate on this liquidity theme and apply the analysis to the Eurozone, arguing that we will have to solve this liquidity problem of the Eurozone before we can even think of the euro becoming an international currency, and there I'll complement what André just said.

Let me start out with things that we now know, and that has to do with the fragility of the Eurozone, which in a nutshell is that governments of member countries issue debt in a currency they do not directly control. This contrasts with "stand-alone" countries that have the capacity to issue debt in their own currencies and as a result also to give bondholders the guarantee that the cash will always be available at maturity date. There is no doubt about this. Nobody doubts that US Treasury securities will be paid out at maturity, because the cash will always be there, and the Federal Reserve can be forced and will be forced to provide the liquidity. That is not so in the Eurozone: none of its member countries can give that kind of guarantee, and that creates a potential for a liquidity crisis.

Note that this is the same problem as the one that banks have. The way you can formulate the problem of governments in the Eurozone is that they have liquid liabilities and illiquid assets, and they have no way to make these illiquid assets liquid because they have no control over the central bank, and that makes them vulnerable to movements of distrust that can lead to liquidity crises and that can force default. The US or the UK cannot be forced into default: they can do all kinds of other bad things including create inflation, but they cannot be forced into default. All the member countries of the Eurozone can be forced into default, and that creates a great fragility and also the potential where the markets force countries they don't trust into bad equilibria, with all the things that we see now happening, including banking crises, because that is very much connected: if you have a sovereign debt crisis you also get – for free, so-to-speak – a banking crisis.

So what are the implications of this analysis? I see only one implication: if you want to avoid this kind of liquidity crisis, you have to extend the lender-of-last-resort function of the ECB to the government bond market, very much like it exists *de facto* in stand-alone countries. We don't say that, we don't say that the Federal Reserve is the lender of last resort in the US government bond market, but *de facto* that's what it does: it guarantees the liquidity in that market, and the ECB has to take over that role in the Eurozone if it wants to avoid an implosion. We are now very close to an implosion, but, for some reasons, it is not done. The ECB hesitates to do it; in fact it has already announced that it will not continue to do so.

What the ECB should do is to announce that it is ready to provide all the liquidity necessary in that market, and that this is a full commitment. And the nice thing about such a full commitment is that if people have confidence you will not have to buy the bonds. Now the ECB has to buy a lot of bonds because there's a lot of distrust: the market does not know whether they will continue to do so, in fact they have announced they will not continue to do so, they've said they hate it, some of the members of the ECB board resigned because of this, so this does not lead to confidence in the market that the ECB will always be there to provide liquidity. So that has to change dramatically.

We can also take Daniel's proposal which is a way to *camouflage* the responsibility of the ECB. But the bottom line of Daniel's proposal is that ultimately it's the ECB that has to provide the liquidity, but maybe these guys in Frankfort prefer to do it in a more hidden way than outright. So I think we have to go in that direction. Unfortunately there is a lot of dogmatism against it, and also fears that are totally unfounded. People say it's monetary financing, but it has nothing to do with monetary financing: when the ECB buys government bonds in the secondary market, it provides liquidity to financial institutions which hold these bonds. So now we hear: "The ECB can't do that because it's monetary financing of government budget deficits". It has nothing to do with this.

The last serious problem we have is moral hazard. It is indeed a serious problem that can't be avoided, but it's the same serious problem that the lender-of-last-resort central bank has in the banking sector, exactly the same: when the central bank provides liquidity in the banking sector it also creates moral hazard. Therefore my view there is that these two functions should be separate: liquidity of last resort should be offered by the central bank, and next to it there should be an institutional set-up that can take care of moral hazard with regulation and supervision, and in the context of the Eurozone a system of mutual control on budget debts and deficits that has to complement the lender-of-last resort function of the ECB. But the ECB should not hide behind problems – real, serious problems about control of debts and deficits – not to provide the lender-of-last-resort function, especially when we get into an existential problem: the ECB now may claim that it remains pure, and then let the whole thing collapse, but purity in a collapsing structure will not help very much.

And finally another objection that is often put forward is that when the central bank buys government bonds there are fiscal implications. That is true, but that's true with every open-market operation. When the central bank buys private paper, the private paper can also be reduced in value and this has also potential fiscal implications. I've heard very few economists saying: the central bank should not perform open-market operations because when it buys assets these assets may drop in value, and there is a risk indeed. So there is no difference there. So those who say: there are fiscal implications, therefore the ECB should not do it, are really saying: the ECB should not do open-market operations, in other words the ECB should not be a central bank.

So I don't think these are good arguments. Moral hazard is a serious argument that we have to deal with, but it should not prevent the ECB from acting. I've seen that the ECB withdrew from the market last week; I think it's really at the wrong moment, we are really at a moment of survival of the Eurozone, and the ECB should not shirk its responsibilities.

# The Euro

## Pride and Prejudice

Alfred STEINHERR

*Free University of Bolzano; Sacred Heart University Luxemburg*

## I. Introduction

Is the current Euro crisis an unfortunate accident or the unavoidable consequence of an ill-fated design? Can the Euro – like Elizabeth Bennet and Fitzwilliam Darcy in Jane Austen's novel – overcome the current crises, with fatal pride in some and fatal prejudices in other member countries, and can its management/governance mature to acknowledge its limitations and costs to evolve into a monetary system with lesser ambitions and lower risks? This is the question posed in this paper.

In Section II, I argue that the crisis, or better crises, were due not to an unforeseeable accident but to the EMU's sloppy and irresponsible foundation as embodied in the Treaty of Maastricht. Even worse, as this Treaty – the culmination of decades of preparatory thinking, negotiations and trials – is the best compromise the European Union could deliver, we should not be carried away by optimistic assessments of what future reforms will be able to achieve. Section III makes the point that the various fundamental values of the European Union are in conflict with each other and make a harmonious monetary union impossible. Therefore, some of the fundamentals must be given up or, alternatively, the composition of the Eurozone. Section IV turns to the miserable management of the crisis so far and reassesses German responsibility. Section V concludes.

## II. The Maastricht Treaty as the Main Cause of the Euro Crises

A national currency gains its credibility over time through the policies of government and the central bank. The differences in the international acceptance of, for example, the D-Mark and the Italian lira, had little to do with the general economic performance of the German and Italian economies – which were fairly similar in terms of economic growth –, but more with the quality of institutions: the credibility of and trust in the government and its agencies, the congruence between declarations of objectives and observable policy. As there is no single government responsible for the Euro, and as a new monetary authority is responsible for the conduct of monetary policy, an international treaty had to define the rules of the game. The Maastricht Treaty was certainly strongly influenced by German convictions and fears. Germany, with a positive track record over decades in achieving price stability[1], and as the only country with an internationally accepted currency, had the most to lose from a monetary union and the least to gain. The final outcome was however a most questionable compromise.

The Treaty's most prominent pillars were the convergence criteria to delineate the conditions for admission to the Euro club. Only belatedly was it realized that satisfying the convergence criteria is not enough to furnish rules for the functioning of the EMU once members are in. So the Growth and Stability Pact completed what was overlooked. Many economists criticized it from the beginning, arguing that the deficit and debt rules were arbitrary, that the rules on interest and inflation convergence were overlapping, and that the exchange rate stability condition was toothless with the 15% up and down corridors around the central parity introduced in 1993 to end the EMS upheavals. Seriously damaging is that the Treaty does not even consider how to deal with an economic crisis. The compromise did not allow for what is the fate of market economies, namely years of relative stability and occasional booms and busts. During the 2008/2009 financial crisis it was, indeed, desirable to let the automatic stabilizers play and to support through discretionary fiscal policies aggregate demand. Any limitations to the current budget deficit did not make compelling sense. Of course, countries that at the beginning of the crisis already had public debt levels in excess of the 60% limit, levels that were therefore officially brandmarked by the Maastricht Treaty as excessive, ran into uncharted waters.

The Treaty did not foresee rules for handling a crisis, nor a distribution of responsibilities in case of crisis. What are the responsibilities of deficit countries and of surplus countries? Can the European Central Bank (ECB) deviate from business as usual? In case of a serious crisis it should have the powers to deviate from standard rules, but how and by

1 Germany paid a price for sustained price stability: its growth performance was consistently lower than those of France or Italy since the 1960s. It is thus not clear that a German design of EMU was the best for all members – a point that becomes clearer in the present crises.

how much? Surely the worst case is to fail to foresee the need for crisis management and then to quarrel about it when the house is on fire? Would it not have been useful to specify rules for "exit"?

Still worse, the Treaty suggests that countries have to deal responsibly with their own problems and in so doing that they should obey market discipline. This is what one might read into the "no-bailout" clause. But it did not escape markets that the no-bailout clause flies in the face of European principles of mutual support and Community solidarity. For instance, in the Charter for the European Investment Bank it is stated that all shareholders (all member of the EU) are individually liable for any losses of the EIB. So, what to think of the no-bailout? Clearly, that when push comes to shove there will be assistance! Hence the clause, like the rest of the Treaty, was not credible. After all, right from the beginning, for political convenience, the rules were bent or simply ignored. So, Italy and Belgium, two founding countries of the EU, had up to twice the debt level specified as the limit in the Treaty but were admitted. This decision may be understandable, but the collateral damage was severe: the credibility of the Treaty was diminished right from the beginning.

As markets did not pay attention to the no-bailout clause, with hindsight rightly so, interest rates in all members countries converged to German levels. For many countries interest rates were low as never before. With inflation rates higher in the South than in the North, real interest rates were still lower, and even negative, in the South. This made borrowing exceptionally attractive, and households, firms and governments reacted rationally. So, the over-borrowing in some countries can be seen as the consequence of a non-credible no-bailout.

I used the term over-borrowing. For governments there is an easy way to measure over-borrowing: in excess and departing from the Maastricht limits. But what about the private sector? What is bad about increasing borrowing from abroad if these funds are used for investment to increase productivity and, over time, to turn out products that can be sold abroad to pay back the debt? Nothing, in fact. But the point is that in all Southern borrowing countries, investment in plant and machinery did not increase, productivity sagged and all the borrowed money went into higher consumption and the real estate sector. The North financed a better life in the South. A nice illustration is provided by the cover page of *The Economist*, November 12$^{th}$-18$^{th}$ 2011[2].

2 Silvio Berlusconi, then Prime Minister of Italy, vainly used to calm markets by pointing to the fact that "restaurants across this happy country are always packed". He might have done better referring to the capacity utilization of factories.

The no-bailout was in fact a helpless and desperate message to governments not to over-borrow. It was not a message to markets because European governments distrust markets[3] and were happy to cheat on markets. Just imagine that European governments had trusted markets and attributed to markets a surveillance role by making it credibly clear that there is no bailout. That, therefore, risk premiums of a few percentage points are "normal" and perfectly acceptable for countries with high debt levels, weak governance and no business plans for stabilization. That could have been done by not tolerating during the first ten years of EMU debt levels near double the limit in the Treaty. Another way would have been to apply risk premiums to loans by EU institutions like the EIB. Any credible no-bailout would in all likelihood have moderated the indebtedness in those countries hardest hit by the current crisis.

As the example of fiscally responsible Spain shows, fiscal irresponsibility is only one source of problems in the EMU. Another, of equal importance, is excessive foreign borrowing. It is even worse if a country suffers from both, over-borrowing by the government and over-borrowing from abroad. It is absolutely remarkable that the Treaty does not waste a line on foreign borrowing. The reason is probably that in a country with its own currency one never worries about the balance of payments of a particular province, and such balances are not even calculated. But it does matter whether a large part of the current financing comes from sources abroad or not. Foreign lenders/investors may review their positions in light of the policies pursued (deficit increases?), the political changes (Berlusconi staying?) and the performance (drop in growth?) of a country. Not to deal with procedures for adjustment of sustained imbalances is a tremendous oversight that adds to the negative assessment of the Treaty.

## III. The Inconsistencies of the Euro

The Euro is part of an effort to build a European Confederation step-by-step, based on some fundamental (continental) European values. Those of concern are: first, the equality of all members independently of size, level of income and political maturity. Second, the goal of income convergence with the aim to establish nearly equal average incomes across the EU. This justifies policies such as regional aid, the second largest item of expenditure of the EU Commission, and the cohesion fund. Third, the (continental) EU's embrace of the social market model, or mixed economy model with a sizeable welfare state. The role of

[3] Angela Merkel won much popular applause for her statement: "We must re-establish the primacy of politics over the markets" suggesting that markets caused the trouble and political leaders are the victims.

markets is acknowledged, with some distaste and only accepted when difficult to avoid. The result is a highly regulated, and in many cases overregulated, economy with notable inefficiencies in labour markets. Fourth, the goal in the EMU of price stability. Fifth, no constraints in the EMU on balance of payment imbalances other than those delivered by the market.

These various goals are incompatible and therefore some of them must go; otherwise the EMU will never work well. I consider them under four analytical headings.

a) the *EMU is not an Optimum Currency Area.* Already before the establishment of the EMU numerous academics, above all American economists (see, e.g., Dornbusch, 1996), warned that the EU is not an Optimum Currency Area (OCA). Faced with negative asymmetric shocks countries need to adjust through real wage adjustments. These adjustments are typically easier with an exchange rate adjustment than within a currency union. The more rigid real wages are the less able a country is to adjust in a currency union. There is one alternative, at least for long-term adjustments, and that would be labour migration (or capital migration). Europe does not fare well with either adjustment mechanism. At least on the continent, wages are remarkably rigid and migration is costly given the language and institutional barriers of each country. These arguments were always pushed aside as a "theoretical" view and mobility and flexibility were considered to be endogenous, that is, a currency union would lead to more flexibility and mobility. The EU was seen by its proponents as a steadily converging set of countries, assisted by grants and cheap loans from Community sources. No serious attention was given to coping with asymmetric shocks, as demonstrated by the total absence of such considerations in the Treaty.

b) How to regain lost competitiveness? Since the start of the Euro unit labour costs (ULC) have diverged dramatically. In Germany, they have increased by less than 10%, in Greece by nearly 40%, in Italy by more than 30%. That means that wages have increased by more than productivity in all countries, but in the Southern countries by much more. As a result, cost competitiveness of Southern countries has decreased dramatically. This is all the more a matter of concern, given that the productive structure of these economies has little market power and is not at the forefront of the innovation frontier. It is difficult to see how countries in which current unemployment trails around 20% (Spain, Greece) and youth unemployment is dramatically higher, can generate the growth necessary to move closer to full employment. Particularly as their labour markets are over-regulated and union power strong, a necessary general wage reduction of some 30% is unlikely. Equally unlikely is a jump in productivity, given the comparative ranking of these countries in terms of attractiveness for investment.

c) *Adjustment to external imbalances is unstable.* Unfortunately the difficulties go even deeper. There is no need for an asymmetric shock to upset the system. The goal of income convergence contributes to higher inflation rates in the catching-up countries by the Balassa-Samuelson argument. And indeed, over the last 10 years one observes consistently higher inflation rates in the Southern deficit countries than in the Northern surplus countries. This implies that Southern countries have had a real revaluation and Northern countries a real devaluation. Instead of redressing the imbalances, this unstable system created increasing imbalances. The system itself is sick, not only the individual operators.

Whilst it is desirable to run current account deficits during a catching-up phase matched by the surpluses of the more developed countries, it is not possible to run current account deficits forever nor is it desirable to run surpluses forever. Let's suppose Germany (or the Netherlands) would (finally) realize that it should not run current account surpluses forever and rather invest a greater part of its national savings at home. For this a revaluation would be required. But Germany can neither influence the external value of the Euro, which in all likelihood is pulled down by weaker member countries, nor can it engineer an internal revaluation without giving up price stability[4]. To produce an internal revaluation Germany would have to raise its inflation rate above the average in the Eurozone. This by itself may offend the price stability sensitivity of Germans. Moreover, since most Southern members have had inflation above the average, such a German policy would not be compatible with price stability. Hence, countries, whether Southern or Northern, are trapped in clearly sub-optimal, unstable equilibriums. To get out, Germany would have to accept the highest inflation rate in the Eurozone and, in all likelihood would have to give up its cherished price stability.

d) *Economic structure does matter for monetary union.* Before the EMU, the question of whether the difference in structure of member countries matters for a well-functioning monetary union was debated, but in the end judged as being of secondary importance. For one thing, if inflation is a monetary phenomenon then with a common monetary

---

4 The surplus countries are often criticized and seen as profiting from the South by running surpluses. This mercantilist fallacy fares well with politicians. My point is that surplus countries are prevented from achieving their desired external equilibrium both inside and outside the Euro area by the rules of the Euro. If, say, Germany was on its own its currency would have appreciated and its external surplus would have shrunk. This argument is often used to demonstrate that Germany would lose outside of the Euro, a popular fallacy.

policy and a vertical Phillips curve there should not be problems. Also, the behaviour of workers and unions faced with the greater transparency of competitive conditions in a common monetary area was expected to fall into line, causing them to renounce their historic strategies. This was a touch too optimistic, as the divergence in ULCs clearly shows. But differences in economic structure amount to more than this. According to the World Bank's "Ease of Doing Business Survey" Italy ranks 87th (behind Albania) and in the Transparency International's corruption index, 67th. Greece is even worse: it ranks 100th (just behind Yemen) in the Ease of Doing Business ranking, and 78th in the corruption index. This is in stark contrast to Northern Europe: Denmark, Finland, Sweden, and the Netherlands rank in the top 10 of the least corrupted public sectors and 6 Northern European countries are in the top 20 in the ranking according to Ease of Doing Business. These observations suggest that it was a mistake to ignore structural differences and that next time, when countries such as Romania or Bulgaria are candidates, structure ought to be taken more seriously.

The need for reforms is colossal and the pertinent question is this: is a monetary union, anchored on price stability, with the objective of realizing income convergence, and the side constraint of medium-term external equilibrium a really realistic proposition for countries with fundamentally different structures and levels of development?[5]

## IV. Crisis Management

Germany has been much criticized for being slow and reluctant, and in the end, too harsh in managing this crisis. I think this view misses the point.

First, it was and is extremely difficult to evaluate the costs and benefits of various policy actions. What was the probability of contagion of an early Greek debt restructuring? Would the cost be lower or higher compared to what was actually done? What would be the cost/benefit for the monetary union of a Greek exit? All one hears is "incalculably high". What is the risk of France being attacked? What would be the cost or benefit for Germany to leave? All these questions are difficult to answer, catastrophic consequences cannot be assumed away *ex ante*, and therefore the most prudent approach is not to do anything extreme.

Second, as pointed out by De Grauwe (2011), in a crisis fiscal management by any one country in the Eurozone is more difficult than for a country with its own currency, as monetary union creates a strong

[5] Of course, for the present crisis management one cannot wait for changing the treaties which is one of the fundamental problems in this crisis. To advance money first and hope for rule changes later would require credible governments.

negative externality. An increase of the deficit raises uncertainty and bond investors will require a higher risk premium, thereby deteriorating further the debt situation. If a country operates its own currency, the currency will depreciate, thereby increasing cost competitiveness and the future capacity to pay back with the effect of diminishing fears. Importantly, the government with its own currency can always pay back its debt by monetization so the risk of default is apparently less[6]. As an example it is useful to compare the UK with Spain: Spain has less debt, less of a deficit and pays much higher interest rates than the UK.

However, this constraint on government deficit spending in EMU should not be overestimated. The depreciation of the currency in a country with its own currency only improves competitiveness if the real exchange rate depreciates. That requires that the pass-through to domestic prices be limited. Moreover a devaluation of the currency is not helpful when the country has an important debt in foreign currency. A country like the UK has the best of all worlds: it has a net creditor position and if it had debt it would be in domestic currency. The pound, by the way, did not depreciate, despite the vast fiscal turn-around. What in my view differentiates the UK and Spain more significantly is that the UK is a net international lender and Spain a massive net borrower.

Third, the Treaty did not provide a method to deal with the crisis as argued above. All political leaders were therefore overwhelmed by the task, for lack of experience and lack of guidelines. How to deal with a crisis in a given country is already a formidable challenge for any government. How to deal with it in a club of 17 countries is infinitely more complex.

Fourth, to decide by unanimity on a financial commitment in a club with very asymmetric preferences, where some countries are known receivers, others are known potential receivers and the remaining countries are known payers is very, very difficult. In such a context, where quick actions are required, where wallets need to be opened and in exchange not only tough but useful, workable measures need to be decided, there is an absolute need for leadership. Unfortunately, one of the great weaknesses of Europe in general and of EMU in particular is the lack of leadership. In fact, the admirable European idea of equality of all members, whether small or large, whether rich or poor, whether in deficit or in surplus negates and denies leadership. The historic cooperation between France and Germany to advance European matters was always seen with great suspicion by the others. EU members outside of

---

6 Apparently, because monetization implies higher inflation rates so the real value of the debt repayment is decreased. Any way investors lose.

the Eurozone have felt offended by not having been fully consulted in the crisis management.

Fifth, it needs to be noted that Germany has never aspired to take leadership in the EU. One reason is that it did not, and still does not, feel at ease in such a role, given its historic past. This reticence I think is the right attitude as illustrated by the frequent attacks on Merkel with extensive references to Nazi attitudes. Moreover, Germany seems to lack the skills required for leadership. In relation to EU commissioners like Jacques Delors or Mario Monti their German colleagues were discreet and unremembered. Germany could not even propose an acceptable candidate for the presidency of the EU when it was its turn.

Sixth, having accepted by constraint to act together with France as leader, Germany was criticized for the slowness of opening its wallet[7]. As Germans had always feared that such a crisis would happen, and observed that some countries were parodies of seriousness, the population at large was not amused. The country with the smallest gain from monetary union was supposed to make the biggest financial effort for saving it. That, and the institutional constraints, made it difficult to find quicker financial solutions. But nevertheless, Germany has offered to pay up at the condition of corresponding changes of the rules. That makes sense, but in a crisis there is no time for treaty changes.

Let me be clear, it needs to be recognized that the crisis management with tattering German leadership, not knowing what to do and whether it should assume leadership, was dismal. For much too long was the idea of a debt restructuring categorically rejected when it was clear to most that debt restructuring was unavoidable (see, e.g., Steinherr, March 2010). The late acceptance of restructuring was of course unnecessarily much more drastic. The IMF was initially not admitted to "mess around" with EMU internal matters, before the embarrassing insight gained ground that IMF expertise and resources were needed. The funds made available with a reduced risk premium were still far too expensive for a country like Greece that was by a long shot unable to pay at any rate of interest. Having spent at the beginning of the crisis money on interest forgiveness would have saved a lot of trouble and a much higher bill now.

The macro-economic policies imposed by the Troika were totally inadequate. It is known that the IMF would have preferred an approach with budget savings delayed and greater insistence on reforms to gener-

---

7 Here it should be noted that Germany is not any longer among the rich countries of Europe, ranking in 9th position in the EU in terms of per capita GDP. Other countries insisted on special guarantees for their financial involvement or argued that their per capita income was too low to pay up.

ate growth. As the variable of concern is (debt/nominal GDP) and the reduction in deficit financing produces in the short run (without currency devaluation) a decline in GDP the focus on debt reduction was very debatable[8]. The counterargument is, of course, that had the Greek government/public sector been of greater trustworthiness, the delayed deficit reduction would have been more acceptable. At any rate, the unfortunate German obsession with debt certainly influenced the final policy choices. They make the same choices at home where they are equally debatable, but this does not help crisis countries. The prolonged illusion that the South faced liquidity problems due to vicious market forces, not realizing for too long that liquidity problems can quickly turn into solvency problems, and that at any rate Greece has a solvency and not a liquidity problem, resulted in another unnecessary and costly misjudgment.

## V. Conclusions

I have argued that all the European goals of the EMU (members are equal – income convergence – price stability – external equilibrium) cannot be maintained, and that "emergency" rules are required to be better prepared for the management of the next crisis.

With hindsight, if we were to create the EMU again it would certainly be safer and more profitable for both those in and for those out to limit membership in the EMU more strictly. This would be to acknowledge that not all potential members are equal and that structural differences do matter. Now, after 10 years of EMU, and in the midst of a full-blown crisis, it would be too costly to unbundle EMU membership. But in all likelihood it will be very difficult for the most crisis-stricken countries to survive in the EMU. The question of exit will need to be answered during the coming years and rules for exit should become part of a revised Treaty.

The German idea of rewriting the Treaty is a necessary one, although the internal inconsistencies cannot be eliminated. The focus on more discipline makes sense but will not get us far. A particularly bad idea is to bring deviating countries to the European Court of Justice and have them fined. If fines were to become an important discipline enforcer then the present deficit limits should be replaced by surplus requirements when close to potential output. A country could then be fined when it fails to reach the required minimum surplus. It is obviously easier to pay fines during good times than during bad times.

---

8 With an income multiplier between 1 and 2, a deficit reduction by 5% would result in a real GDP decline between 5% and 10.

Another solution is to accept permanent external imbalances and high unemployment levels, compensated within a transfer union. The United States are often cited, forgetting that the United States have a common political culture (even Texas!), and a much leaner welfare state. A transfer union in Europe would be politically unpalatable to the payers, first, because of dislike of how funds are being used in some member countries and, second, because of unacceptable costs[9]. Nor should hopes about what is achievable be exaggerated. Italy has had a monetary and fiscal union stretching from North to South. Since the 1950s the North of Italy has been paying for the South. These transfers maintain consumption levels in the South but the gap in the productive structures has widened over time. A Europe modeled on Italy is not an attractive proposition. In the EU a modest transfer union exists already and how transfers through the regional and social funds are being used is not an encouragement to go beyond.

Nor is the idea of a European treasury, as appealing as it might be in theory, attractive in light of experience. Any fiscal system is a complex web of taxes, tax bases, and subsidies that are decided by parliaments. Any partial transfer would not make any sense. Nor are national parliaments likely to give up their rights, and the European Parliament has not shown itself to be up to the task.

Some believe (e.g. Junkers and Tremonti, 2011) that Eurobonds will be the solution. If all government debt were replaced by Eurobonds this might work, but it would be expensive and the moral hazard problem sizeable. If it is partial then the cost is smaller, but still important, and the inefficiencies mounting. At any rate, the basic difficulty remains that there need to be strict and enforceable rules. Surveyed and judged by whom? By the political representatives of 17 (or more) countries with vastly different national interests?

A respectable short-run measure would see the ECB standing in support of the Stabilization Fund, ready to buy up any amount of government debt, so as to send a strong signal to markets and to take out any excess supply. As there is no scope for sterilization this quantitative easing would end up as an increase in base money. This could well result in lower risk spreads without a dramatic increase in inflation. In all likelihood banks will not be not ready to lend more and hence their cash will end up in excess reserves, as during the 2008 crisis. It would

9 Konrad and Zschäpitz (2011) have computed the cost of a transfer union based on 2007 data with the principle of compensating 50% of the difference with regard to EU average tax revenues and arrive at an annual cost of 445 billion Euros, of which Germany would have to assume 74 billion. They conclude: "It is hard to believe that Europe could survive the political antagonisms that would be created by transfers of this magnitude".

be a sensible way to calm markets, at least for some time, and avoid a spillover into a banking crisis. But it is no solution for making the Eurozone more coherent, more trustworthy and better equipped for growth.

The Bretton Woods system blew up when the United States failed to deliver stability and fell prey to the Triffin dilemma. The Euro risks the same fate, being anchored on Germany, as became blatantly clear in this crisis. If Germany overburdens itself then the Euro will be at risk. Germany will become riskier[10] and the Euro will lose attractiveness as an international currency. Funds leaving Italy would no longer flow to Germany but outside of the Eurozone with an impact on the exchange rate. Germany could end up seeing exit as a lower risk alternative.

## References

De Grauwe, P., *Managing a Fragile Eurozone*, CESifo Forum, 2011, pp. 40-45.

Dornbusch, R., *Euro Fantasies: Common Currency as Panacea*, Foreign Affairs, September/October 1996.

Juncker, J.-C. and G. Tremonti, "E-bonds Would End the Crisis", *Financial Times*, 5 December 2010.

Konrad, K.A. and H. Zschäpitz, *The Future of the Eurozone*, CESifo Forum, 2011, pp. 46-49.

Mallaby, S., "Germany is the real winner in a transfer union", *Financial Times*, 2011.

Steinherr, A., "Greece and the Euro: Some unpleasant Truths", *The Globalist*, 2010.

[10] On 23 November 2011 Germany was unable to auction a Euro 6 billion 10 year federal government bond issue and had to accept a Euro 3.64 billion turnout. Admittedly it was tightly priced at 2% but still source of widespread market declines.

# Débat / Discussion

**Michael Cwik**[1]: Working formerly as an economist at the European Commission, I was especially involved in the 1967 monetary union controversy over the introduction of a common currency in the European Economic Community. We are here speaking today about the EU, the euro and the international monetary system, and about what we can learn from our experiences in creating the European Monetary Union. What can we learn out of the operation of the European monetary system when it existed, what can we learn out of the Ecu and the basket? I heard quite a few people this morning saying that we need in the international sphere an SDR currency basket, and my question is simply: what did we learn about this question in the past? Remember that the basket, the Ecu basket was not a store of value for all, but only for some. You remember the discussion about the deutsche mark, when there was any little crisis, it was not the basket unit which was demanded on the market, but its strongest currency, the DM, causing troubles in the EMS and necessitating regular readjustments. So I remember the discussion with Triffin about the "Europa", his currency unit, in the form of a standard basket. Do we need such a basket, or have we finally learned from our experiences that a standard basket like the SDR is not the right solution for the international monetary fund? Should the new SDR bancor or anchor be based on the definition of a parity grid system, or on a basket of currencies, but then in the form of an adjustable basket, what we discussed at that time, namely an asymmetric adjustable basket, following the currency which revalues; an international currency unit has to go with the strongest currency, otherwise the basket unit is not interesting for an investor! For those who are interested, all those relevant documents are now available on the website of the European Commission under "EMU: A historical documentation"[2]. When I was in DG ECFIN, we collected some 400 documents, at that time still not digitalized, concerning the Economic and Monetary Union; if you look at this you will find all the discussions we had at the Commission about the Ecu basket, standard basket, John Major's plan, the "hard Ecu" and so on. I can only recommend to you to go to this website and you will find quite an interesting discussion about this.

1 Formerly at DG ECFIN, European Commission.

2 http://ec.europa.eu/economy_finance/emu_history/index_en.htm.

**Alexander Swoboda**: I just want to get the discussion going between Paul De Grauwe and Alfred Steinherr. Paul, you stated that the ECB should always be there as a lender of last resort to provide liquidity as it is needed and so on. So you seem to put the emphasis on liquidity, whereas Alfred started by saying: we don't have a liquidity problem, we have a solvency problem. How do you reconcile those two things and how do you distinguish between the two, and can you do something about this?

**Niels Thygesen**[3]: André Sapir's remarks about the conference that we had in 1997 in Washington about the EMU and the international monetary system reminded me of one dimension that Daniel left out of his account of what EMU could contribute to the international monetary system, and this was the ability to solve its problems regionally rather than drawing on IMF resources, because at the time the IMF was very worried that Europe would become a soft club where they would make their own rules for bailing each other out, and that was not acceptable: there was a global system that should not be undermined. I wrote a paper for that session, so did Philippe Maystadt and others, we had discussions with Jacques Polak among others, and we assured them that the Maastricht Treaty was so strict that they would still have sometimes European clients from the Eurozone, and that our conditions in any case were so tough that they would only come as a very last resort possibly to the Europeans. We have failed in that, and that explains also why it was so hard for the Europeans to bring in the IMF initially in the Greek and other crises. Now it has happened, and there is collaboration, and they seem to be working more or less on the same lines, which in a way is a constructive outcome but rather different from what was anticipated.

Secondly if I may make a short remark to Paul De Grauwe: the problem for the ECB in buying government securities is not so much that it looks like quantitative easing in the Anglo-Saxon countries, which they don't like either, but it is the fact that they are asked to buy into the relative performance of different states. It would be like the Federal Reserve buying municipal bonds, which is not the practice of the FED: it is a political role to see how large the interest differentials should be in a market like that, and I have some sympathy for ECB's reluctance to go into that. That is in a way related to the discussion between you and Alfred: I don't share Alfred's views about a northern and a southern group, we did have a northern group for a while in Europe, a northern currency group that didn't satisfy Germany at the time, and I am sure it would not satisfy them this time either.

3 Professor of Economics, University of Copenhagen.

**Georges Zavvos**[4]: European Commission, but I am speaking as a former eurodeputy. The issue I want to focus on is: what is happening today and how can we address this situation? Today the Athens Bourse collapsed, given the cancellation of the disbursal of the sixth *tranche*, banks' capitalization is going down while there's a considerable flight of deposits from the Greek banks. My question is: what should we be doing right now? Should we increase the financial capacity of the EFSF even though we know that unanimity is required for such a decision? Do we need to use Daniel Gros' idea on turning the EFSF into a bank so that it could resort to ECB financing, or should we move further towards Rajan Radjuram's idea of also having the IMF support the EFSF? My question is boiling down to this: who can guarantee the deposits and who can recapitalize the banking system today in Europe? That's the key policy making question at the moment.

**Ramiro Hidalgo**[5]: Just some question for the university professors: how long should we wait before we see an improvement of the situation in the Eurozone, and what will happen if the situation does not improve? Do you envisage an alternative solution or a way out of the euro?

**André Sapir**: Let me take two or three points. First let me say that I disagree entirely with Alfred about splitting the Eurozone. I think that we cannot go back in history – whether it was right or wrong to do things as they unfolded – there is no symmetry in terms of continuity of contracts. You remember that when countries entered into the Eurozone, one of the beauties was that there was continuity of contracts. And nobody complained, whether they were in Germany or in another country, that the contract was no longer satisfied in D-mark but they were receiving euro instead. That would not be the case at all if countries were leaving the euro, there would be a total mess and more than a mess, because you have also to think of private debt. We say that the public debt problem in Greece is relatively easy, because it has been issued under Greek law and all that. That is true, restructuring Greek public debt would be like nothing compared to all the problems of private debt. Then you have to multiply this by other countries, everybody will start to worry about other countries as well, because where is your boundary between the South and the North? So I think the idea that the Eurozone could be split or that some countries are going to leave it is simply unthinkable; it's just not doable, I am not even talking from a political viewpoint, I am talking from the viewpoint of continuity of contracts: there would be millions of lawsuits, because people will think

4 Legal Adviser, European Commission.

5 Second Secretary, Embassy of Ecuador, Brussels.

they have a contract in euro and suddenly they are going to be paid in drachma and escudo, and they just will not take it.

So we have to solve the problem the hard way, there's no easy escape. What is it one needs to do? I think there needs to be a package, we know already what the package needs to involve. One of the components of the package concerns the banks: banks need to be recapitalized. It is unbelievable how much time we have wasted in that respect; it is criminal what has happened for the last two years: we knew from the beginning, even before we had a sovereign debt crisis, that banks had difficulties, that they needed to be recapitalized. Remember there was a stress test, a first stress test, a second stress test and a third, and each time we are not making sufficient progress onto this, so banks need to be recapitalized. Then you can ask where the money will come from? For a country like Greece there is no difficulty: the money can come from the EFSF, we are not talking of such large amounts, and that is one of the roles of the EFSF to be able to do this. Another component of the package is that we need to do something in the bond market. I am on the side of Paul – that is the best solution – one can go for Eurobonds, one way or the other holders of bonds have to find some security in holding their bonds, and we can't continue to have spreads the way we now have. Europe was a machine for convergence, now it is becoming a machine for divergence; if the countries of Southern Europe are going to have spreads the way they are now, they will be in an unbearable position. So we need to have spreads that are much lower. That's all I can say.

**Paul De Grauwe**: First a quick question to Alfred: Northern Eurozone, is that Germany with a few satellites? Then I want to address the question that Alexander was raising, which is a crucial one about liquidity and solvency. First of all, let me stress that I wouldn't apply to Greece the analysis I made: the country is insolvent and something else should be done, restructuring the debt and so on. My point is that the structure of the bond markets in the Eurozone is very fragile, and it invites liquidity crises for the reasons that I have said. And these liquidity crises always degenerate into solvency crises, and at the end of the road of course Alfred will say: you see, it was a solvency crisis and not a liquidity crisis. But that's in the nature of things: today Portugal has to pay 10% in the market, and with such an interest rate, once you do the calculations and bring in the nominal growth rate, Portugal is clearly insolvent. But you can do that with a lot of countries today: in fact if Germany had to pay an interest rate like that it would also be insolvent. So the markets can drive you into bad equilibria that are triggered by those liquidity crises because we cannot provide the guarantees to bond holders that the cash will be there; there is no mechanism to do that and therefore we have to think of mechanisms to do that: my proposal was to make the ECB a lender of last resort. We have to solve this problem, and even if we cut the "South" from the "North", the North will still have fragile government bond markets, and sometimes some of these northern countries will have a recession and the markets will start distrusting them. I don't know whether Belgium is in the north but suppose Belgium is in the north of the Eurozone, it could still be hit by a recession, and therefore the same problem would arise there. So we have to cut not only along a north/south axis but also an east/west one, and we would have a north-eastern Eurozone in the end. I don't think this is the way we should think about solving the problem of the Eurozone.

Now Niels, you have a difficult question for me, but thinking about the USA, you still have in the US the federal sovereign that can have this guarantee and does have this guarantee that the Federal Reserve will always be there to provide the cash. Now you feel uncomfortable about the prospect that the ECB would take that role in the Eurozone, because of the different sovereigns and the different qualities of sovereigns. However I think the ECB is condemned to do that. Of course I would also prefer a structure like in the US where we have a federal government, issuing its own sovereign debt. In such a structure local governments would no longer be sovereign and would not have this guarantee of the central bank. That would indeed be the ideal solution, but we are now in a structure where we don't have that and I think therefore the ECB or some other institution is condemned to do it.

**Chairman**: Well Alfred you can reply to questions of the panel if you wish to do so. Of course, they were geography questions to some extent as well…

**Alfred Steinherr**: As far as geography goes I can reassure Paul that any reasonable analysis would at least put part of Belgium in the North, wouldn't you agree, Paul?

**Paul De Grauwe**: Maybe, but in my further classification it would drop out because ultimately it would lead to a north-eastern Eurozone, and even the Flemish part of Belgium would not be part of it …

**Alfred Steinherr**: Now when we are talking about the liquidity crisis, what you are saying completely makes sense. One can't be against it, but saying any liquidity crisis can develop into a solvency crisis and once you have a solvency crisis you have to deal with it, implies that we would always have to bail out banks because it always starts with a liquidity crisis.

**Paul De Grauwe**: No, sometimes a bank becomes insolvent, and then it often triggers liquidity problems for other banks: that's a typical scenario of a banking crisis.

**Alfred Steinherr**: Ok, for me I have no problem with what Paul said when we are talking about a liquidity crisis. But I think what we now have is different, and not only now but about a year ago; if we had restructured the Greek debt at that time, it would have been relatively easy. But what we have is a political system that mismanages whatever there is to manage. And therefore there's the question: as long as we have that type of management, as long as we have this kind of players who don't play by the rules of the game, what can we hope for? I am very doubtful when I consider all the proposals, including the last proposal by Merkel to bring countries that deviate to the European court of justice: that is utterly ridiculous, even to think about it, and my point was: we are already so far advanced in a situation where even if we pardoned the entire Greek debt in excess of 60% of GDP, we cannot see where growth will come from. So, in this *Gedankenexperiment*, you don't have the big problem of repayment of public debt, you don't have the problem of excessively high interests. I would imagine there's a normal risk premium, but with at least 30% overvaluation, you don't end an economic structure that is, like in Portugal, not conducive to generating growth. And this is the real problem: I think that if these countries had their own currency, they could devalue, they could more easily adjust. And we've seen that the monetary union was not delivering superior economic performance. Look at the countries that remained outside: do you see a negative performance of Denmark, of Sweden, of Switzerland? Now, you can say that these are strong countries, but they did not suffer in terms of growth or in terms of price stability, compared to members of the Eurozone. So I do not see it as a tremendous disadvantage to get out. Now there's the problem of how to get out, but that's a separate discussion.

**Jean-Pierre Straet**[6]: I would like you to make an effort to deeply "stress test" what you say about the capacity to reimburse the government bonds. Assume that no one in the world holding government bonds from the Eurozone would be prepared to refinance those bonds when they matured. That is to say, either you force central banks to replace the bond holders or you force countries to raise taxes to excessive, unrealistic and impossible levels in order to meet all their obligations. And if you transpose the Greek problem in the Eurozone to a comparison with California in the US, do you think that the Federal Reserve and the US government would accept the proposal that Europe is thinking about for Greece to be applied in the same way to California?

**Chairman**: I like to abuse my privilege as chairman and ask the final question to be posed by Andrew Sheng. After all, China is at the same

6 Former risk manager, financial markets, ING Belgium.

time south, east and west. If you could provide us some of your wisdom once more please, do you accept my invitation?

**Andrew Sheng**: I think the issue is very straightforward, the question is: who pays for the loss? On the issue of solvency and liquidity crises, I believe there is no such thing as a liquidity crisis; it is always a solvency crisis. Let me contradict Paul De Grauwe on this point: in my experience, when somebody comes to you and says he's got a liquidity crisis, he already has a solvency crisis. There is a difference between accounting insolvency, which most people refuse to recognize because accounting is not good, and economic insolvency. Now, there is an intertemporal problem, which is this: if the market believes – and the market can overshoot – that the risk premium is above the average of what you think you should be paying, you are finished. Because today's market is such that I can sell a CDS if I know that you are weak, and thus make you weaker, and you can never recover, it is a self-fulfilling prophecy: we have this mechanism in today's market. That is why I said that today's financial markets are unsustainable, because they are self-fulfilling. Let me put it this way: it is like an investment bank telling a company: if you come in and you are good, I will tell you I cannot find a buyer for you, but if you go to my private equity fund I will bail you out at a discount, and six weeks later I will sell you at four times the market price. If you are weak, I am delighted that you come to see me because I will tell the market that you are weak, and I will sell a CDS against you and you are guaranteed to die, and I will make more money because you have a problem. We have a financial system that is no longer an agent; it is a principal in its own right. That is the heart of the problem, and that principal holds the real sector at ransom. That is the fundamental problem that we have. The financial system is no longer servicing the real sector.

Now let's get back to the real interest rate problem. What determines that real interest rate? In the old days the central banks and the tax authorities had the ability to influence that level; today the financial system determines what the interest rate is, and if you determine the price as well as the amount you are judge and jury and note taker at the same time. Until you solve this problem in the relationship between the financial system and the real economy, you cannot escape the present difficulties. That was the thing I could not say explicitly but since you asked me I will say it explicitly to you: the only way you can solve this problem is to call a spade a spade, that is my personal view. You have to recapitalize your banking system, because I think it is cheaper to recapitalize your banking system than to recapitalize the borrowers. But you cannot ask your own family organization to bail out a problematic member of the family – I don't want to say which member. So you have to ask the IMF to be the disciplinarian of last resort. It is very difficult for family members to discipline each other. And that's the only way, by doing the combination of both, that you can avoid having a panic at the same time at both ends: a panic over your sovereign bonds and a panic over your banking system. You cannot allow that because both are highly leveraged, with the banking system even more leveraged than others. So you might as well use the amount of money, the limited resources that you have, to recapitalize the banking system, put the problem of sovereign debt into a "too difficult to deal at the moment" category, and let the IMF sort out that issue. And once the banking system is not in a "bank run" situation, you can slowly deal with the other problem as you go along. I hope that's a reasonable answer to your question.

**Chairman**: Thank you very much Andy. With the analogy you drew between the European Union, maybe the Eurozone, and a family, you touched me very much and I thank you for that. Only someone from outside could see all these guys together and interpret this as a family squabble. It is very nostalgic, it is very nice, and Triffin by the way would have liked it too, he knew that families could fight. So I think this would be probably the last time that I address the panel unless there is any burning question from the audience. No? So shall we start with you André, one more time?

**André Sapir**: I was happy that Andrew Sheng raised the issue of banking recapitalization; as I insisted, this is what the first order has to be; and let's also remember the kind of numbers that people are talking about, whether it is 200 billion or 400 billion euro, those are seemingly large numbers but they are much smaller numbers than all the alternatives that we are talking about here. 400 billion that's 3 or 4% of the Eurozone GDP, that's what we are talking about. When you consider all the scenarios, the horrible scenarios, these 3 or 4%, will look as small fry and, besides, as we have seen with other exercises in bank recapitalization, this is not necessarily lost money at all, it may turn out to be a profitable investment. I think this is indeed what needs to be done.

On the other hand I do not agree with Andrew about the incapacity of central banks to act against markets. I don't think that this has proved to be right in a number of instances, and we have seen recently that each time the ECB has launched on a program, it has really affected the markets. The problem has always been the resolve to do this, because the central bank comes in, launches a program, and a few days later starts to backtrack and one starts to hear it will not continue. There is, frankly, a total inconsistency, when I hear our politicians on the one hand proclaim that they will do everything that is needed, and on the other hand quote figures and talk about a 440 billion for the EFSF. For me "everything that is needed" is not 440 billion, so this is totally contradictory: if you want to do everything that is needed, you don't put a number, you act and you impose yourself some rule but you don't put a number.

**Paul De Grauwe**: On solvency and liquidity, I don't think it is useful to say it is always solvency or always liquidity, my whole point was that these things are intertwined: solvency crises can arise independently, but also often you have liquidity crises that degenerate into solvency crises. A banking crisis is typically a combination of the two, and just to deny that there are liquidity crises is baffling. In addition it is a little contradictory to the next step of the analysis, namely that the market is full of self-fulfilling prophecies: it can hit you, that's what Andrew Sheng said, some speculators can hit you indiscriminately, isn't this something that leads to a liquidity crisis, and later on can degenerate into a solvency crisis? So the market is full of these thing, losses of confidence, whether this is based on true insolvency or perceived insolvency, or fears or panic, the market is full of panic today, and this is leading to this kind of crisis that then, in a self-fulfilling way, will tell you "you see, I was right"; you raise the interest rate and then you say "you see, I was right, the country is insolvent".

So that's what the market does, and then I agree with André, we can do something about it. To think that the markets are sovereign and that we can do nothing is wrong. In the Eurozone we are, more than outside, vulnerable to these movements of panic and fear and emotions in financial markets. It is too cheap to say that we cannot do anything about it. No, we can do something about it. And finally on recapitalizing banks, I do think we have to recapitalize banks, but let us not forget that the source of the banking crisis today is a sovereign debt crisis. Banks are again in trouble because there is a sovereign debt crisis, so if we don't solve the sovereign debt crisis, then even if we recapitalize the banks today, tomorrow on the asset side sovereign bonds might collapse further, so the next day we would have again to tell the banks "increase your capital". So we have to prevent the value of assets from collapsing, and that's the sovereign debt crisis, so it's crucial that we tackle that one.

**Alfred Steinherr**: It is not by design that we always have a different opinion, it just so happens. I listened carefully to Alexandre Lamfalussy this morning and he said we should arrive at a situation where there is no more bailout of banks. Now, if we are talking about banks that need to be recapitalized privately that is fine. But if governments recapitalize banks, then we do have a problem of consistency. Aren't we all sharing the view of Alexandre? In addition I think it is not a convincing argument to say "poor banks, they've been investing in government bonds, and now in a crisis they lose money, therefore it is our responsibility to take tax payers' money and pay them out". It is not the job of the banks to buy government bonds. The job of a bank is to make loans and to park temporary excess liquidity in safe paper. If they want to take advantage of relatively high returns without much work and therefore invest heavily in high return bonds with high risk, that's their problem. I am confused about the logic that says: because there is a government debt problem we have to help banks. If you want to help banks, do it for different reasons, but I would be against these reasons as well, along with what Alexandre Lamfalussy said this morning.

# Summing-up

Bernard SNOY

*Vice president, Triffin International Foundation*

The first part of the conference was dedicated to the life and intellectual legacy of Robert Triffin, regarding in particular the great international monetary debates in his time. The introduction by **Michel Dumoulin** and the contribution of **Jérôme Wilson** highlighted the influences under which Triffin came in his youth and university years, in particular the pacifism inspired by his family's experience during World War I, the realism of Aquinas' philosophy as opposed to Hegel's abstract vision of history, and Teilhard de Chardin's fundamentally optimistic cosmic vision. Triffin was an atypical Christian, influenced by the atypical theologian René Draguet, a critical spirit who promoted a living theology closely related to the realities of people's ordinary life. Such early influences may explain why for his whole life Triffin would not remain secluded in an academic ivory tower but act instead as a diplomat and globe-trotter, committing his intellectual energy to the progress of a number of practical causes, so much so that he would be nicknamed "Tintin de la finance".

Early on, Robert Triffin realized the importance of economics in social life and, while at the Institut des Sciences Économiques of the Université catholique de Louvain, he became involved in Belgium's key economic policy debates of the 1930s, when the issue of multilateralizing trade and payments already surfaced. His postgraduate work in economics at Harvard brought him in contact with such brilliant minds as Schumpeter, Leontief, Chamberlain, Samuelson and Tsuru; there he wrote a Ph.D. dissertation on "Monopolistic competition and general equilibrium theory" which obtained the Wells Prize for the best thesis of the year in 1940.

Remaining in the US after his studies, he soon had to grapple with practical economic policy issues at the Federal Reserve Board, at the International Monetary Fund (IMF) and at the Economic Cooperation administration (ECA) set up to administer the Marshall Plan. In the latter context Robert Triffin made his first crucial contribution toward the establishment of the European Payments Union (EPU). Returning to academic life at Yale in the 1950s and 1960s, he wrote his most important books, in particular *Gold and the Dollar Crisis* in which he formulated what came to be known as the "Triffin dilemma", namely the fact that "when the world currency is a national currency, there is an insurmountable inconsistency between the domestic needs of the country that issues it and the external needs of the world that uses it". In spelling out this inconsistency and predicting the demise of the dollar-based gold exchange standard, Triffin was casted in the role of "Cassandra" of the International Monetary System (IMS). But he was an optimistic Cassandra, and all his intellectual work can be seen as an obstinate search for a solution to the twin problems of ensuring an adequate supply of world liquidity and building a sustainable IMS.

In this quest, as **Éric Bussière** retold it, Triffin always ran into the resistance of political and administrative bodies – national central banks in particular – against long term interests and needs, but he remained confident, as he put it in a letter to President de Gaulle, in "the ultimate force of ideas". When he first formulated his dilemma, there was concern about a potential dearth of world liquidity and this, among others, explains why the creation of Special Drawing Rights (SDRs) in the 1960s, another key reform which owed much to Triffin's intellectual input, was subordinated to a conclusive demonstration of a global need for additional international liquidities. Later on, of course, it was rather the excess of world liquidity springing from the US "twin deficits" which instilled doubts about the convertibility of the dollar into gold and eventually brought about the collapse of the Bretton Woods system.

As **Ivo Maes** emphasized, Triffin was aware that the sustainability of the IMS would depend not only on an adequate supply of world liquidity to finance temporary imbalances but also on the coordination of national economic policies. His proposals were based on the conviction that keeping one's house in order with no regard for complementary obligations at the international level would not suffice to ensure monetary stability. But he also favoured the creation of regional monetary unions as a step towards rebuilding the IMS, and in this connection made important contributions to the historical process of monetary integration in Europe, in particular regarding the institutional underpinning of the European Monetary System (EMS).

**Éric Bussière** and **Olivier Feiertag** recalled how Triffin promoted the private use of the ECU as a possible substitute to the Eurodollar, and they also stressed his contribution to the genesis of the EMS, whose successful operation required a degree of economic convergence among European Community countries, paving the way for their future monetary unification. They mentioned an article by Triffin in the *Revue* *d'économie financière* at the end of 1988, in which he explicitly acknowledged the possibility of a single currency but spelled out the political, budgetary and fiscal conditions needed to make it sustainable. In the debate Alfred Steinherr also stressed that Triffin was initially in favour of a common parallel currency developed through private financial markets rather than of a single currency.

In the round table on Robert Triffin's intellectual heritage, **Lorenzo Bini Smaghi** sought to reformulate in a more general way Triffin's dilemma: when the international monetary and financial system is based on the domestic currencies of one or more core countries which operate as a monopoly or quasi-monopoly, "over time they tend to take advantage of other countries' high dependence on their domestic currency". By exploiting this "exorbitant privilege", "the core countries develop policy incentives to accommodate shocks (e.g. the financing of a war) or growth models (e.g. based on over-consumption) that can ultimately be sustained only if the rest of the world unconditionally demands their own liquid, safe assets". If and when their policies become too short-term-oriented and inward-looking, they tend to produce negative spillovers on the rest of the world, such as inflationary pressures or a permissive environment with low risk premia and low real interest rates, thus boosting financial innovation and encouraging dangerous upswings in the degree of leverage: thereby they gradually become unsustainable and impair the smooth functioning of the IMS.

The key question therefore is: who will enforce discipline on the reserve issuers? To answer it, one must take into account three changes that have occurred since Triffin's times: first, the exchange rates of all advanced economies and of some emerging economies are now freely floating, whereas a new dollar area encompassing systemically relevant creditors has emerged, thus making the IMS an hybrid floating/fixed system. Second, a new globally important currency, the euro, has appeared on the stage but with so far only a limited impact on the dollar's central position in the IMS. Third and more importantly, there has been a huge development of private financial markets, supplying the world with safe and liquid financial assets in such a way that globally official and private liquidity must be assessed together for a proper evaluation of global liquidity conditions. To secure the now missing link between policy-disciplining of major reserve issuers and holders on the one hand and global stability on the other, Mr. Bini Smaghi advocated an improved set of incentives, stemming from enhanced international cooperation under the IMF and G-20 auspices, from proper crisis responses, and from structural developments such as the shift towards a truly multipolar system, which would give rise to credible alternatives to dollar-denominated investments and, in turn, enhance policy discipline in the

US and allow China and other emerging economic powers to redress their imbalances and control overheating pressures better. He was not sure however that such a multi-polar IMS would inherently allow for greater stability, as much would depend on the policy-makers' ability to take the right decisions. He also expressed doubts whether a bancor-based IMS, as advocated by Keynes in the 1940s and Triffin in the 1960s, would not only be feasible but provide a fully satisfactory solution to the Triffin dilemma.

**Christian de Boissieu** recalled the close ties that existed between Robert Triffin and the French economist François Perroux and stressed Triffin's contribution to the EPU, which permitted European countries to turn to the best account the dollars provided under the Marshall Plan. In this connection he referred to Wicksell's theory of clearing and to the impact of clearing on the velocity of money circulation. He also stressed the continuing relevance of Triffin's dilemma provided it would take on board the demand for reserve currencies as stores of value. He pointed to the fragility of the dollar, contested as a reserve currency but not yet replaced. Trust, he said, was essential for a reserve currency and depended on the quality of the monetary and fiscal policies of the country of issue. He saw in the over-abundance of international liquidities a cause of the financial crisis of 2008, but was doubtful about the possible replacement of reserve currencies by the SDR as long as it would remain a basket of currencies and thus of little interest as a vehicle for transactions. A reformed IMS, in his view, should meet the three criteria of Richard Musgrave's well-known theory of public finance: efficiency, equity and stability. Such a reformed system would be more likely to emerge through a "bottom-up" rather than a "top-down" approach.

**Jorge Braga de Macedo** recalled how, studying at Yale, he worked on the US balance of payments for Robert Triffin. He drew special attention to a book published in 1968, "Our international monetary system yesterday, today and tomorrow", in which Triffin recognized that the danger of a dollar shortage might be supplanted by another danger, namely of an inflationary policy bias in the country of issue of the reserve currency: this "deficit bias" equally illustrated Triffin's dilemma of conflicting national and international policy requirements. But Triffin's finest hour came in August 1971, when the impact of such conflicting requirements brought about the US decision to suspend the dollar's convertibility into gold. Mr. Braga de Macedo also saw in the existing Mutual Assessment Process (MAP) set up within the IMF a partial legacy of the EPU, which had significantly relied on peer pressure. He finally linked Triffin's thought with recent work by the Finnish economist Pentti Kouri on the imperfect substitutability of currencies,

Kouri being, he said, a follower of Robert Triffin in his criticism of flexible exchange rates and his plea for a more orderly monetary system.

**Jacques de Groote** drew attention to Triffin's early thesis about the risk of a global liquidity shortage which would impart a deflationary bias to the world economy. In the "Ossola Committee" set up by the G-10 in the mid-1960s to study the possible creation by the IMF of a new reserve instrument, the US negotiators used this argument to push aside Triffin's broader concern on the unsustainability of an IMS based on a national currency and insisted, with Germany's support, on the need to demonstrate a global need for additional world liquidity before allowing allocations of the new reserve instrument. This viewpoint found its way into the IMF's new statutes, which subjected SDR-allocations to very strict conditions (the statistical demonstration of a global liquidity need), in effect depriving the IMF of the means to intervene promptly in a major crisis. The present conditions, Mr. de Groote said, provided an ideal opportunity to remove this hindrance on the IMF's capacity to act and pave the way toward its transformation into a world lender of last resort.

**Christian Ghymers** emphasized Triffin's insistence on achieving peace through cooperation and governance improvements as well as his denunciation of the most disturbing feature of the existing IMS, whereby poorer countries finance the richer ones' deficits, what later on came to be known as "the Lucas paradox". Faced with the difficulty of improving democratic governance of the IMS at the global level, Triffin fell back upon a regional approach and, from the EPU to the EMS, made decisive contributions to the processes of conflict resolution and economic integration in Europe. In Mr. Ghymers' view, resolving Triffin's dilemma, reducing moral hazard situations through institutional mechanisms, and creating "win-win games" – current challenges that political leaders in the European Union are confronted with – would be a fitting tribute to Triffin's intellectual accomplishments.

**Alfonso Iozzo** recalled how Triffin had inspired, further to a seminar organized in Louvain-la-Neuve in 1980, a plan to promote the private use of the ECU, the new European unit of account that was introduced, using the formula of the "open basket", by the EMS-agreements entered into force the preceding year. Triffin's intuition was that the promotion of ECU-denominated financial assets would diffuse in economic and financial circles but also in the political and institutional environment the idea that a common currency was not only needed but feasible: he wanted, in effect, to harness the creativity of private markets to promote European integration. There was indeed a quantum leap in the issue of ECU-denominated bonds, first by banks and companies and then by governments, in Italy in particular. This forward leap was also made possible by the setting up of a daily clearing system managed by the ECU Banking Association, with more than 40 European banks participating and a technical structure provided by the Bank for International Settlements.

**Olivier Lefebvre** recalled from personal experience Triffin's unpretentiousness and constant desire to submit his ideas to a critical outside look. When trying to use these ideas to address today's problems, one should always start from his fundamental preoccupation, which all along was: what institutional arrangements could ensure a balanced increase in the means of payment and in credit that would be consistent with a just and sustainable world development? In Mr. Lefebvre's view, one of the key problems today was that central banks had lost the ability to control developments in liquidity creation and credit expansion and this, together with the erosion of discipline, in particular as regards selectivity in the granting of loans, was the fundamental cause of today's crisis.

**Paul Mandy** underlined Robert Triffin's personal friendship with the late Miklos Szabo-Pelsöczi, who in the last years of the communist regime in Hungary initiated the biennial Szirak Conferences, attended by Triffin, and later on set up the Hungarian Robert Triffin/Szirak Foundation. He recalled Triffin's attachment to the Keynes Plan and the creation of the Bancor as a genuine supranational reserve currency.

Finally, **Michel Vanden Abeele** stressed the intelligence of Triffin's method, which combined the strength of the analysis ("let the statistics sing") with creativity in the presentation of his ideas: it was not enough to be right and to propose bold solutions; one had also to convince and to persuade decision-makers to adopt them. Triffin deplored the routine habits and inclination to procrastinate of democratic institutions, including central banks, but he was never discouraged and always tried with calm and determination, during his whole life, to make things move.

In the debate that followed, **Jérôme Vignon** stressed that the turning point for the European strategic decision to move toward monetary unification had been the realization, following the launching of the single market in 1985-86, that it would be unfeasible to have at the same time free movement of capital and financial services, stable exchange rates and independent national monetary policies (the so-called Padoa-Schioppa theorem). **Gusztáv Báger** recalled Triffin's interest for Central and Eastern Europe and referred to a written contribution he had prepared on "The relevance of the Marshall plan today", drawing a parallel between the conditions in Western Europe after World War II and those prevailing in Central and Eastern Europe after the collapse of communism. He felt that the inability to give a Marshall-Plan type of response in the 1990s had made the transition process of the region more difficult, and that the Marshall Plan methodology should be used by the EU to help weak countries such as Greece. **Ramiro Hidalgo** referred to the negative impact of the international monetary disorder on Latin America, and advocated stronger participation of Southern countries in international monetary governance as well as greater attention to their proposals for international monetary reform. Further to a question by **Alain Camu**, there was a discussion on the obstacles to a wider use of the SDRs, the principal one being to escape from a vicious circle: to broaden the composition of the SDR basket by including the yuan remained difficult as long as the yuan was not fully convertible, whereas it appeared that the yuan could not become fully convertible as long as it was not included in the SDR basket. But there were limits to the potential use of the SDR as long as it remained a basket currency. **Lorenzo Bini Smaghi** stressed that, in order for the euro to achieve its potential as a reserve currency and play a stabilizing role next to the dollar, a sufficient safety net would first need to be erected to reduce the enormous shocks to which the Eurozone could be subject. Avoiding moral hazard was however a crucial constraint.

In his dinner address at the National Bank of Belgium ending the first day of the conference, Governor **Luc Coene** returned to the key problem arising from the fact that the current IMS provided incentives to adjust neither to countries in external surplus nor to the United States, issuer of the principal reserve currency. According to him, "a significant deficit of the IMF's surveillance of the world economy in the run-up to the global crisis was that the Fund's peer review, overall, failed to have much influence over the policies of the largest member states". He therefore advocated a strengthened IMF surveillance, stronger multilateral obligations, backed by clear objective norms or quantitative benchmarks and even, as proposed now in the European Union, the possibility of sanctions if a country persistently violated its obligations.

The second day of the conference was devoted to a discussion of the great challenges facing the IMS in the 21st century, wondering in particular how Triffin's ideas could still be a source of inspiration. In his introductory statement, **Alexandre Lamfalussy** shared his concerns about some global financial and monetary developments having taken place over the past ten to fifteen years: concern first of all about the lack of control over the creation of liquidity, whether it came from global imbalances or sprang endogenously from financial innovation; second, about the size of the financial industry relative to the "real" economy and about the dimensions of individual banks, making it hard to bail them out and perhaps even harder to let them fail. He therefore argued that structural reforms of the banking industry, including efficient and credible crisis resolution processes to reduce the danger of moral hazard, should receive priority treatment, and he worried about Europe lagging behind the US in this respect. Another concern of his was the daunting capacity of financial innovations, in particular securitization, to beget opacity, making it hard to identify the network of interdependence between specific groups of financial intermediaries. This increasingly difficult environment put the major central banks in the front line when it came to keeping crisis manifestations under control, but they had to carry out their liquidity boosting operations in an environment where the liquidity shortage could turn rather quickly into solvency problems of frightening dimensions. Hence central banks had had to resort to an increasing variety of "non-standard" operations, which had brought them into uncharted waters in their relations with governments.

**Anne Krueger** presented the main report on the topic of session 1, namely "(Un)sustainability and reform of the international monetary (non-)system and links with the recent world economic and financial crisis". She stressed the extent to which countries in East Asia had wanted to accumulate a "war chest" of foreign exchange reserves after the 1997-98 crisis, and how much this demand for dollar reserves had constituted an "enabler" allowing severe imbalances to emerge without apparent signs of stress: with abundant liquidity, real interest rates had remained very low even as the US savings rate fell and the current account deficit rose. This had led to a general search for yield, the acceptance of more risk than would have been reasonable and the fast development of new financial instruments such as derivatives, CDSs and CDOs, while price increases in the existing stock of real estate had led to a boom in construction at incredibly favourable financing conditions. In spite of having drawn attention to the acceleration in the buildup of global imbalances in the last decade, the IMF had been unable to secure the two-sided adjustment, particularly between the US and China, that would have been called for.

Some progress was nevertheless made in the G-20's 2008 agreement on a Mutual Assessment Process (MAP) under which macroeconomic projections would be communicated and submitted to an evaluation by the IMF; to date, however, no macroeconomic policy changes seemed to have been undertaken as a result of the MAP. The problem was that the IMF had no powers of enforcing an accord upon its members, and a voluntary process (such as the MAP) was unlikely to be effective in distributing the adjustment effort between surplus and deficit countries just when adjustment was most needed; at this stage there were unresolved problems both in finding the means to estimate country-specific acceptable ranges of current account imbalances and in devising appropriate sanctions. Furthermore major problems remained concerning the legitimacy and governance of the IMF, and the international community still did not have an agreed-upon mechanism for prompt and orderly resolution of sovereign debt issues when the debt had become truly unsustainable. For Anne Krueger, the IMF would be the logical home for a Sovereign Debt Resolution Mechanism (SDRM). More generally, the IMF appeared to her as the pivotal institution which could "play a greater constructive role, supporting individual countries as it does now, but in addition preventing, or at least damping, global imbalances, and enabling improved international coordination on a host of international monetary issues in which spillovers are central".

**Jacques de Larosière** developed a somewhat different thesis: it was not so much IMF's defective working over the years – in particular its leniency toward big players which developed large and persistent imbalances – that had triggered the financial turmoil and ensuing recession; a more important factor was to be found in developments that had taken place over the last two decades in the very fabric and operating mode of the financial system, developments which the IMF could not influence and which had made previous concepts and paradigms obsolete. "The methods used for the creation of financial resources and liquidity have been so hugely diversified that the very intellectual foundations on which the IMF had been built after the War have exploded… The world of short-selling, of CDS, of internet transfers, of massive derivative positions, is a new world". He saw nevertheless possibilities of improvement on two important roles that the IMF would continue to play: first approaching China and countries in structural surplus to enhance its resources for the purpose of assisting countries facing balance-of-payment problems; and secondly intervening in sovereign debt restructuring, as should have taken place more judiciously in the case of Greece in 2010.

**Alexander Swoboda** recalled that Robert Triffin was the only professor at Yale who lectured on international monetary issues. He agreed that Triffin's dilemma was not primarily a matter of current account imbalances, but that the US "exorbitant privilege" was rather its ability to borrow short term in order to acquire long-term investments worldwide. Furthermore it was only in certain circumstances that an external imbalance would be a cause for concern, and the IMF had always made a distinction between "good" and "bad" imbalances. According to the "stages of the balance of payments" hypothesis, countries developed from young debtor to mature creditor status. The source of the current crisis was more to be found in the way financial markets had operated without proper discipline and rules, with massive deleveraging now occurring in both households and financial institutions after the wide excesses in leveraging of the previous years, and with the "too-big-to-fail" or "too-big-to-save" syndrome. There lacked unfortunately an agreed framework for sharing the burden of international adjustment as between surplus and deficit countries.

**Richard Portes** gave a number of past and present definitions of the Triffin dilemma and expressed doubts about its relevance for today's situation, without denying that existing imbalances were a matter of concern. He drew attention to the interpretation provided by Despres, Kindleberger and Salant in 1966, according to which the US balance-of-payments deficit arose from its role as a "world banker", borrowing short (riskless assets) and lending long (risky assets), and thus stemmed from capital flows and not from current account deficits. The increasing demand for reserve assets could strain the ability of the issuing country to supply them in sufficient amounts while providing credible guarantees of their value. His conclusion was that a multi-polar reserve system would emerge on account not of Triffin's dilemma and a shortage of safe assets but of the need to correct global imbalances. Surplus countries would become convinced that reserve assets were not as safe as they thought – China had already suffered large capital losses – and would reduce demand for them: so either surpluses would fall, or surplus countries would switch to non-dollar assets or to riskier assets such as sovereign funds.

**Georges Ugeux** focused on trade imbalances between China and the Western world, and saw the problem originating primarily in the massive shift of western industrial productive capacity towards China for cost reasons. Now one could begin to observe a trend towards the reduction of Chinese exports, as China was at last producing more for its domestic market. He thought it unlikely that China would give significant bilateral help to European indebted countries; the Chinese would prefer to do it through the IMF, on condition that their stake in the IMF be raised. The yuan had increased in value by roughly 5% over the last 12 months: asking for more would be unreasonable, since every percentage point of appreciation of the yuan would cause for China a corresponding decrease in the value of its USD 1,500 billion holdings of US Treasuries.

The discussion that followed concentrated first on a question by **Christian Ghymers** concerning the asymmetry of an international reserve system based on a national currency, a question clearly raised in the past by Triffin: wasn't there a danger that this asymmetry would translate into an excess of liquid debt in the balance sheet of the issuing country, fostering a global excess of liquidity, too low interest rates, a depressive effect upon savings and a propensity to run fiscal deficits? **Richard Portes** was inclined to downplay these problems, whereas **Alexander Swoboda** argued that the overriding power conferred on US monetary policy by this asymmetry was tolerable as long as the US pursued a macroeconomic policy that remained broadly acceptable to the rest of the world; when US policy conflicted too much with the interests of the rest of the world and the rest of the world had more power, the system broke down. Answering a question on regulation by **Alfred Steinherr**, who recalled how Basel I and II had led banks to develop securitization and shadow banking, thus sowing the seeds for a new crisis, **Alexandre Lamfalussy** argued that the only practical way to avoid this was to have credible no-bailout commitments which would induce banks' management to take a major interest in not having to face bankruptcy.

The second session, chaired by Alfonso Iozzo, was devoted to the question: "Where do we stand on the initiatives taken by the G-20 toward a new international monetary order?" and had as its main speaker **Michel Camdessus**, who presented the recent Palais Royal Initiative. He recalled the memory of one of its promoters, the late Tommaso Padoa-Schioppa, a man Pascal Lamy had once referred to as a "new Erasmus". The Initiative's two key messages were first, that our collective failure in establishing over four decades an IMS truly worthy of this name had been one of the key factors of the crisis; and second, that as long as no credible responses were given to the absence of effective discipline, to weak and uneven surveillance and to excesses of all kind, our increasingly integrated world economy would become all the more vulnerable as it simultaneously engaged in a process of transition toward a multicurrency regime. To face these risks, the Palais Royal Initiative had proposed four avenues for reform:

- Surveillance – the IMF's very basic task – with real transparency, "teeth" and fairness;
- Strengthening the IMF in its instruments and in its legitimacy;
- Reexamining the scope of the SDR to play a greater role both as a reserve asset in an evolving system that would encourage the orderly diversification of existing reserves through their conversion into SDR-denominated claims, and as unit of account for private transactions and for invoicing commodities and international trade;
- Important changes in the IMF's governance to strengthen the legitimacy of a renovated system, including: changes in the quotas and the distribution of executive board chairs; establishment of a "Council", thus inviting ministers and central bank governors to take more explicit responsibilities for the most strategic decisions; universal representation through a system of constituencies at the supreme level of the G-20; reduction of the voting threshold for essential decisions from 85 to 70 or 75%, etc.

**Michel Aglietta** agreed with the conclusions of the Palais Royal Initiative and deplored the dramatic lack of political leadership in a deepening crisis that could lead to a "degenerate" IMS. In his view the emerging countries could not by themselves save the world, and both the US and Europe had first to put their own houses in order, with leaders having unfortunately lost much credibility in their respective countries. Having seen the US sink for the first time since World War II into a net debtor position, he stressed that never in the past had a country with a net debtor position been able to maintain its hegemony. This would force the US to negotiate among others with China, which however adhered to a very different doctrine on international interdependence.

**Andrew Sheng** believed that the Triffin dilemma remained unresolved and that the "insurmountable inconsistency" between the domestic needs of the country that issues the world currency and the external needs of the world that uses it had been magnified in the post-1971 "frictionless financial world", in which the State had lost the ability to regulate financial markets without massive moral hazard. Reforms to date had treated cyclical rather than structural problems. Unless the issue of stabilizing global money was resolved, the IMS would lurch from crisis to crisis. He agreed with Michel Aglietta that the credibility of the national issuer of a reserve currency would always be questioned by the market when its net foreign assets (NFA) would become negative. Therefore, only a global currency could play the role of a reserve currency "because the net foreign liability of the world is by definition zero". In other words, Triffin's dilemma did not apply to a globally created (multi-polar) reserve currency. But, as Keynes had put it, "the difficulty lies, not in the new ideas, but in escaping from the old ones". Analyzing developments since 1971, Mr. Sheng stressed that power had shifted from authorities to market forces as financial markets had gained speed, size and leverage. Globalized finance had grown completely "out of sync" with the real economy, monetary policy had lost efficacy, foreign exchange reserves were small relative to the size of the market, and the resources the IMF could deploy were also insufficient. Naked shorts and CDS made it very difficult for central banks to hold either foreign exchange rates or bond prices at "stable" levels. There was a "collective action trap" as no national government could measure shadow banking and offshore credit creation and therefore control global money created through those channels. A huge moral hazard problem had arisen as leading prime brokers and shadow banks had grown too big to fail (TBTF).

The current crisis fundamentally resulted from two simultaneous crises with one common origin, namely overconsumption of global resources financed by over-leverage, particularly in advanced countries: thus there was a short-term financial crisis of fiat money but also a medium to long-term crisis of global warming and ecological degradation. In his conclusion Mr. Sheng indicated several options paving the way for a new international monetary order: transforming the SDR into a unit of account and a store of value for surplus countries; concentrating the IMF on its disciplining role and on the recycling of surplus savings; introducing a tax on financial transactions (*à la Tobin*) to create some friction; starting to measure global shadow banking credit and phasing in capital, liquidity and prudential requirements for such credit; and last but not least restoring the balance of risks, especially in tackling the moral hazard inherent in the current TBTF system.

**Pierre Defraigne** focused his comments on the rising role of China, which held the key in the movement from the current pre-multi-polar monetary system to an effective multi-polar one. However China was not to be hurried and its bold long-term vision was tempered by innate pragmatism. She therefore would wait for the right circumstances before engaging in the rebuilding of a world monetary system based on a revamped SDR, made up of a basket of representative currencies. Meanwhile, China would not take on new multilateral commitments beyond those vis-à-vis the WTO, which she had joined under the US' and EU's conditions. But the new IMS would be set up in due time on China's terms. In particular China would resist changing the yuan regime as long as there persisted the threat of dollar depreciation, which was seen by Beijing both as a form of asset spoliation and as a devious attack on Chinese competitiveness.

The luncheon address was given by **Fabrizio Saccomanni**, who first recalled that Triffin had published many of his seminal contributions to international monetary theory in the Banca Nazionale del Lavoro Quaterly Review, a prestigious Italian scientific journal, and that he had been awarded in 1987 the Intesa Prize for Economics by a jury presided by Paolo Baffi, a former Governor of the Bank of Italy who saw in Triffin a "cosmopolitan scientist". Triffin had in addition a "capacity for indignation", in particular at what he called an "international monetary scandal"; were he still alive, he would most probably show even greater indignation at the way in which the situation had been further mismanaged. In Mr. Saccomanni's view, the world economy was now facing a "global Triffin dilemma" in which the excessive indebtedness of the issuers of all financial assets (and not just of reserve currencies as in the early version of the dilemma) was now affecting the value of all those assets. He advocated a sort of truce, "whereby market participants grant the time required for an orderly deleveraging, in return for a credible commitment by national governments to pursue stability-oriented macroeconomic policies at home and to carry out a sensible reform of the current IMS". Such a truce could only be enforced in the G-20, and a credible reform agenda should include a strong multilateral surveillance procedure managed by the IMF, the implementation of the financial regulation reform elaborated by the Financial Stability Board, the implementation of the WTO's Doha Development Agenda, and the commitment to establish a new multilateral reserve-asset – one should hope with a more appealing name than the SDR – to become the "safe asset" that financial markets demand and that could be the anchor and the standard of a more stable IMS.

The third and final session in the afternoon dealt with "the role of the EU and of the euro in building a more sustainable IMS". Main speaker **Daniel Gros** argued that the introduction of the euro could have fundamentally altered the working of the global monetary system by creating a competitor to the reserve currency status of the US dollar. However, even before the euro debt crisis erupted, this was not the case. The share of the euro in global foreign reserves was not substantially higher than that of the DM before, and the use of the euro in international transactions outside of the Eurozone had remained limited. The current situation was even farther away from the original optimistic view of the Eurozone as the provider of a major global reserve currency, since several of its members were now recipient of IMF support although in principle there should not exist any balance-of-payments problem within a common currency area. The resources allocated by the IMF to the three program countries (Greece, Ireland and Portugal) were unduly large compared to their quotas. This, according to Mr. Gros, was the result of a lack of political will inside the Eurozone to deal with the problem, and not of weak economic fundamentals, since the Eurozone as a whole had no problem of external funding (its current account being approximately balanced) neither an unsustainable fiscal deficit (the average deficit being close to 4% of GDP and the public debt ratio about the same as in the US).

He further explained in what ways the euro could have helped improve the IMS: by providing a credible alternative to the USD and by having the Eurozone agree on a joint representation at the IMF with a reduced quota, thus improving IMF's decision making and making room for dynamic emerging economies. However, neither one was likely to happen: the Eurozone crisis had tarnished the reputation of the euro and reduced the supply of euro-denominated assets which could be considered risk-free. Nevertheless a joint representation of the Eurozone at the IMF could now be easier to achieve since, with the creation of the European Financial Stability Facility (EFSF) and of the forthcoming European Stability Mechanism (ESM), the Eurozone had now a body which could represent its fiscal interests. As this for the time being seemed impossible for political reasons, Daniel Gros proposed a modest step in this direction: member countries of the Eurozone could agree to pool access to their IMF quotas in order to finance lending to their peers experiencing a 'sudden stop' in their access to credit. This would reduce the burden on the core countries and provide a monetary backstop to the future operations of the ESM.

**André Sapir** recalled a conference sponsored by the Gutt Foundation, which he had attended in Washington in 1998, where the main question was whether the euro would change the IMS and prove a rival to the dollar. Can the same question, he said, be asked today concerning the Chinese currency? Looking at the consequences of the crisis on the relative performance of the dollar, the euro and the yuan, he concluded that the dollar had done very well. With regard to the euro, he thought that policies needed to solve the euro area crisis were also those that would give the euro an important international role, namely reforming the banking sector, integrating somehow the government bond markets, with Eurobonds or otherwise, and restoring European economies' capacity to grow. Concerning the yuan, he saw weaknesses in the Chinese legal and financial systems but on the other side a stronger political capacity. He was however doubtful about the capacity of the yuan to succeed quickly on the international scene. Provided the Euro-zone managed to solve its internal crisis, he foresaw that the next 10 to 15 years would see a tripolar world emerge, with the dollar, the yuan and the euro.

**Paul De Grauwe** concentrated his remarks on the question of liquidity, which was already at the heart of Triffin's dilemma, and he applied this analysis to the Eurozone, arguing that one had to solve its liquidity problem before even thinking of the euro becoming an international currency. In his view, the fundamental fragility of the Eurozone came from the fact that the governments of its member countries issued debt in a currency they did not directly control. This contrasted with "stand-alone" countries that had the capacity to issue debt in their own currencies and as a result could give bondholders the guarantee that the cash would always be available at maturity date. The implication, in his view, was that in order to avoid a liquidity crisis in the Eurozone the lender-of-last resort function of the ECB should be extended to Eurozone's government bond markets, very much like it existed de facto in stand-alone countries. Mr. De Grauwe recognized the existence of a moral hazard problem but in his mind this was not fundamentally different from the moral hazard created when central banks provide liquidity to the banking sector. In both cases, the moral hazard should be mitigated by an institutional set-up: regulation and supervision for banks, and mutual control on budgets, debts and deficits for governments.

**Alfred Steinherr** argued that the crisis in the Eurozone was not an unfortunate accident but the result of fundamental flaws in the Maastricht Treaty, which in particular did not provide for emergency rules to deal with economic crises. From the beginning the convergence criteria for admission into the Eurozone were not properly enforced, and subsequent over-borrowing in some countries could be seen as the consequence of the lack of credibility of the "no-bailout" provision. His view was that, after 10 years of EMU, and in the midst of a full-blown crisis, it would be too costly to unbundle EMU membership but, at the same time, that in all likelihood it would be very difficult for the most crisis-stricken countries to survive in the EMU. Thus the question of exit would need to be answered in the coming years and rules for exit should become part of a revised treaty. Reviewing specific ideas such as Eurobonds or some sort of transfer union, he argued that the basic difficulty remained that there needed to be strict and enforceable rules. He recalled that the Bretton Woods system blew up when the United States failed to deliver stability and fell prey to the Triffin dilemma. The euro, he concluded, risked a similar fate, being anchored on Germany: should Germany overburden itself, even Germany would become riskier, with the effect that the euro would lose its attractiveness as an international currency.

Several interesting points were made during the final discussion. **Niels Thygesen** recalled that one of the original goals of EMU had been to solve the problems of European countries at the regional level rather than by drawing on IMF resources: Europe had failed in that and this explained why it had been so hard for Europeans to bring the IMF to the rescue of Greece and subsequently of other Eurozone countries. He also argued that ECB's problem in buying bonds from Eurozone governments was that this would cast it into the political role of deciding on permissible levels of interest rates differentials. **Georges Zavvos** drew attention to Daniel Gros' idea of turning the EFSF into a bank so that it could resort to ECB financing and referred to Rajan Radjuram's suggestion of also having the IMF support the EFSF. **Andrew Sheng** reminded the conference that the key problem was the unsustainable state of today's financial markets and their capacity for self-fulfilling prophecies, which could precipitate a country's bankruptcy if the feeling arose that its risk premium was above what it could afford to pay. We have, he said, a financial system that is no longer an agent but a principal in its own right, and the heart of the matter was that this principal held the real sector at ransom. More concretely, he recommended European countries to target their efforts on recapitalizing their banking system, as this would be less costly than to recapitalize the sovereign borrowers; the problems of sovereign debt could be put into a "too difficult to deal at the moment" category; and the IMF could emerge as the "disciplinarian of last resort" who would help sort out the problem, allowing time for the other more fundamental problems to be dealt with.

**To conclude**, I would like to come back to the question raised by Michel Camdessus: who will be the Triffin of the 21$^{st}$ century? We indeed miss someone with the creative mind, the vision and the enthusiasm of Robert Triffin who could propose new bold and unconventional ideas to pull us out of the current gloom and crisis and to imagine a new IMS that would better serve the interests of humankind and preserve peace, the ultimate cause to which Robert Triffin dedicated his lifelong efforts. As Michel Camdessus told us, we will need at some stage to move beyond proposals that would simply enhance the role of the SDR. The successor of the SDR should have a full-fledged monetary character, to be "used as a regulatory instrument of the global liquidity, monitored and managed by a fully legitimate and effective institution, which – as a tribute to Keynes – could be called the World Fund, before becoming one day the World Central Bank ... Let's have a dream!"

# Notices biographiques / Biographical Notes

**Michel Aglietta** is Professor Emeritus at the Université de Paris-X Nanterre, scientific adviser at the Center of International Studies and Forecasting (CEPII) and at Groupama-am. He was member of the French Council of Economic Advisers attached to the Prime Minister until 2003, senior member of the Institut Universitaire de France until 2005, visiting fellow at the FRB of New York (January-July 1995) and consultant at the Banque de France (1990-1998). His most recent books are: *Les hedge funds: entrepreneurs ou requins de la finance?* (with Sabrina Khanniche and Sandra Rigot), Perrin, 2010; *Crise et rénovation de la finance* (with Sandra Rigot), Odile Jacob, March 2009; *La Crise*, Michalon, 2$^{nd}$ ed., May 2010.

**Lorenzo Bini Smaghi**, now at Harvard University, was between June 2005 and November 2011 a member of the Executive Board of the European Central Bank responsible for international and European relations, for the legal department of the Bank and for the new building project. He holds a Master's degree in Economics from the University of Southern California and a Ph.D. from the University of Chicago. He is the author of several articles and books on international and European monetary and financial issues.

**Jorge Braga de Macedo** is Professor and Director of the Centre for Globalization and Governance (CG&G) at Novasbe (Nova School of Business and Economics) in Lisbon; president of the Tropical Research Institute (IICT); member of the Academy of Sciences of Lisbon and the Royal Academy of Belgium; member of the International Board of Governors of the Centre for International Governance Innovation in Waterloo, Ontario; chairman of the Board of Forum Portugal Global; NBER Research Associate in Cambridge, Mass. and CEPR Research Fellow. Educated in France, Portugal and the United States, he served as Minister of Finance for Portugal and President of the Parliamentary Committee for European Affairs. He worked at the IMF, World Bank, UN, European Commission, EBRD, OECD and taught at universities in Europe, America and Africa. More information and his numerous publications are listed at www.jbmacedo.com.

**Éric Bussière** est professeur à l'Université de Paris IV-Sorbonne, membre de plusieurs conseils scientifiques (dont le Comité pour l'histoire économique et financière de la France), président d'honneur de l'Association Georges Pompidou, administrateur de la Fondation internationale Triffin, membre correspondant de l'Académie d'histoire du Portugal et membre du conseil scientifique de l'Académie européenne de Yuste (Espagne). Il dirige plusieurs collections d'ouvrages scientifiques et est co-rédacteur en chef de la revue *Histoire, Économie et Société*. Ses travaux portent sur l'histoire des relations économiques internationales et celle de l'Europe et de la construction européenne. Son dernier livre (avec E. Willaert) est *Georges Pompidou : un projet pour l'Europe*, P.I.E. Peter Lang, 2010. Il est également l'auteur de 5 des 30 chapitres de M. Dumoulin (dir.), *La Commission européenne, 1958-1972. Histoire et mémoires d'une institution.* Office des publications des Communautés, Luxembourg, 2007.

**Michel Camdessus** est diplômé d'études supérieures d'économie politique et de sciences économiques de l'Université de Paris ainsi que de l'Institut d'études politiques de Paris et ancien élève de l'École nationale d'administration. Il a été successivement directeur du Trésor (1982-1984), gouverneur de la Banque de France (1984-1987), et directeur général du Fonds monétaire international (1987-2000). Il a publié notamment : « Le sursaut : vers une nouvelle croissance pour la France », *La Documentation Française*, novembre 2004 ; Rapport au Premier ministre : « Réaliser l'objectif constitutionnel d'équilibre des finances publiques », *La Documentation Française*, septembre 2010 ; Rapport du groupe *Palais Royal Initiative :* « Reform of the International Monetary System: a cooperative approach for the Twenty First Century », février 2011.

**Youssef Cassis** is Professor of economic history at the European University Institute, Florence. His work mainly focuses on banking and financial history, as well as business history more generally. His books include *City Bankers, 1890-1914* (Cambridge, 1994), *Big Business. The European Experience in the Twentieth Century* (Cambridge, 2006), *Capitals of Capital. A History of International Financial Centres 1780-2005* (Cambridge, 2006) and *Crises and Opportunities. The Shaping of Modern Finance* (Oxford, 2011). He was the cofounder in 1994 of *Financial History Review* (Cambridge University Press). He is also a member of the Academic Advisory Council of the European Association for Banking and Financial History and past president (2005-2007) of the European Business History Association.

**Luc Coene** has been, since April 2011, Governor of the National Bank of Belgium (NBB) and member of the governing council and general council of the European Central Bank. He is also a director at the Bank for International Settlements and sits on the governing board of the G-10. In Belgium he sits in the Conseil Supérieur des Finances and chairs the Public Sector Borrowing Requirements section of this Council. Educated at Rijksuniversiteit Gent and the College of Europe in Bruges, he started working in 1973 at the NBB, successively in the research and foreign departments, and in 1979 became assistant to the Belgian administrator at the IMF. He came back to Belgium in 1985 to serve as deputy *chef de cabinet* to the finance minister and *chef de cabinet* to the deputy prime minister and budget minister. He returned to Washington in 1988 as a visiting scholar at the IMF. In 1989 he took up a position as economic adviser at the European Commission (DGII) for three years, before coming back to the NBB as advisor to the Foreign Department in 1992. In 1995, he became a member of the Belgian Senate, a position he held until 1999. In that year he became *chef de cabinet* to Prime Minister Guy Verhofstadt and secretary to the Council of Ministers. In 2003, he was made a Minister of State and appointed vice-governor of the NBB, a position he held until his appointment as governor.

**Christian de Boissieu** is Professor of monetary and financial economics at the University of Paris I (Panthéon-Sorbonne) and affiliate Professor at the Management School ESCP-Europe. He also taught at the College of Europe (Bruges). In 2011, he was appointed a member of the French SEC (Autorité des Marchés Financiers) and currently chairs the Conseil d'Analyse Économique attached to the Prime Minister. He received a doctorate in economics from the University of Paris in 1973, and was also a post-doctoral fellow at Northwestern University and Harvard University as well as a visiting scholar at the University of Minnesota and at the Board of Governors of the Federal Reserve System. He has published books and articles on monetary, banking and financial analysis and on economic policy and is a regular columnist for newspapers in France and abroad.

**Pierre Defraigne** est directeur exécutif de la Fondation Madariaga – Collège de l'Europe. Économiste et fonctionnaire européen de 1970 à 2005, il a été directeur général adjoint à la DG Commerce après avoir été le chef de cabinet de Pascal Lamy, commissaire européen au Commerce (1999-2002). Il a été directeur des Relations Nord-Sud entre 1985 et 1999 et auparavant chef de cabinet d'Étienne Davignon, alors vice-président de la Commission européenne (1977-1983). Il a établi eur-IFRI, la branche bruxelloise de l'Institut français des relations internationales, qu'il a dirigée entre 2005 et 2008. Pierre Defraigne enseigne l'économie politique au Collège d'Europe (Bruges) et est aussi professeur associé à l'Université de Zhejiang (Chine).

**Paul De Grauwe** is Professor Emeritus of international economics at KUL (Katholieke Universiteit Leuven), Belgium. He was a member of the Belgian parliament from 1991 to 2003. He obtained a Ph.D. from Johns Hopkins University in 1974, and honorary doctorates of the Universities of Sankt Gallen (Switzerland), Turku (Finland), and Genoa (Italy). He is director of the money, macro and international finance research network of CESifo at the University of Munich, and a research fellow at the Centre for European Policy Studies (CEPS) in Brussels. His research interests focus on international monetary relations, monetary integration, and open-economy macroeconomics. His published books include *The economics of monetary union*, 8th ed., Oxford University Press, 2009. On 17 November 2011 Paul De Grauwe was appointed to the first John Paulson Chair in European Political Economy at the London School of Economics and Political Science.

**Jacques de Groote** a été administrateur (*Executive Director*) du Fonds monétaire international de 1973 à 1994 et de la Banque mondiale de 1973 à 1992. Il est l'auteur d'un projet de « compte de substitution » (*substitution account*) au FMI et d'une allocation de DTS au profit de cette institution.

**Jacques de Larosière** was educated at the Université de Paris, Institut d'Études Politiques, and École Nationale d'Administration. He entered the French Treasury in 1958 where he worked mostly on international financial matters. From 1974 to 1978 he served the French government as undersecretary for monetary affairs, and from 1978 to 1987 he was managing director of the International Monetary Fund (IMF). He served as Governor of the Banque de France from 1987 to 1993, and as President of the European Bank for Reconstruction and Development (EBRD) from 1993 to 1998. Currently he holds the position of Adviser to the Chairman at BNP Paribas. Between November 2008 and February 2009 he chaired a high level committee on the reform of the European financial supervisory architecture, whose recommendations were adopted by the European Parliament and by the Council in September 2010. He is a member of the Académie des Sciences Morales et Politiques of the Institut de France.

**Michel Dumoulin** est professeur ordinaire émérite de l'Université catholique de Louvain (UCL), où il enseigne encore dans le domaine de l'histoire du temps présent et des relations de l'Europe avec l'outre-mer. Membre de l'Académie royale de Belgique et de l'Academia Portuguesa de Historia, il a présidé l'Institut historique belge de Rome (2001-2009), l'Institut d'études européennes de l'UCL (1994-2004), et a été secrétaire général de la FIT depuis sa fondation jusqu'en novembre 2010. Auteur, seul ou en collaboration d'une trentaine de livres, il en a dirigé une cinquantaine et a publié plus de 230 articles consacrés à ses thèmes de prédilection : construction européenne ; hommes, milieux et réseaux dans les relations internationales ; histoire des entreprises ; rapports de la Belgique avec l'Outre-Mer. Titulaire de la chaire Jean Monnet d'histoire de l'Europe contemporaine de l'UCL, il y dirige actuellement le CEHEC (Centre d'histoire de l'Europe contemporaine).

**Olivier Feiertag** est professeur d'histoire économique à l'université de Rouen. Ses publications récentes incluent *Gouverner une banque centrale du XVIII^e^ siècle à nos jours*, Albin Michel, 2010 (avec Michel Margairaz) ; *L'économie faite homme, hommage à Alain Plessis*, Droz, 2010 (avec Isabelle Lespinet) ; et « L'économie française depuis 1914, le temps de la mondialisation », *La Documentation Française*, 2011.

**Christian Ghymers** received a master's degree in economics from the Université catholique de Louvain in 1971 and is *Agrégé de l'enseignement supérieur* (UCL/ICHEC agreement, Belgium). He has taught international economics as a tenured professor at ICHEC (Institut catholique des hautes études commerciales) since 1977. He worked from 1978 to 1986 in the research department of the National Bank of Belgium, since 1986 as an adviser at the European Commission (DG ECFIN), and also at the UN Economic Commission for Latin America and the Caribbean (ECLAC) from 2000 to 2003, and at the Joint Vienna Institute of the IMF from 2009 to 2011.

**Daniel Gros** is Director of the Centre for European Policy Studies (CEPS) since 2000, Vice-president of Eurizon Capital Asset Management since 2005, and a member of the Supervisory Board of the Central Bank of Iceland since October 2009. He holds a Ph.D. in economics from the University of Chicago and is the author of several books and numerous contributions to scientific journals and newspapers. Formerly he worked at the IMF (1984-86), and at the European Commission (1989-1991) as economic adviser to the Delors Committee, which developed the original plans for EMU (Economic and Monetary Union). He also taught at several universities and has been a member of high-level advisory bodies to the French and Belgian governments. The latter appointed him to the Lamfalussy Committee on the new global financial architecture. He has also provided one-to-one advice to several governments and central banks in Central and Eastern Europe.

**Alfonso Iozzo** graduated in economics from the University of Turin and started his career at the Istituto Bancario San Paolo di Torino, where from 1961 to 1995 he held in succession the positions of head of research and planning department; General Manager, International Division; and Deputy Chief General Manager. From 1995 to 2001 he was Secretary General of Compagnia di San Paolo, Turin, from 2001 to 2006 Managing Director of San Paolo Imi, and from 2006 to 2008 President of Cassa depositi e Prestiti in Rome. In addition he occupied numerous non-executive positions in financial institutions (Associazione Bancaria Italiana, Hambros Bank Ltd London, Banque Indosuez Paris, Banco del Desarollo Santiago, Ruegg Bank AG Zurich, Inter-Europa Bank Budapest, Institute of International Finance Washington DC). He was also a member of the Movimento Federalista Europeo since 1963, served as its president from 1995 to 2005, and has been a member of the Executive Board of the Union of European Federalists since 1998.

**Jean-Claude Koeune** a étudié l'économie à l'Université catholique de Louvain et à Columbia University, et l'a enseignée notamment à Columbia et aux universités du Minnesota, de Tunis, de Liège et de Louvain. Il a passé dix ans (1978-1988) au service du gouvernement belge, entre autres comme chef de cabinet adjoint du premier ministre et chef de cabinet du ministre de l'économie, et fut de 1988 à 2000 économiste en chef auprès de la Banque Bruxelles Lambert (aujourd'hui ING Belgique). Il a été ensuite, de 2001 à 2008, secrétaire général de la Ligue européenne de coopération économique. Il a publié notamment *Le Système monétaire européen : origines, fonctionnement et perspectives* (avec Jacques van Ypersele, 1989), et « L'instabilité financière et la coordination des politiques macro-économiques », *Encyclopaedia Universalis*, Les Chiffres du Monde, 1991.

**Anne O. Krueger** is Professor of International Economics at the School for Advanced International Studies, Johns Hopkins University, and Senior Fellow at the Stanford Center for International Development, Stanford University. She was First Deputy Managing Director of the International Monetary Fund from 2001 to 2006 and Vice President for Economics and Research at the World Bank from 1982 to 1986. She is Professor Emeritus at Stanford University and also taught at Duke University and the University of Minnesota. She is a Distinguished Fellow of the American Economic Association and a member of the National Academy of Sciences. Professor Krueger has done research and published extensively on the international trading system and trade policy, the international monetary system, the international financial institutions, and economic development. She has held Visiting Professorships in Australia, India, Turkey, and has written on the development and trade issues of those and other countries.

**Alexandre Lamfalussy** studied economics at Université Catholique de Louvain (UCL) and Nuffield College, Oxford U. (D. Phil. 1957). From 1955 until 1975 he was with Banque de Bruxelles, becoming President of its Executive Board in 1972. In 1976 he joined the Bank for International Settlements, where he served as General Manager from 1985 to 1993. He was a member of the Delors Committee in 1988-89. In 1994 he became the first President of the European Monetary Institute, a position he held until June 1997. In 2000-2001 he chaired the "Committee of Wise Men" on the Regulation of European Financial Markets, and in 2008-2009 he was Chairman of the High Level Committee on a New Financial Architecture in Belgium. He has taught at Yale U. and UCL.

**Olivier Lefebvre** holds a doctorate in economics from Université catholique de Louvain (UCL) and an MBA from Cornell University.

From 1990 to 1995, he was adviser and then *chef de cabinet* to Belgian finance minister Philippe Maystadt, mostly working on reforms of the financial markets and government debt and on the preparation to EMU. From 1996 to 2000 he was CEO of the Brussels Stock Exchange and merged it with the derivative market and clearing and settlement agencies. In 2000, he was one of the founders of Euronext, the first cross-border exchange in Europe, where he was a member of the managing board in charge of cross-border regulatory and post trading integration until 2007. Since 2008, he has served on the boards of several companies (among others Bank of New York Mellon; Dexia Asset Management; Option). He lectures in Economics at UCL.

**Ivo Maes** received degrees in economics from Katholieke Universiteit Leuven (Ph.D.) and from the London School of Economics (M.Sc.) He is a senior adviser in the research department of the National Bank of Belgium and holds the Robert Triffin Chair at the Université Catholique de Louvain. His current research focuses on the history of central banking and European monetary and financial integration. He has been a visiting professor at Duke University, at the Université de Paris-Sorbonne and at the Università Roma Tre. In 2003, he served in the Committee for Institutional Reform of the West African Monetary Union and the Central Bank of the West African States.

**Paul Mandy** est docteur en sciences économiques et diplômé en philosophie et en sciences politiques et sociales. Il est professeur émérite de l'Université catholique de Louvain et ancien professeur ordinaire à l'Université nationale de Kinshasa (ex-Lovanium, RDC). Outre le développement économique, ses intérêts scientifiques portent sur l'épistémologie économique, sur les systèmes et doctrines économiques, ainsi que sur la relation « monnaie-emploi ». Il est l'auteur, entre autres, de « Progrès technique et Emploi » (Paris, Dunod) et de « Statut scientifique de l'économie » (Academia-Bruylant, Louvain-la-Neuve). Cette dernière publication tâche de dépasser les idéologies et de rétablir ainsi la crédibilité de la science économique.

**Richard Portes** is Professor of Economics at London Business School since 1995, President of the Centre for Economic Policy Research (CEPR), which he founded in 1983, and *Directeur d'Etudes* at the Ecole des Hautes Etudes en Sciences Sociales in Paris since 1978. He was a Rhodes Scholar and a Fellow of Balliol College, Oxford, and has also taught at Princeton, Harvard (as a Guggenheim Fellow), and Birkbeck College (University of London). In 1999-2000, he was Distinguished Global Visiting Professor at the Haas Business School, University of California, Berkeley, and in 2003-04 he was Joel Stern Visiting Professor of International Finance at Columbia Business School. Professor Portes has been elected a Fellow of the British Academy and of the

Econometric Society. He is Co-Chairman of the Board of Economic Policy, a member of the Bellagio Group on the International Economy, a member of the Council on Foreign Relations, and Chair of the Collegio di Probiviri (Wise Men Committee) of MTS.

**Fabrizio Saccomanni** is Director General of Banca d'Italia since October 2006, a member of its Directorate and of the Board of Directors of the Bank for International Settlements, and Alternate to the Governor in the Governing Council of the European Central Bank. After graduating in economics from Bocconi University in Milan, he attended post-graduate courses in monetary and international economics at Princeton University. He joined the staff of Banca d'Italia in 1967. From 1970 to 1975 he was seconded to the IMF in Washington, D.C. Upon returning to Banca d'Italia, he was assigned to the Research Department. In 1984 he was appointed head of the Foreign Department and in 1997 managing director for International Affairs. From February 2003 to September 2006 he also served as Vice President of the European Bank for Reconstruction and Development in London.

**André Sapir** is Professor of Economics at the Université Libre de Bruxelles (ULB). He is also a Senior Fellow of Bruegel, the European think-tank, and a CEPR Research Fellow. He serves as vice-chair of the Advisory Scientific Committee and member of the General Board of the European Systemic Risk Board (ESRB). Between 1990 and 2004, he worked during 12 years for the European Commission, as economic adviser first to the Director-General for Economic and Financial Affairs and then to President Romano Prodi. He has published extensively on international economics and European integration. He holds a Ph.D. in Economics from Johns Hopkins University in Baltimore (USA), where he wrote his thesis under the supervision of Bela Balassa.

**Andrew Sheng** is President of the Fung Global Institute, Hong Kong. He has acted in a number of advisory positions, including Chief Adviser to the China Banking Regulatory Commission and the International Advisory Councils of the China Investment Corporation and China Development Bank. He is also Adjunct Professor at the Graduate School of Economics and Management, Tsinghua University, Beijing and the University of Malaya, Kuala Lumpur. From 1 October 1998 to 30 September 2005, he chaired the Securities and Futures Commission (SFC) of Hong Kong. He worked previously with Hong Kong Monetary Authority as Deputy Chief Executive and also with the World Bank. From 1976 to 1989, he held various positions with Bank Negara Malaysia, including Chief Economist and Assistant Governor in charge of Bank and Insurance Regulations. His latest book is *From Asian to Global Financial Crisis*, Cambridge University Press (2009).

**Bernard Snoy** is Professor at the Institute of European Studies of the Université Catholique de Louvain, where he lectures on EU enlargement and neighbourhood policies, on EU response to the economic and financial crisis, and on the challenge of energy security. He is also International President of the European League for Economic Cooperation (ELEC) and Vice Chairman of the Triffin International Foundation. Previous positions he held include *chef de cabinet* to the Belgian finance minister, executive director of the World Bank and of the European Bank for Reconstruction and Development, director of the Economic Working Table of the "Stability Pact for South Eastern Europe", and coordinator of Economic and Environmental Activities in the Organisation for Security and Cooperation in Europe (OSCE). He holds a Ph.D. in economics from Harvard University.

**Alfred Steinherr** is Professor of Economics, Free University of Bolzano (Italy); Executive in Residence & Professor, Sacred Heart University (Luxembourg); President International Advisory Board, IESEG, School of Management, Université catholique de Lille (France).

He occupied several positions at the European Investment Bank from 1987 to 2009: Director, Department of Financial Research; Director and Chief Economist, Central and Eastern Europe, Asia and Latin America, Financial Studies and Documentation; Chief Economist and Director General, Economics and Information Directorate. Past academic positions were Professor of international trade and finance, Université Catholique de Louvain (1973-1998); Founding Rector, Free University of Bolzano (1998-2003); and many visiting professorships (Bologna, Berlin, Leuven, Bruges, Nancy, Bruxelles, Aix-en-Provence, Paris). His latest books are: *Derivatives: the Wild Beast of Finance*, Wiley, London; *Economic Transition in Central and Eastern Europe* (with Daniel Gros), Cambridge University Press; *Macroéconomie*, (with G. Duchêne et P. Lenain), Pearson Education, Paris.

**Alexander Swoboda** is Professor of Economics Emeritus at Geneva's Graduate Institute of International and Development Studies, which he directed from 1990 to 1998. He earned his B.A., M.A. and Ph.D. degrees at Yale University. A founder and the first director of the International Center for Monetary and Banking Studies, he has held visiting appointments at the Universities of Chicago, Lausanne, Geneva, Harvard, SAIS Bologna, and the London School of Economics. The recipient of various fellowships and research grants, he spent two and a half years as Senior Policy Advisor and Resident Scholar at the IMF, was a member of the Council of the Swiss National Bank from 1997 to 2009, was President of the Swiss Economic Association, and is serving, or has served as a consultant to private and governmental organizations (the SNB, IMF, and World Bank among others). He has published widely in his areas of expertise, which include open-economy macro-economics, international financial and monetary system issues, financial and monetary integration, regulatory issues, policy coordination, and exchange-rate regimes.

**Georges Ugeux** founded in October 2003 Galileo Global Advisors LLC to offer CEOs, boards of directors and governments, independent advice on international business development, mergers and acquisitions and capital raising, with a particular specialization in cross border transactions with emerging markets. Born and educated in Belgium, he began his career in 1970 at Société Générale de Banque (now BNP Paribas Fortis Bank) and became in 1985 managing director of Morgan Stanley's Mergers and Acquisitions department in London. In 1988, he was appointed Group Finance Director at Société Générale de Belgique. In 1992, he became President of Kidder, Peabody Europe and in 1995 served as President of the European Investment Fund and also chaired the Kingdom of Belgium's Privatization Commission. In 1996 he joined the NYSE as Group Executive Vice President, International & Research. A regular speaker or commentator on international financial matters, he recently published a book entitled *The betrayal of Finance* (also published in Dutch and French).

**Michel Vanden Abeele** est actuellement président du Conseil d'administration d'APETRA, société publique responsable de la gestion des stocks stratégiques pétroliers de la Belgique, après avoir exercé de multiples fonctions à la Commission européenne. Membre des Cabinets de trois présidents, il a été chef de cabinet des commissaires Simonet et Van Miert. Il a exercé les fonctions de directeur général des DG Petites et Moyennes Entreprises, Fiscalité et Union douanière, Traduction et Eurostat. Il a aussi été représentant permanent de la Commission européenne auprès de l'OCDE et de l'UNESCO. Le baron Vanden Abeele est chargé de cours honoraire de l'Université libre de Bruxelles, docteur honoris causa de l'Université de Provence, et président du Fonds Gutt.

**Jérôme Wilson** est docteur en histoire de l'Université catholique de Louvain où il a soutenu en 2010 une thèse portant sur les premières décennies de la vie de Robert Triffin (1911-1951). Il est également titulaire d'une candidature en économie et d'un diplôme d'études spécialisées en gestion des risques financiers. Son champ d'études s'est essentiellement focalisé sur les aspects économiques et juridiques de l'intégration européenne. Il a notamment étudié certaines problématiques liées à la politique énergétique et à l'ordre juridique communautaire. Dans le cadre de ses recherches doctorales, il s'est plus particulièrement intéressé aux problèmes de politique monétaire envisagés sous l'optique des relations diplomatiques ce qui l'a conduit à s'intéresser au sommet de La Haye, au groupe de Bellagio et au développement du marché des emprunts en unités de compte.

## « Relations financières internationales »

La Fondation internationale Triffin/International Triffin Foundation s'est fixé pour objectif de valoriser l'héritage intellectuel de Robert Triffin (1911-1993) et de poursuivre la recherche scientifique consacrée plus particulièrement au système monétaire international, sans négliger les domaine relevant de l'économie, de la finance et des sciences sociales qui ont été au cœur de ses préoccupations.

Non sans soutenir, avec l'appui de la Compagnia di San Paolo de Turin, la Chaire Robert Triffin qu'accueille l'Institut d'études européennes de l'Université catholique de Louvain, la Fondation entend assurer grâce aux publications de la collection « Relations financières internationales » la promotion de travaux individuels et collectifs dont les thèmes centraux sont ceux auxquels Robert Triffin était particulièrement attaché : l'Union européenne des paiements, la création de Droits de Tirage Spéciaux, le Système monétaire européen. La collection accueille également des ouvrages qui abordent les futures difficultés auxquelles est confronté le système monétaire international, tels que les effets extérieurs de l'Union économique et monétaire européenne, les nouvelles tâches du Fonds monétaire international ou encore la prévention des crises financières.

**Directeurs de collection :**
Alexandre Lamfalussy, Bernard Snoy, Michel Dumoulin

**Titres parus**

**No.1** Alexandre Lamfalussy, Bernard Snoy & Jérôme Wilson (eds.), *Fragility of the International Financial System. How Can we Prevent New Crises in Emerging Markets?*, 235 p., 2001.

**No.2** Clément Vaneecloo, Augusta Badriotti & Margherita Fornasini, *Fiscal Federalism in the European Union and Its Countries. A Confrontation between Theories and Facts*, 240 p., 2006.

**No.3** Vincent Dujardin, Yves De Cordt, Rafael Costa & Virginie de Moriamé (dir.), *La crise économique et financière de 2008-2009. L'entrée dans le 21e siècle ?*, 383 p., 2010.

FSC
www.fsc.org
MIX
Papier | Fördert gute Waldnutzung
FSC® C083411

Kolibri 360 GmbH
Ferdinand-Jühlke-Straße 7
99095 Erfurt, Deutschland
produktsicherheit@kolibri360.de